'바른말 고운말'의 국민 스승

스승의 미소

응용국어학자 남천南川 박갑수朴甲洙 선생님의 학문과 인품

| 서울대 국어교육과 동문회 <스승의 길> 총서 5 |

'바른말 고운말'의 국민 스승

스승의 미소

응용국어학자 남천南川 박갑수朴甲洙 선생님의
학문과 인품

서울대학교 사범대학 국어교육과 동문회 엮음

역락

남천南川 박갑수朴甲洙 선생님

발간사

　존경하는 고 남천 박갑수 교수님의 추모 문집을 발간하며, 깊은 애도의 마음을 담아 이 글을 올립니다.
　박갑수 교수님께서는 평생을 국어교육 연구와 후학 양성에 헌신하시며, 우리나라 국어교육 발전에 지대한 공헌을 하셨습니다.
　남천 박갑수 교수님께서는 재임 시 저서 40권, 논문 130편, 정년 퇴임 후 저서 26권, 논문 115편 등 모두 저서 66권, 논문 245편을 남기셨습니다.
　학문적 깊이와 교육자로서의 따뜻한 인품으로 많은 제자들에게 귀감이 되어주셨으며, 남기신 연구와 가르침은 지금도 우리 곁에서 살아 숨 쉬고 있습니다.

　얼마 전 유명한 원로 연극 배우가 자기의 소원은 무대 위에서 공연을 하다가 삶을 마치는 것이라고 했습니다. 멋진 말이지요. 아마 배우 자신으로서는 연극계의 전설로 남게 될 것입니다. 하지만, 그 무대를 지켜보고 있는 관객들의 심정은 어떻겠습니까? 그 이후 무대 밑에서 벌어질 일은 상상하기조차 어렵습니다. 전설은 저절로 만들어지는 것이 아닙니다.

　일본 사람들이 자주 쓰는 말로 '메이와쿠'라는 말이 있습니다. 남에게 폐를 끼치지 않는다는 뜻입니다. 이에 해당하는 우리말은 적절한 것이 없는 듯합니다만, 그나마 '부끄럽다.'라는 말이 적절하지 않을까 합니다.
"… 남에게 부끄러운 일을 하지 마라,
부끄럽지 않은 삶을 살았다 …"
이런 말들은 모두 우리 선인들의 생활 신조가 아닌가 합니다.

작년 3월에 남천 선생님의 부음을 들었을 때의 황망함은 이루 말할 수 없었습니다.
하지만 소천하신 지 한 달이 되었다는 말을 들었을 때 바로 진정한 전설이 쓰였다는 느낌을 받았습니다.
아무에게도 자신의 마지막을 알리지 않고
아무에게도 폐를 끼치지 않고,
아무에게도 부끄러움을 끼치지 않는 모습 ….
이것이 진정 학자로서뿐만 아니라 인간으로서의 남천 선생님의 진면목이라고 생각합니다.

이 문집은 고 남천 선생님이 남겨 놓은 전설을 다시금 곱씹는 자리가 될 것입니다.
고 박갑수 교수님께서는 늘 국어교육이 단순한 지식 전달이 아니라, 인간과 사회를 이해하고 소통하는 힘을 기르는 과정임을 강조하셨습니다. 그 가르침을 따라 많은 후학들이 교육 현장에서 실천하며, 교수님의 뜻을 이어가고 있습니다.

이 문집에는 박 교수님의 학문적 성과와 교육 철학을 돌아보는 한편,

후배들과 제자들의 기억과 감사의 마음을 담은 30여 편의 글이 실려 있습니다. 부족하나마 이 한 권의 책이 교수님을 기억하고 그 뜻을 기리는 작은 디딤돌이 되기를 바랍니다.

끝으로, 스승님께서 생전에 보여주신 학문에 대한 열정과 따뜻한 가르침을 가슴 깊이 새기며, 다시금 삼가 명복을 빕니다.

2025년 5월
서울대학교 사범대학 국어교육과 동문회장 김중신 삼가

서울대 국어교육과 동문회 <스승의 길> 총서 발간 축사

'스승의 미소'를 본받아

1. 서울대 사범대 국어교육과 동문회에서는 별세하신 모교 은사님들을 추모하며 문집을 발간하는 전통이 있습니다. 지금까지 네 권이 나왔고 작년 2024년 2월 23일 하늘의 부르심을 받으신 남천(南川) 박갑수(朴甲洙) 교수님을 추모하는 문집을 이번에 다섯 번째로 내게 되었습니다. 그동안 간행한 작고(作故) 은사 추모문집 발간의 현황은 다음과 같습니다.

국어교육과 동문회 <스승의 길> 총서

[총서1] 『우리의 스승 이탁(李鐸) 선생님』(2001) 역락출판사 발간
 명재(命齋) 이탁(李鐸) 교수(1898.음6.2-1967.4.24): 국어학자(국어사). 경기 양평 출생. 22세 때 3.1운동 때 만주로 가 김좌진 장군의 독립군에 투신해 청산리전투에 참가. 후에 일경에 체포되어 3년 징역형을 받고 출옥 후 농사짓다 정주 오산학교에서 가르침. 해방 후 본교 국어과 교수로 부임, 1961년 퇴임, 1967년 69세에 별세. 독립유공자로 추서해 국립묘지에 안장됨. 저서 <국어학논고>와 논문 다수.

[총서 2] 『스승의 향기: 해암(海巖) 김형규(金亨奎) 선생님의 학문과 인품』 (2007), 한국문화사 발간

해암(海巖) 김형규(金亨奎) 교수(1911.음7.21-1996.12.6): 국어학자(국어사, 방언학). 함남 원산 출생. 원산중학, 경성제대 법문학부 조선어문학과 졸업, 전주사범 교유(敎諭)로 부임. 총독부 정책에 비판적인 글 "조선어의 과거와 미래"를 조선일보(1939.7)에 실어 교유직 파면당함. 1945년 해방과 더불어 모교 원산중학 재건을 추진해 원산중학 교장에 취임. 1946년 1월 반탁운동으로 공산당에 체포, 투옥되고 파면당함. 모친을 뒤로 하고 월남하여 고려대 교수를 거쳐 1952년 5월부터 서울대 국어과 교수로 부임. 3.1문화상 수상, 1970년 학술원 회원. 1984년 국립국어원 전신 국어연구소 초대, 2대 소장(1984-1988)으로 4대 어문규정 제정에 기여함. 1996년 85세에 별세. 해암학술상 제정. 저서 <국어사연구>, <고가요주석>, <국어학사>, <국어사개요>, <한국방언연구>, <국어학개론>, 수필집 <계절의 향기>, <인생의 향기> 등.

[총서 3] 『한국어의 의미, 새벽을 열다: 제효 이용주 선생님의 학문과 인품』(2010), 한국문화사 발간

제효(霽曉) 이용주(李庸周) 교수(1929.음3.18-1998.2.15): 국어학자(의미론). 충북 청원 출생. 청주중고, 서울 사대 국어과, 대학원 졸업, 문학박사. 1963년 모교 국어과 교수로 부임, 1994.8. 정년퇴임 후 69세에 별세. 저서 <의미론개설>, <한국 한자어의 어휘론적 기능에 관한 연구>, <한국어 어휘 의미 체계에 있어서의 한자어의 기능에 관한 연구>, <한국어의 의미와 문법: 기본적인 관점>, <한국어의 어구성(語構成)에 관한 연구: 명사> 등.

[총서 4] 『국어교육의 큰 스승: 난대(蘭臺) 이응백(李應百) 선생님의 학문과 인품』(2015), 한국문화사 발간

난대(蘭臺) 이응백(李應百) 교수(1923.4.19-2010.3.29): 국어교육학자(국어교육사, 한문교육론). 경기 파주 출생. 경성사범, 서울대 국어과 졸업. 문학박사. 1955년 모교 교수로 부임. 2010년 87세에 별세. 한국방송통신대학장. 한국국어교육연구회 회장 역임. 논저 <국어과교육>, <한글맞춤법사전>, <국어교육사연구>, <(속)국어교육사연구>, <방송과 언어>, <아름다운 우리말을 찾아서: 한국어의 보고(寶庫)>, <(자료를 통해본) 한자·한자어의 실태와 그 교육>, 시조집 <인연>, 수필집 <난향죽정(蘭香竹情: 아내 추모문집)>, <기다림>, <고향길>, <우리가 사는 길>, <영원한 꽃의 향기> 등.

이상과 같이 국어교육자의 길을 걸어가신 네 분의 스승에 대한 추모문집을 이어 이번에는 2024년 2월 23일 소천하신 남천 박갑수 교수님의 학문과 인품을 사모해 추모문집 <스승의 미소>를 다섯 번째로 엮게 되었습니다.

2. 남천 선생님께서는 서울대학교 사범대학 국어교육과에서 우리 말글을 연구하시면서 저서 66권(은퇴 전 40권, 은퇴 후 26권)과 논문 245편(은퇴 전 130편, 은퇴 후 115편)과 기타 바른말 고운말 관련한 수많은 칼럼을 남기신 국어학자로 별세하시기 전까지 은퇴 전과 다름없이 왕성한 연구와 저술 작업을 하셨습니다.

선생님께서는 국어표현론, (외국인을 위한) 한국어교육론, 국어문체론, 국어정책론, 국어순화론, 언론언어론, 법률문장론, 국어문화론 등 응용국어학 분야를 개척해 오셨습니다. 서구에서도 언어교육을 응용언어학으로 보듯이

국어교육을 응용국어학의 관점에서 바라보고 국어교육학의 정체성을 확립하기 위해 부단히 노력하신 결과이었습니다.

또한 한국어가 해외동포와 외국인에게서 학습 열풍이 일어날 것을 1980년대부터 예견하시고 외국인을 위한 한국어교육학의 이론과 실천을 위해 일본, 중국, 미국 등 주요 국가의 객원교수로 초빙받아 가르치시고, 전 세계 지역에서 각종 한국어 교원 연수를 하시면서, 이중언어학회장, 한국언어문화교육학회(KLACES) 창립회장, 재외동포교육진흥재단, 한국어세계화포럼, 한국문화국제교류운동본부 이사장 등을 역임하셨으며, 1996년부터 한국어능력시험(TOPIK)의 자문위원장으로 한국어능력시험을 추진하여 한국어의 세계화에 크게 기여하셨습니다.

선생님께서는 국민 언어생활에서 '바른말 고운말'이 뿌리내리도록 KBS 바른말 고운말 강좌, 각종 언론 연재를 통해 어문생활 분야에서 '국민 스승'의 역할을 다하셨고, 특히 표준어 심의위원, 표준어 규정(1988) 검토위원 및 KBS 자문위원으로 오래 수고하시면서 언론인의 언어계몽에 기여하셨습니다.

이상과 같은 학문적 헌신을 나라에서도 인정하여 2015년 5월 스승의 날에 수여하는 세종문화상(학술부문)을 박근혜 대통령으로부터 수상하셨습니다.

3. '선생'은 많으나 '스승'을 찾아보기 어렵다는 말이 있지만 교육자를 길러내는 사범대학은 "교육이란 무엇인가?", "교육자의 길은 무엇인가?"라는 질문들을 던지며 스스로 성찰하면서 나라의 백년대계인 교육 부문을 바르게 세워나가는 데 진력해야 할 것이기에 추모문집 발간은 은사를 추모

하는 일에만 단순한 목표를 두는 것은 아닙니다.

그동안 네 권의 추모문집이 나왔는데 각 권마다 제자들은 스승의 학문과 인품을 돌아보면서 스승의 삶을 거울삼아 자신을 돌아보고 각자의 교단에서의 참회록(懺悔錄)을 추모의 형식으로 고백하고 있는 것이기에 각 추모문집들은 초중등 교원과 대학 교원을 아우르는 <국어교사론> 또는 <국어교육자론>의 실천 교재로 유용하리라는 믿음으로 엮게 된 것입니다.

오늘날 전쟁과 범죄가 횡행함은 인류의 도덕 윤리가 붕괴된 탓인데 대학에서조차 생명을 다루는 의학, 과학 기술을 가르치면서 생명윤리, 의학윤리, 과학윤리를 가르치는 강좌를 찾아보기 어렵습니다. 마찬가지로 교사를 양성하는 사범대학, 교육대학에서도 '(국어)교사론' 강의를 찾아보기 어렵습니다. 그나마 '국어교수법' 강좌에서 한두 주라도 교사론을 다루면 다행입니다.

이러한 상황이기에 국어과 동문회에서 엮은 '스승의 길' 총서는 학과에서 매년 학부 및 대학원 신입생들에게는 입학선물로 제공되고, 교생실습에 나가는 4학년생들과 전국의 국어교육과 학생들에게도 제공되어 <국어교사론> 강의 효과를 발할 수 있으면 좋겠다는 기대를 안고 발간하는 것입니다.

4. 그동안 박갑수 교수님의 추모문집 발간의 뜻에 공감해 글을 모아 주신 모든 분께 감사드리며, 5월 스승의 날을 맞아 분당 봉안당에서 추모문집을 헌정하게 됨을 감사드립니다. 남천 박갑수 교수님께서도 기쁘게 받으시리라 믿습니다.

특별히 문집이 나오기까지 물심양면으로 도와주신 분들이 많이 계십니다. 선생님의 사모님과 자제분, 자문위원과 집필위원 여러분께서 정성을 모아 주셔서 감사드리며, 행사 때마다 지원해 주신 학과 선생님들과 세심하게 살펴주신 편집위원님들께도 감사드립니다.

그리고 이 책의 출판을 기꺼이 지원해 주신 역락출판사 이대현 대표님과 예쁜 책으로 엮어 주신 편집진께도 감사의 인사를 올리며 역락출판사의 번영과 발전을 기원합니다.

아울러 이 책을 읽어 주실 독자, 특히 국어교육자 여러분께서도 교사와 학생 모두가 행복한 국어 수업을 이루어 가시기를 기원합니다.

2025년 5월 스승의 날에
전 동문회장 민현식 삼가 올림

차례

발간사 _김중신金仲臣   7
축 사―'스승의 미소'를 본받아 _민현식閔賢植   10

1부 남천南川의 생애와 학문

김은전金恩典	교수로서의 삶을 '갑(甲=A학점)'의 성적으로 완주하신 분	21
민현식閔賢植	남천 박갑수 교수의 생애와 학문	39
	박갑수 교수의 논저 목록	55
오현아吳炫妸	'어순', 문법 용어인가? 문체론 용어인가?	79
	―이북의 문법(교육) 및 쓰기(교육)을 중심으로	
[인터뷰]	공감과 실효를 위한 국어 교육, 그리고 한국어의 세계화	127
	―박갑수 서울대학교 명예교수를 만나다	

2부 남천南川의 큰 숲 이야기

이석주李奭周	남천南川 박갑수朴甲洙 교수님과의 반세기半世紀	151
한철우韓哲愚	기회를 주신 朴甲洙 선생님	155
우한용禹漢鎔	아직 못 들은 노래	159
	―남천 박갑수 선생을 기억하며	
박인기朴寅基	선생님과 함께 갔던 길들	166
박삼서朴三緖	책갈피 속에 고이 간직한 엽서 한 장	173
장경희張京姬	국어교육에 독보적인 금자탑을 쌓으신	
	남천 선생님 연구실의 하루	185

민현식閔賢植	바른말 고운말의 '국민 스승', 응용국어학의 선구자	196
이숭원李崇源	고고한 견인堅忍의 정신	219
윤여탁尹汝卓	남천 박갑수 선생님과 나	224
이삼형李三炯	남천 선생님의 술 창고	230
김종철金鍾澈	특별전담 지도교수 남천南川 선생님	235
김중신金仲臣	생활의 학문화, 학문의 생활화	248
심영택沈寧澤	〈중세 국어 강독〉과 〈곁말의 재미〉 — 남천 선생님의 두 모습	252
서 혁徐 赫	국어교육의 든든한 후원자, 남천 박갑수 선생님	257
이도영李道榮	마주앙과 배받이살	270
민병곤閔丙坤	남천南川 선생님을 기리며	274
김봉순金烽洵	선생님, 감사합니다. 소소한 일들까지도	277
권순희權純熙	고 박갑수 교수님을 기억하며	280
김민애金民愛	선생님께서 가르쳐 주신 것들	285
김호정金祜廷	선생님의 혜안과 학문 여정을 생각하며	288
주영민朱英敏	반창고와 몽당연필	292
심상민沈尙玟	한결같으신 신사 선생님을 그리며	295
김인규金仁圭	10동 422호	298
진대연陳大演	아버지 같으셨던 스승님	302
박의용朴義勇	선생님 '안'에서의 인연	307
주세형周世珩	가장 불안하고 빛났던 순간을 함께 해 주신 스승님	315
남가영南嘉瑛	남천 선생님과의 하루, 그 너른 그늘을 기억하며	319

편집 후기 _심영택沈寧澤	323
『스승의 미소』 간행 경과 보고	326
추모방(추모 블로그)의 추모사 모음	329

1부

남천南川의 생애와 학문

교수로서의 삶을 '갑(甲=A학점)'의 성적으로 완주하신 분

김은전金恩典
서울대 국어교육과 명예교수, 국어교육과 50학번(10회)

1. 머리말

세월의 흐름은 참으로 빨라 박갑수 교수께서 소천되신 후 어언 1주기를 맞이하게 되었습니다. 저는 먼저, 가장을 하늘나라로 떠나보내신 유가족 위에 하나님의 위로하심이 임재하시기를 충심으로 기원합니다. 다음으로, 저는 우리로 하여금 박 교수님의 학덕을 기리고, 우리들의 존경과 사모의 정을 되새김질 할 수 있는 기회와 장소를 마련해 주신, 추도 행사 주최측의 성의와 노고에 경의와 감사를 표하고 싶습니다.

2. 박갑수 교수와 저와의 관계

저는 서울대 사대 7회 입학생이요, 박 교수는 11회 입학생입니다. 하지만 저는 입학하자마자 터진 6·25 전쟁으로 군에 입대, 만 4년간 참전한 후

뒤늦게 복학하여, 3년 후배 및 4년 후배들과 책상을 나란히 하고 공부를 했습니다. 또 저는, 1966년 4월 모교 은사님들의 부르심을 받고, 1996년 8월까지 교수로 봉직하는 동안, 박 교수를 후임 교수로 영입하여, 30년 가까운 거의 일평생을 직장 동료로 함께 지냈습니다. 긴 세월을 함께 살다 보면, 서로간에 인격상의 하자를 드러내거나 언행상의 실수를 범할 수도 있겠지요. 하지만 박 교수께서는 그 용모가 단아하고 수려하듯이, 교수로서의 삶에 흐트러짐 없이, 언제나 심산유곡의 솔바람처럼 서늘한 기품과 함께 향긋한 분위기를 풍기며 사신 분으로 기억합니다. 박 교수께서는 매우 과묵한 분이십니다. 자신의 죽음조차 숨기신 분, 바쁘게 사는 친지들께, 빈소에 문상을 오가는 번거로움을 드리지 않으시려는 배려가 있었음은 두말할 나위가 없습니다.

3. 박갑수 교수의 업적

교수의 직무는, 학자로서의 학문 연구와 교육자로서의 후학 육성, 그리고 연구 성과를 국가 사회에 환원하는 일 등 이 세 가지로 요약되지요. 그런데 자본주의 국가에서 교수들에게 지불되는 보수는, 그 노고에 대해 참으로 보잘것없는 미약한 수준에 머뭅니다. 그러면서도 교수들에게 거는 기대나 요구는 또 엄청난 높이와 분량이지요. 교수들은, 이와 같은 기대에 대응하여 연구와 강의에 몰두하며, 부강한 나라, 질서 있고 조화스러우며 살기 편한 사회를 구축하는 데 도움을 주며, 사람들에게 행복한 삶을 누리도록 협력을 합니다.

교수들이 수행해야 할 직무 면에서 저는, 박 교수님은 교수로서의 삶을 '갑(甲=A학점)'의 성적으로 완주하신 분으로 우러르고 있습니다. '갑(甲)'은 '우(優)' 등급에 해당하는 평점입니다. 박갑수(朴甲洙)의 함자에서 유래하는 저의 소견이지요. 인생 100년 수명이 상식이 된 요즈음, 박 교수께서 좀더 오래 사셨더라면 하는 아쉬움이 제 가슴을 억누릅니다.

4. 박갑수 교수의 풍모(직무와 관련해서)

직무와 관련해서, 저는 박갑수 교수의 인물상(人物像)을 적어볼까 합니다.

(1) 국어학자로서의 존재감

박갑수 교수를 저는, 살아서 걸어다니는 '국어사전'이라 호칭하고 싶습니다. '국어사전'에는 우리말 어휘가 차례대로 배열되어 발음·뜻·쓰임·어원 등이 정확하게 풀이되어 있지요. 우리말에 관한 지식을 총망라한 책입니다. 박 교수께서 이제까지 발표하신 논문과 저술하신 서적으로 미루어, 저의 박 교수께 대한 학자로서의 인물평에 크게 반대하실 분은 안 계시리라 여깁니다. 국어학계 중진 교수들께서 박 교수께 대해 표명되는 경의의 일단을, 저는 매주 2회 꼴로 출근하는 서울대 교수종합연구동에서 자주 만나는 서울대 국문과의 고영근 명예교수의 인사말로 미루어 짐작합니다. 고영근 명예교수께서 피력하시는 박갑수 교수에 대한 찬사와 경외심을 전해 드리는 것으로 저의 박 교수가 지니신 국어학자로서의 위상과 무게는 충분히 알아차리셨으리라 믿습니다.

(2) 교육자로서의 면모

　박갑수 교수께서 조성하시고 후대에 물려 주신 학풍(學風)은, 실로 우리나라 국어학의 정통성의 핵심에 자리잡고 대대로 이어져 내려온 것이라 믿고 있습니다. 박 교수의 학풍은, 스승이신 해암 김형규 선생님으로부터 물려받으신 것이지요. 김형규 선생님은, 일제 때의 최고 학부인 경성제국대학 법문학부에서 '조선어조선문학과'를 졸업하신 분이십니다. 그 시대 그 시절에, 경제학과나 이공계 학부가 아닌, 조선어조선문학과에 진학하셨다는 사실 자체가 우리의 관심을 끄는 것입니다. 비록 일제에 의해 국권을 탈취당하고, 조선인이 일제의 노예화가 된 암흑기였지만, 우리 한민족이 한국어를 지키고 발전시키다 보면, 언제든 잃었던 국권을 되찾고 민족 해방의 그 날이 오리라는 확신에서 김형규 선생님께서는 조선어조선문학과에 진학하셨으리라 믿습니다.

　김형규 선생님의 그 후의 행적은 이 사실을 뒷받침합니다. 김형규 선생님께서 전주사범학교 조선어 과목 담당 교사로 근무하실 때, 조선총독부에서는 조선민족과 조선문화 말살 정책의 일환으로, 각급 학교에 설치되어 있던 '조선어' 과목을 폐지합니다. 이 일에 항거하여, 김형규 선생님께서는 그 정책의 부당함을 역설하는 글을 신문에 실은 탓으로 파면을 당하고 마십니다. 그 시절, '일본어' 교사로 전향해도 되었을 것이나 그러지 않으셨습니다. 김형규 선생님의 인품을 사랑하고, 장차 학자로서 대성하리라 예견한 경성제국대학의 일본인 교수들이 김 선생님 보호에 나서, 경성제국대학 도서관 사서로 발탁했기에 무사히 난국을 극복하셨습니다. 하마터면 순국선열의 반열에 드실 뻔했지요. 김형규 선생님의 애국 애족심은, 곧 역대 왕조에 학문에 매진했던 '선비'들의 그 고귀한 '지조'에 유래된 것임을 우리는 짐작할 수 있습니다. 임진왜란의 국난에 가솔을 이끌고, 그 고장 뜻있는 분들에게 추대되어 의병을 일으켰던 선비들의 기개와 애국심이 생각납니다.

박갑수 교수가 이어받은 선비정신은, 박 교수의 직계 제자들에게 그대로 전승됩니다. 직계 제자의 한 사람인 민현식 교수는, 학자로서의 무게와 능력으로, 대한민국 국립국어원의 원장으로 임명되었지요. 정부 조직법에 비추면, 차관급 고위직의 공무원입니다. '국립국어원'은 우리나라 국어정책의 수립과 시행의 핵심 기관이요, 최고 기관이기도 합니다. 민현식 교수가 언제였던가 청와대에서 열린 전국 대학교수 5~6천명의 대표로 추대되어 '시국선언'을 하고 있는 모습이 TV 화면에 보도되는 것을 저는 본 적이 있습니다. 해암 김형규 선생님께 물려받은 정의로운 선비정신은, 박갑수 교수에 의해 한층 고양되고 증폭되어 민현식 교수 등 제자들에 의해 굳건히 이어짐을 보고 저는 크게 감동되었음을 고백합니다.

5. 박갑수 교수 연구 성과의 국가 사회에의 환원

박갑수 교수의 별세 소식을 저는 '동아일보'에 실린 기사를 통해 알게 되었습니다. 이 기사에는 고인의 뜻에 따라 즉시 보도하지 않고, 타계 후 한 달 후인 지금에 기사로 싣는다는 것과, 또 박 교수는 법조계의 숙원사업인 법전의 법조문을 우리말 우리글답게 순화하고 더 바르고 유효하게 재정비하는 일을 도맡아 큰 성과를 거두었다는 찬사도 있었습니다.

아시다시피 우리나라 법률은, 헌법을 위시하여 모두 1945년 8월 광복을 맞은 이후, 미군정청이 38°선 이남의 한반도를 관리하던 기간에 제정 작업이 진행되었고, 이어 대한민국 정부가 공식적으로 출범한 시기와 더불어 발효하게 된 것이지요. 이 제정 작업에 참여하고 주역으로 활동한 분은, 유진오 선생에서 보듯이, 모두 일제 시대에 대학에서 법학을 전공한 법률가였습니다. 따라서, 이 무렵에 제정된 법률 조문은, 일본어식 문장의 흔적이 있었음은 부인할 수 없는 일이지요. 더러는 일본국의 법조문을 그대로 직역한 부분도 있었을지 모릅니다. 그리고, 한편으로 미국의 법률이나 유럽 선진국 법률에서 영향을 받은 흔적도 있었을 것입니다.

제가 현직에 있을 때, 서울대 교육의 방침에 따라 법대 신입생을 위한 '교양국어' 강좌를 맡은 일이 있습니다. 이때, 법대 교수님께서 저에게 간청해 오신 요건이 생각납니다. 우리나라 법조문이 실로 난삽해서 해석하기에도 힘들다, 법대 신입생들에게 '작문' 쪽에 무게를 두어, 쉽고 간편하게 글을 다듬고 뜻이 분명한 글을 쓸 수 있는 힘을 길러 주십시오, 하는 것이었습니다.

법조문이 난삽해서, 법학 전문가도 힘들어하고, 검사가 고발하는 문면이나, 판사가 판결하고 선고하는 글이 그렇게나 까다롭다면, 법정에 서는 피해자와 범죄인과의 사이에 공정성의 저울질에 문제가 발생할 수도 있지 않겠습니까. 저는 박갑수 교수를 선택하여, 국가의 일대 과업을 맡긴, 정부와 법조계 인사들의 혜안에 감복하고 말았습니다.

박갑수 교수는 국어학계의 거물급 중진 학자로 자리매김될 뿐 아니라, 우리 한국인의 생활풍습, 계절행사 등 분야의 민속학자 못지않은 해박한 지식과 교양의 소유자이기도 합니다. 그 위에 고전한문을 위시하여, 일본어에 능통하여, 일본의 명문대학에서 교수로 근무하기도 했지요. 영어와 독일어에도 능합니다. 이와 같은 박갑수 교수의 국어학자로서의 어학 실력으로 인하여 위상은 크게 고양됩니다. 저는 괴테였던가 독일의 어느 저명한 문인이 했다는 다음 말을 여러분께 전해 드리려 합니다. "독일어밖에 모르는 사람은 독일어를 모른다."

언젠가 박 교수는 일본어에 오염된 우리말의 사례로 '절대녹화(絶對綠化)' 같은 표어를 들어 제 의견을 물은 적이 있습니다. '절대'라는 말은, '해서는 안 되는' 행위 등 금기시에 쓰이는 말이지요. 도로에 내걸린 '절대감속(絶對減速)'도 어색합니다. '별로'라는 말도, 대체로 부정적 의견을 표할 때 쓰입니다. 그런데 일본인들은, '절대'를 '꼭', '반드시'의 뜻으로 씁니다. "이번 여름방학 때 절대로 갈게", "아! 그래? 별로 좋아" 이런 식으로, 아무렇게나 내뱉습니다.

한편, 한국에 초빙되어 대학에 근무하는 일본인 교수가 발표한 소논문에 '한국인 대학생이 범하는 작문상의 오류'라는 게 있더군요.

교통이 복잡해서 지각했다.

위의 글은 '도로가 혼잡해서'라거나 '붐비어서' '제 시간에 오지 못했다'로 수정해야 하리라는 견해였습니다. 그렇습니다. 도로가 구조적으로 잘못 설계되어 사람들이나 차량의 통행에 지장이 발생했다면 '복잡해서'라 쓰일 수도 있겠지요.

우리 한국인들끼리는 아무런 탈 없이 통용될 수 있으나, 일본인이나 유럽

사람들의 어법으로는 아주 어색한 말의 쓰임도 발견됩니다.

제가 일본에 거주할 때, 하루는 우연히 TV를 켰더니, 한국에서는 명사로 익히 알려진 어느 연로하신 국문학자가 출연해, 태평양 전쟁 말기, 히로시마(廣島)에 핵폭탄이 투하된 바로 그날, 자신이 겪었던 회고담을 하시더군요. 그분은 일본에 유학중이었던 모양입니다.

하늘에 갑작스레 섬광이 번쩍한 것까지는 기억하나 '정신을 잃고 말았다'는 것이었습니다.

한국어로 말씀하셨다면 그냥 넘어갔을 것이나, 그분은 그때 일본어로 말씀하고 계셨지요. '정신을 잃었다?' 아마도 일본인들은 매우 어색하게 들었을 것입니다. '의식을 잃었다'고 해야 '까무러쳤다'는 뜻으로 통했을 것입니다.

학술논문을 작성할 때는, 그 문장이 '국제적 언어 감각'으로 무난히 받아들여질 수 있는지 꼼꼼히 살펴보아야 하리라 저는 생각합니다.

다음으로 박갑수 교수께서 연구의 성과를 국가 사회에 환원한 또 하나의 사업으로 저는 '방송언어의 순화'를 들고 싶습니다. 박 교수께서는, 일찍부터 KBS TV 방송사에 초빙되어, 정기적으로 아나운서들을 위한 방송언어, 즉 '화법 특강'을 해 오신 것으로 알고 있습니다. 오늘날, 신문에 실리는 기사나 논설 등과 함께, 라디오나 TV의 아나운서들의 시사 해설 등은, 우리 나라 전국민의 언어생활에 지대한 영향력을 행사하고 있지요. 화법이나 작문은, 단순히 뜻의 명확성에만 그치지 않습니다. 우리말의 아름다움, 언어적 특질의 강점을 발견해서 더욱 세련되고 고아하게 가꾸고 다듬는 기능을 발휘하기도 합니다.

현직에 있을 때, 저는 문교부로부터 국정교과서인 '고등 국어' 개편 일을 위촉받은 적이 있습니다. 이 작업을 진행하면서 충북 지방 식자들을 대상으로 한 여론 수집을 충북대에 의뢰했었지요. 그 결과를 알아보기 위해, 저는 박갑수 교수와 함께, 제 차로 청주를 다녀온 일이 있습니다. 장거리 운전 시, 저는 음악이나 노래가 녹음된 테이프를 더러 틀어 놓기도 합니다. 한 곡이 끝나니, 박 교수가 이렇게 말씀하시더군요. '아름답게'라 말해야 하는데 '아름다이'라 말한다. 하지만, '노래말'로는 아주 어울린다.

참고로 말씀드리자면, 이때 들은 노래는 한경애의 '사랑의 계절은 가고'였습니다. 이 노래 첫 절의 시작과 마무리는 이렇게 되지요.

> 또다시 오지 않을 그 날 생각하니
> 두 뺨 위에 눈물이
> ……
> 다시 한번 우리 사랑할 수 있다면
> **아름다이 아름다이** 오늘의 슬픔을 엮으리.

시인들에게는, '언어 사용상의 특권(poetic license)'이 주어져, 문법의 파괴적 용법이 허용됩니다. 우리말의 정확한 용법 못지 않게, 아름답고 격조 높게 구사할 수 있는 능력을 지니신 분이었기에 박갑수 교수께서는 '방송 언어'의 '심의의원'의 위상에 머무르지 않고, 실로 내로라하는 우리말 구사의 '꽃'인 TV 아나운서들의 선생님으로 모셔지기까지 한 것입니다.

6. 국어교육 전공 학도에 거는 저의 기대

저는, 모교인 서울대 사대 국어교육과에 31년간 교수로 봉직하면서, 늘 인문대의 국문학과 교수와의 맡은 바 학문 분야의 특성을 언제나 생각해 왔습니다. 국문과는, 국어국문학을 연구의 분야로 삼으나, 기초적 원리 면에 중점을 두고 있을 것 같습니다. 이에 대해 국어교육학은, 응용과 실천 면에 무게를 두는 것은 아닌지요.

국어교육과의 설치 목적은, 원래 중·고등 학교에서 국어교사로 근무할 인재를 육성하기 위한 것이었습니다. 저는 이 일로 미루어, 국어교육의 최종 목표는, '우리말의 꽃밭을 가꾸는 정원사'와 '우리말의 순결성을 최후의 방어선에서 수호하는 지킴이' 육성에 두고 싶습니다.

(1) 우리말 꽃밭의 정원사

동물을 사랑하지 않는 사람이 수의사 노릇하기는 힘들 것입니다. 꽃밭을 가꾸는 정원사는, 나무를 사랑하고 꽃을 사랑하는 사람들이지요. 훌륭한 정원사는 이에만 그치지 않고, 그 나무나 화초를 아름답게 보이게 하려면 어떻게 해야 할지, 조경(造景)에도 눈을 떠, 동산을 돋우고, 연못을 배치하고 할 것입니다.

우리말을 아름답게 가꾸고, 낡고 수명이 다되어 가는 말에 새 생명을 불어 넣어 소생시키고 하는 일은, 예로부터 시인들이 수행해 왔지요. 이런 면에서, 저는 박목월이나 김영랑 등 유미주의적 내지 예술지상주의적 순수 서정시를 지향했던 시인들을 우러러 봅니다.

제가 현직에 있을 때, 앞에서 언급했듯이 국정교과서인 '고등 국어' 개편 작업을 위촉받은 일이 있지요. '시 학습단원'에 교재로 실릴 시 작품 선정을 놓고, 자문위원으로 모신 연세대 영문학과의 이상섭 교수와 대담한 일이 생각납니다. 이상섭 교수는, 문예평론가로서의 명성이 두드러진 분이었는데, 김영랑의 시 '모란이 피기까지는'의 마지막 시행 '나는 아즉 기둘리고 있을 테요 찬란한 슬픔의 봄을'의 '찬란한 슬픔'이란 싯귀에 관심을 보이시더군요. '슬픔'은 '절망' 등 낱말과 결부하여 '잿빛'으로 표현해야 할 듯도 싶습니다. 20세기 초엽, 미국 등지에서 일어난 '신비평가(New Critics)' 등이 거론한 시의 '모호성(ambiguity)' 용어가 생각나더군요. '모호성'은 윤곤강의 시 '입추(立秋)'에서도 발견됩니다. '**가까이** 들리는 **머언** 발자취'라는 시행이지요 '빛이 눈부시게 아름답다'는 뜻의 '찬란하다'가 '슬픔'을 표현하는 형용사로도 쓰일 수 있다는 사실이 놀랍습니다.

박목월의 다음 시는 또 어떤가요.

배꽃 가지 / 반쯤 가리고 / 달이 가네

경주군 내동면(內東面) / 혹은 외동면(外東面) / 불국사 터를 잡은 / 그 언저리로

배꽃 가지 / 반쯤 가리고 / 달이 가네.

—달 (전문)

저는, 위의 시를 읽으면서, '강나루 건너서 / 밀밭 길을 // 구름에 달 가듯

이 / 가는 나그네('나그네'의 첫째와 둘째 연)'와 짝이 되어, 박목월의 '시로 그린 자화상'으로 봅니다. 지상에서는 밀밭길을 하염없이 걸어가는 나그네요, 하늘에서는 '배꽃 가지 / 반쯤 가리고' 즉 '구름을 헤치고 서녘으로 한없이 가는 밤하늘의 달'이 박목월 자신인 것이지요.

문제는 '반(半)'이라는 단어입니다. '반'은 분량을 나타내는 말로, 온전치 못한 '아쉬움'을 표하는 말이지요. 학기말 시험 답안지 100점 만점에 50점 성적이라면 부끄럽지 않습니까? 하지만 위의 시에서의 '반'은, 아주 미묘한 아름다움의 극치라 아니할 수 없습니다. 흘러가는 구름 탓으로, 배꽃 가지가 온전히 제 모습을 드러내지 못합니다. '뉘앙스(nuance)'의 묘미이지요.

그러기에, 아무런 멋대가리 없는 '행정구역 단위'인 '경주군(慶州郡)' 내동면과 외동면이 갑자기 노래를 부르기 시작합니다. '내동면'은 지금은 경주시에 병합이 되어 없어졌습니다만, 그 옛날에는 '내(內)'와 '외(外)'로 짝이 되어…수사법(修辭法) 상으로는 '대조법(對照法)'의 예문으로 제시할 수도 있겠지요.

이제까지 저는, 유미주의 예술지상파 풍의 순수시에 골몰했던 박목월의 시풍과, 우리말의 시어(詩語), 즉 시작품을 구성하는 원료(原料) 내지 자재(資材)로서의 가능성을 말해 왔습니다.

끝으로, 저는 우리 현대시사 상의 중흥조(中興祖)로 우러러보이는 분이요 또 박목월 등 청록파 시인들을 시단에 내세운 정지용의 다음 시를 들어 보일까 합니다. 방점 친 부분을 눈여겨 보아 주시지요.

오늘**도** 메 끝에 홀로 오르니

흰 점 꽃이 인정(人情)스레 웃고

어린 시절에 불던 풀피리 소리 아니 나고

메마른 입술에 쓰디쓰다.

― 정지용, '고향'에서 인용

그렇습니다. 시인들은 사람들의 입술에 하도 오르내리어, 원래 지니고 있던 심상 환기(心像 喚起)의 생동하는 힘을 잃어버린 닳고 닳은 구닥다리 어휘에 새 생명을 불어넣어, 시로 읽힐 뿐 아니라 노래로 불리어 사람들의 가슴을 쳐서 눈물을 흘리게까지 합니다.

국어교육 전공학도는, 시의 아름다움과 웅숭깊은 맛을 민감히 알아차리는 심미적(審美的) 안목까지 지니고 있어야 합니다.

(2) 우리말 순결성의 지킴이

말은, 책상이나 걸상 같은 물건은 아니고 살아서 끊임없이 움직이는 생명체입니다. 그러므로 이웃 나라나 먼 나라와의 인적 물적 교류에 따라, 서로 영향을 주고받으면서 변화할 수 있지요. 한 나라, 한 민족의 언어는, 다른 나라 다른 민족의 언어와 교류를 통하여 더 풍성해질 수 있습니다. 하지만 때로는, 제 나라 말의 정체성을 잃고, 더러는 품위를 잃고 타락할 수도 있지요.

제가 학생 시절에 수강한 '국어문법' 시간에, 이 강좌를 맡으셨던 문리과대학(지금의 인문대학) 이희승 선생님께서는 일제 때 쓰이던 일본어의 '잔재(찌꺼기)'로 '보다 많이'를 예로 들며, "하루속히 청산해야 한다"고 역설하셨습니다. '무엇보다'에서 보듯, 명사나 대명사 등 체언에 붙여 쓰일 '조사'를 '명사'나 '대명사'와 동격으로 쓸 수 있겠는가? '보다'가 아니라 '더', '더 많이'의 부사가 더 어울리는 말이다, 이렇게 설명하시었습니다.

일본에서나 쓰여야 할 말투나 용어의 예를 들어볼까 합니다.
'눈에 넣어도 아프지 않다'와 같은 표현은, 일본에서 들어온 불법 입국자입니다. 이런 과장된 표현은, 우리말의 품격을 현저히 깎아내립니다. '진검승부(眞劍勝負)'는 일본의 '사무라이(무사)'들의 풍습에서 유래된 아주 살벌한 말투입니다. 하루속히 청산해야겠지요. '왔다리갔다리'는 우리말 '왔다갔다'와 일본어 '잇타리기타리'가 뒤섞여 생긴 혼혈어(混血語)입니다. '삐까번쩍' 역시 혼혈어이지요. 우리말의 '얼굴이 훤하다'와 '키가 헌칠하다'의 두 말이 혼동되고 유착되어 '훤칠하다'로 잘못 쓰이는 것과 같지요. '늘'과 '항상'을 뒤섞어 '늘상'이라고 말하는 일도 바로잡았으면 합니다.

저는 또 요즈음 '우습다'는 말을 강조해 '웃긴다'라 말하는 이를 볼 때마다 매우 민망한 느낌을 어찌하지 못합니다. 이 말투 역시 일본어, 그것도 매우 저속한 부류의 언어 풍습에서 전염된 불편한 사례이지요.

일본인은, 하도 어이없고 기막힌 일을 당해 '쓴웃음'을 짓게 되는 경우, 이런 말을 내뱉습니다. "참, 웃기고 ○빠졌네!"하고 욕을 하지요. 상대방에 대한 야유와 조소가 짙게 깔린 푸념일 수도 있습니다.

외국어의 잘못된 사용도 탈입니다만 우리말을, '본뜻'을 살피지 못하고 남용하는 것 역시 삼가야 합니다. '넘보다'는 '남을 업신여겨 낮추보다', '깔보다'는 뜻이지요. '남의 것을 탐내어 마음에 두다'라 말하고 싶다면 '넘어다보다'거나 '넘겨다보다'라 하는 게 타당합니다. 물론 줄여서 '넘보다'고 할 수 있긴 합니다만, 말을 함부로 줄여쓰다 보면 그 글이 천박해지고 품위를 잃게도 됩니다.

저는 우리나라 서민들이 사랑하고 즐겨 부르는 대중가요의 제목에 '내 인생에 **태클을** 걸지 마'라든가 '**폼 나게** 살 거야'와 같은 생경한 영어가 아무런 거리낌 없이 밀고 들어오는 것을 보면서, '정신 연령 미달'의 지진아 비슷한 말투도 그렇거니와 마음이 매우 착잡해집니다. 물론, 이러한 말투를 귀엽게 여기는 사람도 있을지 모릅니다.

그 옛날, 일제 치하 암흑기에, 망국(亡國)의 한을 토출해, 우리 민족으로 하여금 스스로, 혹은 서로를 다독여 주고 다시금 불굴의 기백과 자세로 우뚝 일어서게 했던 유행가의 작사자 조명암은 본명이 조영출로, 경성제국 대학 영문과를 졸업한 일급 시인이기도 했습니다. 그 괴롭고 어둡던 시절의 '유행가(流行歌)'가 '잠깐 돌림병처럼 유행하다가' 흔적 없이 사라지지 않고 100년이 지난 21세기의 오늘에까지 애창되어 오는 까닭을 우리는 깊이 생각해 보아야 합니다. 물론 대중가요의 가사와 시는 놓인 차원이 다르긴 합니다. 하지만, 대중가요의 작사자도, 자신의 노래말의 품위와 격조에 책임질 줄 알아야 합니다.

글의 본 줄거리로 되돌아와, 저는 요즈음 쓰이는 말 가운데, 허리가 잘리어 앞엣것만 잘못 쓰이는 사례를 볼 때마다 마음이 불편해집니다. '엉터리다'의 본딧말은 '엉터리없다'입니다. 만약 '엉터리'란 말의 쓰임이 허용된다면, '부질없다', '터무니없다'도 '부질이다', '터무니다'로 쓸 수 있어야 합니다. 제가 학생 시절에 이희승 선생님께서 강의 시간에 들려 주신 낱말 설명

중 '시름없다'는 '시름스럽다'는 뜻이라 하셨던 것이 생각납니다. 같은 이치로 '황당무계하다'를 '황당하다'고 줄여 쓰는 일도 삼가야 하리라 봅니다.

한자어에 무식한 것은 결코 자랑할 일은 아닙니다. '민폐(民弊)'라는 말은, '관존민비(官尊民卑)'가 상식화되고 만연되던 그 옛날, 관이나 관원이 직권을 남용하여 민간(民間)에 끼치는 폐해를 일컫던 말입니다. 민간인 서로가 끼치는 폐해는 그냥 '폐를 끼친다'로 충분합니다.

요즈음, 또 '○○시키다'는 식의 말을 앞뒤 생각 없이 함부로 하는 이들이 많습니다. '소개시키다', '교육시키다', '격침시키다' 등 사역형 동사도 바로잡아야 합니다. '소개하다', '교육하다'로 고쳐야 하지요. 학생들이 배우는 일은 '학습시키다'로 통하지만 '학생들'에게 교육시킬 수는 없습니다. '교사'들이나 가르칠(교육할) 수 있지요.

저는, 서울 시내에 있는 어느 한의원에 갔다가 환자 대기실에 걸려 있는 원장의 '경력'의 한자를 '經曆'으로 쓴 것을 보고 놀란 일이 있습니다. 경력의 '력' 자는 '지낼 력(歷)' 자이지 '책력 력(曆)' 자가 아닙니다. 한의학에서 '바이블'로 통하는 '동의보감' 같은 서적을 원문으로 공부했다면 범할 수 없는 실수이지요.

국어교육학자가 수행해야 할 직무는, '우리말의 꽃밭을 가꾸는 정원사'의 구실에 이어, '우리말의 순결성을 마지막 방어선에서 지켜내는 수호자' 이 두 가지로 요약할 수 있습니다. 이 두 가지 직분은, 우리들이 경애해 마지않던 박갑수 교수께서 훌륭히 감당해 오신 바이며, 또한 박갑수 교수께서 후학들에게 넘겨주신 과업이기도 합니다.

추도 행사는, 고인을 사모하고 덕을 칭송하는 선에서 멈추어서는 안 됩니다. 우리에게 맡기고 떠나신 그 뜻을 우리가 받들어 실천하고 이루어 가는 책무를 감당할 때 그 행사의 열매가 거두어지는 것입니다. 제가, 일견 '추도사'의 모양새를 떠나 장황하게 말을 늘어놓은 일에 너그러우신 양해 있으시기를 바랍니다.

7. 맺음말

저는 박갑수 교수의 위상을, '정원사', '수호자'에서 한 차원을 뛰어넘어, 오케스트라 단원을 이끌고 교향악을 연주하는 지휘자에 견주어 봅니다. 박갑수 교수가 휘두르는 지휘봉의 움직임에 따라, 현악기 분야나 관악기 쪽, 혹은 타악기 부문의 악사는 최선을 다하여 연주를 합니다. 이 관현악단은, 각급 학교에서 국어과목을 담당하는 교사일 수 있고, 신문 잡지 등에서 현장 취재 보도 기사를 쓰거나 시국의 동태의 의미를 설명하고 여론을 일으키기 위해 집필하는 논설위원이 있기도 하지요. 혹은 TV나 라디오에서 마이크를 잡는 아나운서도 있을 수 있습니다.

예술의 전당 혹은 극장 등 무대 위에 놓인 단상에 서서 지휘봉을 들고 호흡을 고르며, 무대 위에 파트별로 자리잡고 앉아 있는 단원들 위를 한바탕 둘러보는 지휘자의 긴장된 표정, 그 제왕 같은 위엄, 저는 박갑수 교수가 늘 지니고 있던 근엄한 자세와 용모를 잊을 길 없습니다.

오늘은, 2025년 3월 20일(목), 각급 학교는 새 학년도에 접어들어, 새

학기 수업에 열중하고 있으리라 여깁니다. 지금은 매화의 계절일까요? 산수유가 노랗게 피면 진달래와 개나리가 다투어 피고, 이어 벚꽃이 만개, 목련이 피고, 백화가 요란하게 핍니다.

박갑수 교수께서는 호적을 하늘나라로 옮겨가셨으나, 박 교수께서 출근하시던 서울대 관악 캠퍼스, 관악산의 정기가 쏟아져 감싸는 서울대 정문 근처, 교수종합연구동(일명 명예교수연구동)에 있는 제 연구실에서 저는 이 글의 끝을 마무리합니다.

서울대 국어교육과에서 박갑수 교수의 가르침과 사랑을 받으신 후학 여러분, 그 스승에 그 제자 있다는 찬사를 크게 받으시기를 축원하며, 이 글을 끝맺습니다.

남천 박갑수 교수의 생애와 학문

민현식 閔賢植
서울대 국어교육과 명예교수, 국어교육과 73학번(30회)

■ 박갑수 교수의 생애

성명   (한글) 박갑수
        (한자) 朴甲洙
        (영문) PARK KAP SOO
출생   1934년 8월, 충북 옥천

■ 박갑수 교수의 학력

기간	학교명
1950년 3월~1953년 2월	淸州高等學校 졸업
1954년 3월~1958년 2월	서울대학교 사범대학 國語科 졸업
1958년 3월~1965년 8월	서울대학교 대학원 國語國文學科(석사과정) 졸업
1969년 9월~1971년 3월	日本 天理大學 親里硏究所에서 文體論 연구
1975년 3월~1980년 8월	서울대학교 대학원 國語國文學科(박사과정) 修了

■ 박갑수 교수의 경력 및 활동

기간	경력 및 활동
1958년 3월~1967년 2월	梨花女子高等學校 및 서울 사대 附屬高等學校 교사
1965년 9월~1968년 2월	서울師大, 淑明女大, 國際大學 강사
1968년 3월~1968년 12월	淸州女子大學 조교수
1969년 3월~1975년 2월	서울대학교 사범대학 전임강사·조교수
1975년 3월~1977년 2월	서울대학교 인문대학 조교수
1977년 3월~1984년 3월	서울대학교 사범대학 조교수·부교수
1980년 4월~1981년 3월	日本 축파(筑波, 쓰쿠바)大學 초빙교수
1984년 4월~1999년 8월	서울대학교 사범대학 교수
1987년 4월~1988년 3월	日本 천리(天理, 덴리)大學 초빙교수
1995년 12월~1999년 3월	서울대학교 국어교육연구소 소장
1997년 3월~1999년 8월	서울대 사대 韓國語敎育 지도자과정 주임교수
1999년 10월~현재	서울대학교 사범대학 명예교수
2001년 11월~현재	中國 延邊科學技術大學 겸직교수
2004년 9월~2005년 8월	中國 洛陽外國語大學 초빙교수
2009년 9월~2011년 8월	培材大學校 초빙교수
2013년 9월~현재	서울사대 한국어교육 지도자과정 고문

■ 박갑수 교수의 사회활동

1977년~1999년	敎育部 1종도서 심의위원 및 위원장
1981년~1988년	法制處 정책자문위원회 위원
1983년~1999년	敎育部 교육과정 심의위원
1987년~2000년	文化部 국어심의위원회 위원

1988년~1993년	放送審議委員會(보도·교양, 연예·오락 등) 위원
1990년~1991년	방송위원회 放送言語 심의위원회 위원장
1992년~2000년	방송위원회 放送言語 특별위원회 위원
1993년~1994년	공익광고 협의회 위원
1996년~2004년	한국어能力試驗 자문위원장
1999년~2004년	바른 언어생활 실천연합 공동대표
2000년~2004년	한국어 世界化財團 이사
2001년~2013년	在外同胞 교육진흥재단 이사, 공동대표, 상임대표
2003년~2020년	(사) 韓國語文會 이사
2007년~2021년	(사) 전국 한자교육추진 총연합회 이사
2008년~2013년	한국어세계화포럼 이사장
2011년~현재	(사) 한국문화국제교류운동본부 이사·이사장·고문

■ 박갑수 교수의 학회 활동

1970년~1985년	한국 국어교육연구회 이사 및 감사
1978년~1993년	한국 어문교육연구회 이사
1982년~2009년	KBS 한국어연구회 자문위원
1983년~1999년	한국어연구회(동문 국어학 연구 모임) 회장
1983년~1993년	二重言語學會 이사
1993년~현재	국어교육학회 창립 고문
1997년~현재	이중언어학회 회장·고문
2003년~현재	한국언어문화교육학회 창립회장·고문

■ 박갑수 교수의 수상 경력

연도	수상 내용	수여기관
1985년 12월 5일	제17주년 국민교육헌장선포 기념 표창	문교부장관
1988년 10월 15일	서울대학교 20주년 근속 표창	서울대 총장
1998년 10월 15일	서울대학교 30주년 근속 표창	서울대 총장
1999년 8월 31일	국민훈장모란장	대통령
2015년 5월 15일	세종문화상(학술부문)	대통령
2016년 3월 11일	청관대상 공로상	서울사대 동창회장
2019년 10월 6일	대한민국 세계화 봉사대상 (교육행정부문)	세계한인여성협회
2020년 12월 15일	자랑스러운 사범대인상	서울대 사범대학장

■ 박갑수 교수의 학문 요약

　박갑수 교수는 일평생 국어학을 토대로 응용국어학에 속하는 국어교육 및 한국어교육을 연구한 학자로 연구와 실천을 병행하여 245편의 논문과 66권의 저서를 저술하였다. 교육과정 및 교과서 개발을 하고, 많은 논저를 통해 국어교육의 발전에 크게 이바지하였다. 국어정책을 위하여 1988년 표준어 사정 및 표준어 규정 제정 작업을 수행하였고, 언론언어 순화운동의 이론과 실천을 선도하였고, 광고언어 사용 기준을 제정하였으며, 법률언어의 순화를 위하여 민사소송법 개정의 기초를 닦는 등 각 분야의 국어순화를 활발히 전개하였다. 재외동포를 위한 민족어 교육과 한국어 세계화에도 매진하여 많은 성과를 거두었고, 정년퇴임 후에도 지속적으로 논저를 개정하거나 신간을 저술하여 국어학, 국어교육, 한국어교육 발전에 이론적, 실천적 선도자 역할을 수행하여 이 분야 학문 발전에 기여하였다.

■ 세부 연구 영역과 활동

1. 국어과 교육과정과 고등학교 국정교과서 및 방송통신고등학교 교재개발(교육 개발원감사패)
2. 표준어 심의위원으로 표준어 사정 및 표준어규정 제정, 규정해설 검토위원으로 활약
3. 대법원 위탁 사업으로 민사소송법 개정을 위한 순화 작업 수행(보고서 제출)
4. 공보처 위탁 사업으로 "광고언어 사용 기준"을 제정, 광고 심의에 원용(책자 발간)
5. 신문·방송언어 순화사업을 통해 바람직한 매체(미디어)언어 추구(KBS 감사패 2회)
6. 방송·신문·잡지·강연·연수 등 사회 대중교육을 통해 올바른 언어생활 계도
7. 재외동포 교원들에게 민족어 및 민족문화 보전 교육특강으로 큰 효과(세계 각처).
8. 외국인을 위한 한국어교육을 위해 이문화(異文化)간 상호교류 및 한국언어문화의 세계화 방안 연구 수행
9. 문체론 정립 및 말하기·쓰기 등 국어 표현 교육 발전·강화에 기여
10. 언어·문화 교육 관계 저서 66권, 논문 245편 집필

1. 국어교육 발전에 기여한 공로

① 논저 발표: 1958년 서울대학교 사범대학을 졸업한 뒤 중고등학교의 국어과 교사 생활을 시작으로, 1999년 사범대학 교수로 정년할 때까지 오로지 국어교육 발전에 전념하였다. 이때 국어교육에 종사하는 외에 많은 국어 교육 관련 논저를 발표하였다. 대표적인 논저는 다음과 같다. (자세한 것은

"연구업적" 참조)

- 국민학교 국어교육(공저, 1973), 국어과 교육(공저, 1975), 국어교육(공저 1976), 국어과교육 II(공저, 1982), 국어과교육 I(공저, 1985), 국어과교육 II(공저, 1985), 국어교육과 한국어교육의 성찰(2013)

② 교과서 개발: 정부 정책에 따른 국정교과서 및 검인정 교과서와 각종 교과서를 개발하였다. 제5차 교육과정을 개발하고, 교과서 집필 책임자가 되어 참신한 "고등학교 국어"(대한교과서) 교과서를 개발하였으며, 방송통신고등학교의 "국어", "문법", "고전" 등의 자학자습 교재를 처음 개발하였다. 이 공로로 교육개발원으로부터 감사패를 받았다. 이 밖에 검인정 교과서 개발에 참여하여 많은 교과서를 저술함으로써 교과서의 질적 발전을 가져오게 하였다. 새로운 체재의 "고전문학(1984)" 개발로 이후 교재의 체재가 이 책을 모방하여 개편될 정도로 국어교육의 발전에 기여하였다. 대표적 집필 교재는 다음과 같다.

- 고전문학(1984), 고등학교 화법(1996), 고등학교 독서(1996), 고등학교 문학(1996), 국어생활(2001), 고등학교 문학 상·하(2003), 고등학교 국어(2007)

③ 1종 도서 심의위원 및 동 위원장(1977~1999), 교육과정 심의위원(1983~1999)에 임명됨: 교육부로부터 상기 위원으로 임명되어 장기간 임무를 수행하며 국어과 교육과정 개발 및 국어 교과서 개발사업에 참여하여 한국의 초·중·고교의 국어교육 발전에 기여하였다.

④ 대중계몽으로서의 국어교육: 제도권의 교육기관이 아닌 대중매체를 통해 국어순화 정책의 실천에 기여하였다. 이는 신문·잡지에 연재물을 게재하며 수행되었다. 이러한 대중계몽 교육으로서 수행된 대표적 연재물은 다음과 같은 것이 있다.

> ■ 우리말의 현주소(동아일보), 말속의 뼈 속담(여성중앙) 말의 세계(월간조선), 우리말 속의 일본어(학원), 우리말 산책(중앙일보), 박갑수 교수의 말 이야기(월간중앙) 연재물과 국어생활 관련 각종 칼럼 기고

2. 국어 어문 규범 수립에 기여하고 국어순화 정책을 실천적으로 선도

① 표준어 사정과 규정 제정: 현 4대 어문규범을 문교부가 정비할 때 표준어 심의위원으로서 장기간 심의에 참여 표준어 심의·사정에 이바지하였고, 1988년의 표준어 규정을 제정하였다. 표준어 규정을 제정할 때 '표준어 규정 해설 검토위원'이 되어 오늘의 표준어 확정·보급의 기초를 마련하였다. 그 뒤 "표준어 정책의 회고와 반성"(2004)이란 논문을 통해 표준어 정책을 가늠하기도 하였다. 박갑수 교수는 『표준어와 정서법』이란 저서와, 『우리말 바로 써야 한다, 1, 2, 3』등을 통해 언중의 올바른 말, 올바른 표기법을 구사하도록 교육적인 저작물을 많이 저술하여 국민의 언어생활을 도와 왔고 지금도 박갑수 교수의 이 분야 저서는 연구자들이나 언론인들의 필독서로 꼽히고 있다.

② 국어순화 운동 전개: 국어가 표준어와 정서법에 어긋나는 등 오염이

심해 이를 순화하는 연구 및 실천을 적극 수행하였다. 이는 우선 방송과 신문 잡지 등을 통해 수행하였다. 방송은 KBS 1TV <바르고 고운말>(85.8.~87.2.)을 비롯하여, <이것이 바른말>(MBC 라디오), <우리의 바른말>(KBS 제1라디오), <우리말 강좌>(KBS 교육방송), <우리의 바른말>(KBS 사회교육방송), <바른말 상식>(PBC 라디오) 등을 담당하여 연속 강의를 수행하였다. 그래서 방송은 "박갑수만 하느냐?"는 말까지 들을 정도로 많은 국어순화 방송을 하였다. 신문은 동아일보에 <바른말 고운말>(94.4.)을 연재하였다. 잡지에도 국어순화에 대한 많은 글을 연재하였는데 대중언론에 박갑수 교수만큼 활발한 기고 활동을 한 연구자는 찾기 어렵다. 주요 대중지 연재물에는 다음과 같은 것이 있다.

> ■ 우리의 바른말(여성백과), 우리말 속의 일본어를 캔다(학원), 바른말 틀린 말(레이디 경향), 우리말 바른말(새농민), 우리말 고운 말(성전), 무심코 잘못 쓰는 방송 말(방송), 말(방송과 시청자), 아름답고 고운 우리말(재보험소식), 우리말 우리 글(수레바퀴) 등

③ 국어순화 강연: 1983년 이래로 KBS 한국어연구회 주최로, 부산, 대구, 대전, 전주 등 10대 도시에서 중·고등학교 교사를 대상으로 "국어순화를 위한 순화 강연회"를 하였다. 이 밖에 부산일보, 강릉 MBC 등에서도 초청 강연 등을 하였다.

④ 이론 개발과 연구: 순화 운동에 머물지 아니하고, 순화의 이론을 개발하고, 연구하여 논저를 내어놓음으로써 여론 선도자로서 본격적 활동을

하였다. 『방송언어의 문제점과 개선방안』(방송위원회, 1983), 『국어의 오용과 순화』(한국방송사업단, 1984), 『국어의 표현과 순화론』(1984), 『우리말 사랑 이야기』(1994), 『올바른 언어생활』(1994), 『우리말 바로 써야 한다, 1, 2, 3』(1995), 『아름다운 우리말 가꾸기』(1999) 등의 저서를 내었고, 이 밖에 많은 논문과 논설을 발표하였다.

⑤ 광고언어의 사용 기준과 민사소송법의 순화 연구: 국어순화의 대표적인 공적은 이 두 가지 연구물로 대표된다. 광고언어의 사용 기준은 문체부의 수탁 사업으로, 무분별한 광고언어에 "사용 기준"을 제시한 것이다. 이는 『광고언어의 사용 기준』이란 제목으로 공보처에서 간행되었는데, 뒤에 광고언어의 심의 기준이 되었다. 민사소송법의 순화는 일본어투 표현으로 일관되어 있는 민사소송법을 전문(全文)에 걸쳐 순화·개정한 것으로, 대법원의 수탁 사업으로 수행된 것이다. 이는 같은 제목으로 보고서가 나와 있다. 이 보고서는 민사소송법 개정의 기초가 되었다. 따라서 이 두 순화 국책사업은 공공언어 개선 정책의 효시를 이룬 것으로 높이 평가된다.

3. 외국어로서의 한국어교육 분야의 학문 정체성 확립에 기여

① 한국어교육 전공의 학문적 정착: 1988년 서울 올림픽 개최와 동구권 개방으로 한국어교육이 본격적으로 전개되기 훨씬 이전인 1969년에 천리(天理)대학에서 한국어 강의를 하여 처음으로 외국인을 위한 한국어교육의 학문적 정립을 고심하기 시작하였고, 한국어교육의 정체성 정립과 학문적

체계화를 위해 노력하였으며, 일본의 한국어교육 발전에 오랫동안 기여해 왔다.

1997년에는 박갑수 교수의 주도로 서울대학교 사범대학에 <외국인을 위한 한국어교육 지도자과정>을 만들었다. 이것이 계기가 되어 서울대학교 대학원을 비롯한 각 대학에 한국어교육 전공이 생기게 되었다. 이는 서울대학교의 한국어교육 발전에 학문적 전환점이자, 한국의 외국어로서의 한국어교육 정책에도 중요한 변화를 가져 왔다.

② 한국어능력시험의 시행 발전: 박갑수 교수가 주도하여 지금의 '한국어능력시험(TOPIK)'을 치르기 전 일본에서 처음으로 조총련계의 검정시험에 대항한 한국어능력시험을 시행한 바 있다. 이는 현재의 한국어능력시험의 선구자 역할을 하였다. 박갑수 교수는 이 경험을 토대로 1997년 한국어능력시험을 처음 실시하는 데 초창기부터 중추적 역할을 하여 2004년에 이르기까지 이 시험의 자문위원장이라는 중책을 맡아 이 시험을 오늘날과 같은 성공적인 시험이 되도록 하는 초석을 닦았다.

③ 박갑수 교수는 일본의 쓰쿠바 대학, 천리대학, 중국의 낙양외국어대의 초빙교수가 되어 각각 1년씩, 3년 동안 이들 대학에서 한국어 및 한국학 강의를 하였다. 따라서 박갑수 교수는 국외에서 한국 언어문화를 외국에 보급한 전문가로서의 공로도 크다. 상당수 교수들이 연구년에 가서 연구만 하고 강의를 주저하는데 박갑수 교수는 유창한 일본어 실력을 바탕으로 정년퇴임 후에도 노구에도 불구하고 고단한 강의의 길을 기꺼이 감수하면서 한국학 및 한국어 보급에 혼신의 열정을 다하여 국외에도 많은 제자를 양성하였다.

④ 한국어교육은 단순한 언어교육이 아니다. 이는 언어문화교육이 돼야 한다. 언어교육은 문화교육과 더불어 행해지는 것이기 때문이다. 박 교수는 무엇보다 언어교육이 문화교육이 되어야 함을 강조한다. 그래서 한국어교육의 방향을 일신하여 『한국어교육과 언어문화 교육』(2013), 『언어·문화 그리고 한국어교육』(2017)이란 역저를 내놓았다. 「문화교육과 언어문화교육의 위상」(2013), 「한국어교육과 이문화의 교육」(2006), 「한국문화의 세계화와 그 방안」(2006), 「이문화간 커뮤니케이션」(2008), 「다문화시대의 비언어행동」(2011) 등의 논문을 수록하였다.

⑤ 박갑수 교수는 일찍이 한국어의 국제화·세계화의 필요를 절감하여 "한국어국제화총연합회"라는 NGO 기구를 만들기도 하였다. 오늘날은 지구촌의 시대요, 세계화의 시대다. 따라서 모든 나라가 다 이웃이다. 서로 소통하고 교류하며 살아야 한다. 이러기 위해서는 언어문화를 교류하고, 공유하며 살아야 한다. 그래서 열강은 자국어 보급·세계화에 열을 올리고 있다. 독일의 Goethe Institute, 프랑스의 Alience Fracaise, 중국의 공자학원 등이 그것이다. 우리도 늦게나마 2007년 세종학당을 설립하게 된 것은 다행이다. 박갑수 교수는 일찍이 한국에 이러한 기구의 필요성을 강조하고, 한국어의 세계화, 한국문화의 세계화를 강조하여 '세종학당' 전신인 '한국어세계화재단'의 초기 이사로 이 분야의 기초를 놓았으며, 이중언어학회장, 한국언어문화교육학회(KLACES) 창립회장을 역임하셨다. 한국어 세계화 전략의 대표적 논문으로는 「한국어의 세계화와 한국어교육」(2010), 「한국어 세계화, 그 실상과 새로운 추진방안」(2012), 「한국문화의 세계화와 그 방안」(2006) 등이 있다.

⑥ 한국어교육을 위한 이상과 같은 여러 활동과 함께 박갑수 교수는 많은 연구를 하여 논저를 간행하였다. 대표적인 저술로는 『국어교육과 한국어교육의 성찰』(2005), 『한국어교육의 원리와 방법』(2013), 『한국어교육과 언어문화 교육』(2013), 『재외동포교육과 한국어교육』(2013)과 같은 각기 500여 페이지가 넘는 방대한 서적과 이 밖에 많은 논문과 논설이 있다. 이들은 한국어교육의 원리와 방법을 가르쳐 주고, 문화교육의 필요성을 강조하며, 재외동포 교육의 현실과 나아갈 방향을 가르쳐 주는 귀중한 연구물들이다. 주목할 것은 노익장으로 은퇴 후에도 별세하시는 그날까지 논저를 탈고하여 출판에 넘긴 상태로 출간을 보지 못하고 별세하였다. 특히 역저 『한국인과 한국어의 발상과 표현』은 한국어와 한국인의 사고방식과 관련하여 언어와 사고의 관계를 규명한 역저로 한국어 문화교육에 매우 유용한 내용이 온축(蘊蓄)된 연구서라 하겠다.

4. 재외동포교육을 위한 헌신

2001년부터 20013년까지 교육부 산하 '재외동포교육진흥재단'(2020.8월에 '국제한국어교육재단'으로 개명)의 이사 및 상임대표가 되어 재외동포 교육에 헌신함으로써, 재외동포교육에 크게 기여하였다. 박갑수 교수는 「재외동포의 정체성과 민족교육의 방안」(2006), 「재외동포교육과 민족어교육의 자세」(2011) 등의 논문을 통해 민족교육 내지 민족어교육의 방향을 제시하기도 하였다. 그는 지도자로서 능력을 발휘할 뿐 아니라, 직접 현지에 가 현지 교사들을 연수하여 재외동포교육 발전에도 기여하였다. 연수는 중국, 일본,

미국을 위시하여 인도네시아, 유럽의 독일, 프랑스, 남미의 브라질, 파라과이, 뉴질랜드 등 다양한 나라, 다양한 지역에 이른다. 재외동포교육에 대한 대표적 저술로는 『재외동포교육과 한국어교육』(2013)이 있다.

5. 문체론 분야의 개척 공로와 표현교육 연구에 기여

① 국어교육의 쓰기교육과 말하기교육과 같은 표현교육에 특히 많은 관심을 가져, 이들에 대한 연구 저작을 많이 내놓았다. 언어교육은 의시소통에 중심이 놓인다. 따라서 쓰기교육은 중요한 교육 영역 가운데 하나다. 박갑수 교수는 쓰기교육에서 특히 문체(文體)에 주목하여 다양한 표현교육의 연구·발전을 이끌어오고 있다. 그는 문체론의 선구자이며, 독보적 존재다. 그의 이러한 연구는 한국의 표현교육을 한 차원 높은 수준으로 끌어올린 공이 크다. 연구물로는 『현대문학의 문체와 표현』, 『고전문학의 문체와 표현』, 『신문·광고의 문체와 표현』, 『일반국어의 문체와 표현』 등이 그 중 대표적인 저서다. 이들은 책 제목에 드러나듯, 현대문학, 고전문학, 신문 광고, 일반국어 등 다방면의 영역에 걸쳐 있다. 이 밖에 많은 논문, 논설이 있다.

② 말하기교육은 특별히 방송언어에 주목하여 『한국방송언어론』이란 호저를 내놓았다. 『신문광고의 문체와 표현』과 함께 본서는 매스컴에 종사하는 언론인의 고전으로 통하는 책이다. 교육은 일반 대중뿐 아니라, 사회 각계각층의 지도자들에게도 해야 한다. 그래야 교육 효과가 크게 드러나게 된다. 이 같은 견지에서 박갑수 교수는 일반인의 표현교육뿐 아니라, 전문

직업인의 쓰기와 말하기 교육에까지 크게 기여해 왔다.

③ 표현교육에서는 발상(發想)이 중요한 표현 요소의 하나다. 따라서 박갑수 교수는 일찍이 이에 주목하여 국어교육에서 발상의 문제를 심도 있게 다루었다. 그리하여 대학원의 교육과정에 이를 개설하기까지 하였다. 이러한 발상은 국어교육을 진일보하게 하는 것으로 많은 논저를 발표하였고, 이는 『한국인과 한국어의 발상과 표현』이란 대저로 묶여 출간되었다. 대표적인 논저를 소개하면 다음과 같다.

■ 「비교를 통해 본 한국어의 발상과 표현」, 「'황진이' 소설의 발상과 표현」, 「이목 관련 관용어의 발상과 표현」, 「비유에 반영된 한국인의 발상」, 「한국어의 어원과 발상과 명명」, 「한자의 조자와 한국어의 발상」 등의 논문과 『한국인과 한국어의 발상과 표현』(2014)

6. 언어의 통일 정책에 대한 연구 기여

우리는 남북한이 분단된, 세계 유일의 분단국가이다. 분단이 오래되면서 언어에도 괴리가 생겨 통일을 해야 한다는 목소리가 높다. 그래서 박갑수 교수는 이를 안타깝게 여겨 언어통일의 목소리를 높여 왔다. 남북의 언어 차이는 이에 그치지 않고 재일동포 및 중국 조선족의 교육에도 크나큰 영향을 미치므로 이의 통일 역시 민족통일과 더불어 중요한 논의의 대상이 된다. 박갑수 교수는 언어규범의 통일을 위한 남북학자의 학술회의에 참석하는가 하면, 독일에서 열린 학술회의에서는 통일을 대비한 국어교육의 문제를 발표·논의하였다. 통일 관련 논문의 대표적인 것으로는, 「남북 맞춤법의 차이와 통일문제」(94), 「통일을 대비한 국어교육의 문제」(99), 「중국의 조선말 맞춤법과 한국어교육」(05), 『통일 대비 국어교육과 한국어교육』(2019) 등이 있다.

7. 정부 및 민간 사회단체 자문위원으로 봉사

정부 기관의 위원을 맡아 사회적인 기여를 많이 하였다. 교육부의 국어과 교육과정 심의위원, 1종도서심의위원회 위원 및 동위원장, 법제처의 정책자문위원, 문화부의 국어심의회 심의위원 등에 임명되어 정부의 정책 수립에 기여를 하였다. 그리고 공공기관의 위원을 맡아 역시 해당 분야 발전에 기여하였다. 방송위원회 방송심의위원, 방송언어심의위원장, 공익광고협의회 위원, KBS 시청자 의견수렴위원회 위원, 한국어능력시험 자문위원장, 한국어세계화재단 이사, 재외동포교육진흥재단 이사·상임대표, (사)한국어문회 이사, 한국어세계화포럼 이사장, (사)한국문화국제교류본부 이사장으로 활동하였고 별세 전까지도 여러 기구의 자문에 응하였다.

8. 다양한 전문 학회 활동을 통한 기여

박갑수 교수의 전공영역과 관련이 있는 학회의 회원 또는 임원으로서도 학술 연구물을 발표하거나, 학회 발전에 기여하였다. 한국어교육연구회 이사, 한국어문회 이사, KBS한국어연구회 자문위원, 한국어연구회 회장, 이중언어학회 이사·회장·고문, 국어학회 평의원, 국어교육학회 고문, 광고비평회 고문, 한국언어문화교육학회 회장·고문 등의 간부가 되어 학회의 발전과 학문의 발전을 이끌었다.

학회의 학술회의 연구발표는 연구업적에 일일이 셀 수 없을 정도로 많다. 이에 참고로 몇 가지 해외 연수회의 강연의 제목을 들어보면 다음과 같다.

■ 한국어교육을 위한 교수법(2003, 중국 연길), 재외동포의 정체성과 민족교육의 방안(2005, 파라과이 상파울루), 중국 조선말 맞춤법과 한국어교육(2005, 중국 하얼빈), 통일을 대비한 한국어교육(2006, 일본 오사카), 재외동포 교육과 언어문화교육(2007, 프랑스 파리)

박갑수 교수의 논저 목록

1. 저서(66권. 재임 중 40권, 퇴임 후 26권)

	제목	연도	출판사
1	수필집 마음 속에 파문이 일 때(共著)	1966	敎育院
2	國民學校 國語敎育(共著)	1973	서울大 出版部
3	國語學新講(共著)	1973	開文社
4	國語科敎育(共著)	1975	韓國能力開發社
5	國語敎育(共著)	1976	서울大 出版部
6	文體論의 理論과 實際	1977	世運文化社
7	방송통신고등학교 國文法	1977	高麗書籍株式會社
8	방송통신고등학교 古典	1977?	高麗書籍株式會社
9	사라진 말, 살아 남는 말	1979	瑞來軒
10	韓民族의 遺産<全10卷>(共編)	1979	新興書館
11	國語科 敎育(II)(共著)	1982	韓國放送通信大學
12	우리말의 虛像과 實像	1983	韓國放送事業團
13	放送言語의 問題點과 改善方案 硏究	1983	放送調査硏究 報告書4, 放送委員會
14	國語의 誤用과 醇化	1984	韓國放送事業團
15	고전문학(共著)	1984	志學社
16	國語의 表現과 醇化論	1984	志學社
17	現代 國語文章의 實態分析(共著)	1985	韓國精神文化 硏究院
18	國語科敎育(I)(共著)	1985	韓國放送通信大學
19	國語科敎育(II)(共著)	1985	韓國放送通信大學

	제목	연도	출판사
20	放送言語論	1987	文化放送
21	11人의 敎育隨想(共著)	1987	敎育科學社
22	新聞記事의 文體(共著)	1990	韓國言論研究院
23	國語意味論(共著)	1990	開文社
24	廣告言語의 使用基準	1993	公報處
25	제2 論說集 우리말 사랑 이야기	1994	한샘출판사
26	國語文體論(編著)	1994	大韓敎科書 株式會社
27	제3 論說集 올바른 언어생활	1994	한샘출판사
28	우리말 바로 써야 한다, 1, 2, 3	1995	集文堂
29	중학교 漢文 1, 2, 3(共著)	1995	志學社
30	韓國 放送言語論	1996	集文堂
31	고등학교 話法(共著)	1996	한샘출판사
32	고등학교 讀書(共著)	1996	志學社
33	고등학교 漢文 上, 下(共著)	1996	志學社
34	고등학교 文學 上, 下(共著)	1996	志學社
35	民事訴訟法의 醇化研究	1997	大法院 報告書
36	韓國語敎育槪論	1997	외국인을 위한 한국어 지도자 과정
37	標準語와 正書法	1997	외국인을 위한 한국어 지도자 과정
38	現代文學의 文體와 表現	1998	集文堂
39	新聞·廣告의 文體와 表現	1998	集文堂
40	一般國語의 文體와 表現	1998	集文堂
41	제4 論說集 아름다운 우리말 가꾸기	1999	集文堂
42	國語 表現·理解 敎育(共著)	2000	集文堂
43	放送 話法(共著)	2001	集文堂
44	중학교 漢文 1(共著)	2001	志學社
45	국어생활(共著)	2001	志學社

	제목	연도	출판사
46	중학교 漢文 2(共著)	2002	志學社
47	고등학교 漢文 上, 下(共著)	2003	志學社
48	고등학교 文學 上, 下(共著)	2003	志學社
49	다섯 수레의 책(공저)	2004	서울대학교 출판부
50	국어교육과 한국어교육의 성찰	2005	서울대학교 출판부
51	고전문학의 문체와 표현	2005	集文堂
52	고등학교 국어(공저)	2007?	志學社
53	한국어교육의 원리와 방법	2012	亦樂
54	한국어교육과 언어문화 교육	2013	亦樂
55	재외동포 교육과 한국어교육	2013	亦樂
56	한국인과 한국어의 발상과 표현	2014	亦樂
57	우리말 우리 문화, 上, 下	2014	亦樂
58	재미있는 속담과 인생	2015	亦樂
59	교양인을 위한 언어문학문화, 그리고 교육 이야기	2015	亦樂
60	국어순화와 법률문장의 순화	2016	亦樂
61	언어·문화, 그리고 한국어교육	2017	亦樂
62	재미있는 곁말 기행, 上, 下	2018	亦樂
63	통일 대비 국어교육과 한국어교육	2019	亦樂
64	신문 방송의 언어와 표현론	2020	亦樂
65	우리말의 어원과 그 문화	2021	亦樂
66	우리말의 어원과 그 문화(하)	2024	亦樂

2. 연구 논문(245편. 재임 중 130편, 퇴임 후 115편)

	제목	연도	학회지	학회
1	言語의 感化的 用法의 考察(上, 下)	65. 8. 및 12.	국어교육 10, 11	한국국어교육 연구회
2	言語에 關한 俗談考	66. 5.	異河潤先生 回甲紀念論文集	
3	流配歌辭考 - 문체론적 고찰을 중심으로	68. 6.	청주여대학보, 창간호	청주여자대학
4	仁顯王后傳과 謝氏南征記의 比較研究	68. 12.	국어교육 14	한국국어교육 연구회
5	國語의 感化的 表現考	69. 1.	論文集 1	한국국어교육 연구회
6	感覺的 詩語考	69. 12.	論文集 6	서울대 교육대학원
7	韓國 現代小說文章の 構造	71. 1.	朝鮮學報 58	日本 朝鮮學會
8	韓國 現代小說文章考	71. 10.	국어교육 17	한국국어교육 연구회
9	靑鹿集의 詩語考	71. 11.	海巖 金亨奎博士 頌壽紀念論叢	
10	現代小說文章의 執筆過程	72. 12.	箕軒 孫洛範先生 回甲紀念論文集	
11	言語醇化方案研究	73. 2.	論文集 3	한국국어교육 연구회
12	現代小說의 具象的 表現研究	73. 4.	研究論叢 3	서울대학교 교육회
13	直喩의 이미지考	74. 2.	靑坡文學 11	淑明女大 國語國文學科

	제목	연도	학회지	학회
14	現代小說의 色彩語硏究	74. 4.	硏究論叢 4	서울대학교 교육회
15	韓國 閨秀作家의 具象的 表現硏究	74. 12.	亞細亞女性硏究 13	淑明女大 亞細亞女性硏究所
16	現代詩에 反映된 色彩語硏究	75. 3.	韓相甲先生 還曆紀念論集	
17	韓國 現代小說 文章의 品詞的 傾向	76. 5.	국어교육 27·28	한국국어교육 연구회
18	色彩語의 位相	76. 8.	金亨奎敎授 停年退任 紀念論集	
19	國語醇化運動의 現況과 展望	76. 12.	국어교육 29	한국국어교육 연구회
20	韓國 現代詩의 共感覺的 表現	77. 12.	亞細亞女性硏究 16	숙명여대 아세아여성 연구소
21	東言考略의 表音 表寫的 傾向	78. 11.	先淸語文 9	서울大 師大 國語敎育科
22	東言考略의 네 異本考	78. 12.	國語學 7	國語學會
23	女流作家의 文體論的 斷面	78. 12.	亞細亞女性硏究 17	숙명여대 아세아여성 연구소
24	國語醇化의 理論과 方法	79. 6.	國語醇化와 敎育	韓國精神文化硏究院
25	吏讀 副詞 語彙考	79. 6.	師大論叢 19	서울대학교 師範大學
26	鄕歌의 屈曲法	79. 11.	國語의 表現과 醇化論	志學社

	제목	연도	학회지	학회
27	春香傳의 諧謔的 表現(上)	79. 12.	亞細亞女性研究 18	
28	大學生을 위한 敎養國語에 관한 硏究	80. 6.	師大論叢 21	서울대학교 사범대학
29	國語의 한 語源 및 系統論	80. 6.	국어의 표현과 순화론	지학사
30	韓日語의 한 比較硏究 小考	80. 6.	국어의 표현과 순화론	지학사
31	春香傳의 한 文體樣相	80. 10.	蘭汀南廣祐博士 回甲紀念論叢	
32	韓日語의 對照的考察	81. 3.	朝鮮語敎育硏究 1	筑波大學 朝鮮語研究會
33	言語政策과 國語醇化	81. 5.	語文研究 29	韓國語文敎育研究會
34	鄕歌 解讀의 몇 가지 問題	81. 11.	先淸語文 11·12	서울대 사대 국어교육과
35	蘆江의 詩의 文體論的 考察	81. 12.	語文研究 31·32	한국어문교육 연구회
36	春香傳의 諧謔的 表現(下)	81. 12.	亞細亞女性研究 21	숙명여대 아세아여성 연구소
37	日本 所藏 春香傳의 文體考	82. 10.	師大論叢 24	서울대학교 사범대학
38	放送言語의 問題點과 改善方案	82. 10.	放送研究 1-2	放送委員會
39	國語醇化의 現況과 展望	82. 10.	韓國語研究 主題論文 1	KBS한국어 연구회
40	語錄解에 대하여	83. 4.	蘭臺李應百博士 回甲紀念論文集	

	제목	연도	학회지	학회
41	韓國言論이 展開한 國語醇化	83. 4.	韓國語研究論文 2	KBS 한국어 연구회
42	語錄解 解題	83. 7.	朝鮮學報 108	日本 朝鮮學會
43	우리말의 虛像과 實像	83. 12.	韓國語研究論文 4	KBS한국어 연구회
44	國語敎育 評價의 方向	84. 5.	仁川敎育 5	仁川 敎育委員會
45	解放後의 言語生活 變遷史	84. 10.	廣場	平和敎授 아카데미
46	國語 誤用의 傾向에 대하여	84. 10.	국어생활 1	國語硏究所
47	作文과 文章의 길이 問題	84. 12.	정신문화연구 겨울	한국 정신문화연구원
48	放送言語 使用의 바람직한 方向	84. 12.	放送硏究 3-4	방송위원회
49	放送言語의 현상과 反省	85. 1.	한국어연구 논문 7	KBS 한국어 연구회
50	記事의 실상과 문제점	85. 5.	한국어연구 논문집 9	KBS 한국어 연구회
51	文章의 길이	85. 6.	現代 國語文章의 實態 分析	한국정신문화 연구원
52	"한글"의 由來와 意味	85. 11.	국어생활 3	국어연구소
53	論述考査의 評價	85. 12.	국어교육 53·54	한국국어교육 연구회
54	放送의 禁忌語에 관하여	85. 12.	한국어연구 논문집 10	KBS 한국어 연구회
55	放送言語와 語彙	85. 12.	한국표준 방송언어	韓國放送公社
56	放送文章	85. 12.	한국표준 방송언어	한국방송공사

	제목	연도	학회지	학회
57	우리말의 誤用과 醇化	86. 4.	한국어연구 논문 13	KBS 한국어 연구회
58	國語教育과 論述考查의 問題點과 對策	86. 5.	국어교육과 논술고사의 문제점과 대책	인하대학
59	論述考查 出題에 대한 反省과 改善方案	86. 5.	대학입시제도 발전과 논술고사 운영방안	한국대학 교육협회
60	國民의 言語生活과 放送言語	86. 6.	放送研究 5-2	방송위원회
61	오용되는 방송언어	86. 12.	KBS 표준방송언어	한국방송공사
62	사례를 통해 본 방송언어의 문제점	86. 12.	放送研究 5-4	방송위원회
63	放送言語의 變遷 概觀	87. 2.	放送言語 變遷史	한국방송공사
64	放送言語의 語彙變遷	87. 2.	放送言語 變遷史	한국방송공사
65	放送文章의 教育	87. 2.	放送言語 變遷史	한국방송공사
66	國語 誤用의 實態 調查 研究	87. 6.	연구보고서(1)	국어연구소
67	東京大學本 "춘향전"에 대하여	88. 1.	朝鮮學報 126	日本 조선학회
68	改定된 맞춤법과 표준어규정의 虛實	88. 8.	東洋文學	동양문학사
69	韓國 短篇小說의 顔面 描寫	88. 8.	李應百教授 停年退任紀念論文集	
70	關西地方 韓國學校의 國語教育	88. 9.	二重言語學會誌 4	二重言語學會
71	최근 放送人의 언어실태	88. 12.	放送研究 7-4	방송위원회

	제목	연도	학회지	학회
72	최근의 放送言語에 대하여	89. 1.	한국어연구 논문 22	KBS 한국어 연구회
73	言語의 感化的 表現	89. 6.	齊曉李庸周博士 回甲紀念論文集	
74	放送과 標準發音	89. 6.	방송기술인 전문연수자료	언론연구원
75	新聞과 바른말	89. 9.	업무사원 전문연수자료	韓國言論研究院
76	국어 呼稱의 실상과 대책	89. 12.	국어생활 19	국어연구소
77	楊州方言의 音韻變異	89. 12.	국어교육 67-68	한국국어교육 연구회
78	방송언어의 오용사례	89. 12.	아나운서 방송교본	한국방송공사
79	放送과 禁忌語	89. 12.	아나운서 방송교본	한국방송공사
80	새로운 言語規範에 대하여	90. 5.	한국어연구논문 26	KBS 한국어 연구회
81	우리말 속의 일본말	90. 8.	언론과 비평 13	언론과 비평사
82	中國에서의 韓國語敎育機關에 대한 研究	90. 10.	二重言語學會誌 7	이중언어학회
83	記事文의 文體와 表現	90. 10.	記事의 文體와 表現	한국언론연구원
84	新聞記事의 文體와 表現	90. 10.	新聞記事의 文體	한국언론연구원
85	文體	90. 12.	國語研究 어디까지 왔나	동아출판사
86	古本 춘향전의 位相과 表現(上)	91. 11.	陶谷鄭琦鎬博士 回甲紀念論叢	

	제목	연도	학회지	학회
87	國語醇化-政策과 實相	92. 4.	광복후의 국어교육	한샘출판사
88	방송언어에 나타난 언어의 문제	92. 6.	새국어생활 2-2	국립국어연구원
89	在外同胞의 韓國語敎育-재일·재중동포의 모국어교육을 중심으로	92. 6.	국어교육학의 이론과 방법연구	교학사
90	廣告言語의 逆機能 解消方案	92. 12.	광고언어가 정서에 미치는 영향	공보처
91	國語敎育學의 연구와 교육의 구조	93. 6.	師大論叢 46	서울대학교 사범대학
92	매스컴 言語 및 文章의 實相과 改善對策	93. 7.	말과 글 55	한국 교열기자회
93	體育關係 記事文의 改善方案	93. 11.	체육용어 개선방안	한국언론연구원
94	國語敎育의 課題와 展望	93. 12.	한국어연구 논문 37	KBS 한국어 연구회
95	廣告言語 使用의 基準	93. 12.	광고언어 사용의 기준	한국방송 광고공사
96	學術用語의 國語化	94. 2.	대학국어작문	서울대학교 출판부
97	放送言語의 문제와 改善方案	94. 6.	방송과 시청자 61	방송위원회
98	南北 맞춤법의 差異와 그 統一問題	94. 7.	語文研究 81-82 95. 3.	國際高麗學會 學術叢書 3, 日本 國際高麗學會

	제목	연도	학회지	학회
99	國語 文體의 研究史	94. 10.	국어문체론	(주)대한교과서
100	新語의 실상과 醇化方案	94.	한국어연구 논문 40	KBS한국어 연구회
101	國際化時代の 韓國の國語教育	95. 6.	世界の言語教育・日本の國語教育	日本國立國語 研究所
102	言語規範과 現實의 間隙	95. 8.	齊曉李庸周教授 停年退任論文集	
103	제5·6차 國語科 教育課程의 基本方向 연구	95.	연구보고서 94-1	국어교육연구소
104	言語規範으로서의 放送語彙	95. 12.	새국어생활 5-4	국립국어연구원
105	韓國語 國際化의 意味와 課題	95. 12.	한국어 국제화를 위한 학술대회	한국어국제화 추진협의회
106	討論의 언어와 표현	95. 12.	바람직한 토론문화	文化體育部
107	南北韓 音聲言語 教育의 比較 研究	95. 12.	KBS한국어 42	KBS 한국어 연구회
108	교양국어 교육 시행의 반성	96.	국어국문학 117	국어국문학회
109	韓國語 國際化의 現況과 課題	96. 7.	해외 한민족과 차세대	SAT II 한국어진흥재단
110	古本 춘향전의 位相과 表現(中)	96. 10.	先淸語文 24	서울師大 國語教育科
111	韓國語 能力試驗의 方案	96. 12.	KBS 한국어연구 논문 44	KBS 한국어 연구회
112	國語教育 100年의 回顧와 展望	96. 12.	二重言語學會誌 13	이중언어학회
113	法律用語와 文章의 醇化	97. 7.	한글사랑 5	한글사랑사

	제목	연도	학회지	학회
114	北韓小說 "쇠찌르레기"의 文體	97.	陳泰夏敎授 頌壽紀念 語文論叢	
115	古本춘향전의 位相과 表現(下)	97. 10.	先淸語文 25	서울사대 국어교육과
116	現代文學과 國語醇化	97. 12.	한글사랑 6	한글사랑사
117	北韓小說 "산제비"의 文體와 表現	97. 12.	우리문화 동질성연구 1	우리문화동질성 연구회
118	法律文章 순화돼야 한다	97. 12.	새국어생활 7-4	국립국어연구원
119	中國 朝鮮族 書簡文의 誤用分析	97. 12.	국어교육연구 4	서울대학교 국어교육연구소
120	中國의 조선말과 南北韓語의 비교	97. 12.	二重言語學會誌 14	이중언어학회
121	外國語로서의 韓國語敎育	98. 2.	외국인을 위한 韓國語敎育硏究 1	외국인을 위한 한국어교육 지도자과정
122	民事訴訟法의 문제와 醇化方案	98. 2.	국어교육 96	한국어교육 연구회
123	韓·日·英語의 發想과 表現의 비교	98. 8.	일반국어의 문체와 표현	집문당
124	色彩에 대한 이미지의 表現	98. 8.	일반국어의 문체와 표현	집문당
125	外國語로서의 韓國語敎育과 文化的 背景	98. 10.	先淸語文 26	서울사대 국어교육과
126	外國語로서의 韓國語敎育 評價	98. 12.	이중언어학 15	二重言語學會
127	民事訴訟法의 醇化, 그 必要性과 實際	98. 12.	師大論叢 57	서울대학교 사범대학

	제목	연도	학회지	학회
128	統一을 對備한 國語敎育의 現況과 對策	98. 12.	국어교육연구 5	서울대 국어교육연구소
129	古小說의 顔面 描寫	98. 12.	國語敎育學硏究 8	국어교육학회
130	比較를 통해 본 韓國語의 發想과 表現	99. 2.	韓國語敎育硏究 2	서울대 외국인을 위한 한국어교육 지도자 과정
131	新聞과 放送의 韓國語	99. 10.	국어교육연구 8	인하국어 교육학회
132	南北韓의 言語 差異와 그 統一政策	99. 10.	先淸語文 27	서울사대 국어교육과
133	南北統一 對備 國語敎育의 問題	99. 12.	국제고려학회 논문집 창간호	국제고려학회
134	韓國語敎育의 課題와 展望	99. 12.	국어교육연구 6	서울대학교 국어교육연구소
135	"손" 관계 慣用句의 發想과 表現	99. 12.	이중언어학 16	二重言語學會
136	새 千年과 우리 言語文化의 發展方向	99. 12.	國語敎育學硏究 9	국어교육학회
137	韓國語 敎育課程 構案에 대한 論議	00. 2.	韓國語敎育硏究 3	외국인을 위한 한국어교육 지도자과정
138	國語敎育과 表現 理解의 敎育	00. 8.	국어 표현·이해 교육	집문당
139	흥부전의 文體와 表現(上)	00. 10.	雲崗宋政憲先生 華甲紀念論叢	
140	韓國人의 言語生活과 公用語 問題	00. 12.	이중언어학 17	二重言語學會

	제목	연도	학회지	학회
141	"발" 관계 慣用句의 發想과 表現	01. 2.	韓國語敎育硏究 4	외국인을 위한 한국어교육 지도자과정
142	韓·日·英語 俗談 表現의 한 斷面	01.	梅田博之 古稀紀念論文集	
143	家畜 語彙의 이미지와 表現-韓·日·英語의 比較	01. 12.	이중언어학 19	二重言語學會
144	韓國語 敎材 開發 原論	02. 2.	韓國語敎育硏究 5	외국인을 위한 한국어교육 지도자과정
145	放送言語의 語彙 變遷	02. 2.	KBS한국어연구 논문 53	KBS 한국어 연구회
146	韓國語敎育의 現況과 課題	02. 6.	중국에서의 한국어교육 III	延邊 科學技術大學 韓國學硏究所
147	靑少年의 言語 行態와 그 改善方案	02. 10.	先淸語文 30	서울師大 國語敎育科
148	中國 朝鮮族의 民族語敎育과 21세기	03. 2.	韓國語敎育硏究 6	외국인을 위한 한국어교육 지도자과정
149	改正 民事訴訟法의 醇化와 向後 課題	03. 4.	개정 민사소송법의 법령용어 및 법률문장의 순화와 향후 과제	한국법제연구원
150	韓國語敎育의 課題와 改善 方向-재외동포 교육을 중심으로	03. 7.	재외동포의 정체성확립과 교육의 방향	재외동포교육진 흥재단

	제목	연도	학회지	학회
151	韓國語敎育 評價의 現況과 課題	03. 11.	한국 언어문화교육의 현황과 발전방향	한국언어문화교육학회(중국에서의 한국어교육 Ⅵ, 태학사, 05)
152	한국어교육을 위한 교사론	04. 2.	한국어교육 연구 7	외국인을 위한 한국어교육 지도자과정
153	표준어 정책의 회고와 반성	04.	새국어생활	국립국어연구원
154	韓國語敎育을 위한 敎授法	04.	중국에서의 한국어교육 Ⅴ	태학사
155	"동양문고본 춘향전"의 문체-종결형태를 중심으로	04.	선청어문 32	서울사대 국어교육과
156	속담에 반영된 언어수행론-한·일·영어의 경우	04.	한국어교육 연구 8	외국인을 위한 한국어교육 지도자과정
157	중국의 "조선말 맞춤법"과 한국어교육 -제7차 교육과정과 교재편찬을 중심으로	05.	국어교육연구 제16집	서울대학교 국어교육연구소
158	한국의 국어교육과정과 국어교육	05. 12.	현장에서 미래를 준비하자	중국 길림성 연변교육학원
159	사설시조에 반영된 감화적 표현	05. 12.	고전문학의 문체와 표현	집문당
160	언어와 문화 그리고 한국어교육	05.	제9회 조선-한국 언어문학 학술회의	연변대학

	제목	연도	학회지	학회
161	재외동포의 정체성과 민족교육의 방안	06. 2.	한국어교육 연구 9	외국인을 위한 한국어교육 지도자과정
162	고전 속에 나타난 한국인의 해학과 풍자	06. 7.	재외동포교육 진흥재단	
163	한국어 문법교육의 바람직한 방향	06. 7.	조선(한국)어 교육연구회	중국 청도대학 언어와 문화 3-3 한국언어문화교 육학회 07
164	한국어교육평가의 이론과 방법	06. 8.	연변교육학원	
165	법률과 실용문에 나타난 일본어문투	06. 12.	제2회 학술발표회 자료집	한겨레말글 연구소
166	한국문화의 세계화와 그 방안	06. 10.	자국문화의 세계화 전략과 과제	충남대학교 인문과학연구소
167	재외동포 한국어교육의 오늘과 내일	07. 2.	이중언어학 제33호	이중언어학회
168	한국어교육과 언어문화 교육	07. 2.	외국인을 위한 한국어교육 연구 10	한국어교육 지도자과정
169	한국어문법교육의 바람직한 방향	07. 12.	언어와 문화 제3권 3호	한국언어문화 교육학회
170	재외동포교육과 언어문화의 교육과정	07. 12.	외국인을 위한 한국어교육연구 제11집	서울사대 한국어교육 지도자과정

	제목	연도	학회지	학회
171	언어의 기능과 커뮤니케이션 교육	07. 12.	연변주교육학원 교사연수자료집	"재외동포교육과 한국어교육"에 수록(역락, 13)
172	文章소재 "古本春香傳"의 새로운 發見	08. 2.	국어교육 125호	한국국어교육학회
173	두 古本春香傳의 표현과 위상	08. 9.	선청어문 제35집	서울대학교 사범대학 국어교육과
174	한글학교를 통한 재외동포 한국어교육의 현황과 대책	08. 9.	새국어생활 제18권 3호	국립국어원
175	재외동포교육의 바람직한 방향	08. 12.	외국인을 위한 한국어교육 연구 제12집	서울사대 한국어교육 지도자과정
176	한국어학 개론의 세계	08.	한국어교육	서강대학교 언어교육원
177	발상 혹은 표현과 한국어교육	09. 2.	한국어교육연구 제4호	배재대학교 한국어교육연구소
178	한국어교육의 현황과 발전방향	09. 2.	한국어교육 I	서울대 한국어교육 지도자과정
179	破字, 기지와 해학의 표현	09. 9.	한국어문회편/국한혼용의 국어생활	(사)한국어문회

	제목	연도	학회지	학회
180	기지와 해학의 표현 파자	09. 10.	한국어교육논문집, 월수대학, "한국어교육과 언어문화교육"에 수록(역락, 13)	
181	이문화 커뮤니케이션과 한국어교육	09. 11.	한국어교육연구 제13집	서울사대 한국어교육 지도자과정
182	한국어 세계화 정책의 현황과 대책	10. 2.	한국어교육연구 제5호	배재대학교 한국어교육 연구소
183	耳目 관계 관용어의 발상과 표현	10. 6.	국학연구논총 제5집	택민국학연구원
184	한국어세계화와 재외동포 교육	10. 8.	"한국어 세계화와 재외동포교육" 교과부, "재외동포 교육과 한국어교육"에 수록(역락, 13)	
185	한국어 세계화와 한국어교육	10. 10.	한국어교육연구 제14집	서울사대 한국어교육 지도자과정
186	한국어교육의 현실과 미래	10. 12.	국학연구논총 제6집	택민국학연구원
187	한국 속담에 반영된 고유명사류어의 문화	11. 2.	한국어교육연구 제6호	배재대학교

	제목	연도	학회지	학회
188	재외동포 교육과 민족어교육의 자세	11. 6.	국학연구논총 제7호	택민국학연구원
189	어휘교육의 원리와 방법	11. 7.	한국(조선)어 교육 국제 학술연토회 논문집(하권) 한국(조선)어 교육연구학회	
190	한·중 파자 수수께끼의 정체성과 실상	11. 10.	한국어교육연구 제15집	서울사대 한국어교육지도 자과정
191	비언어 행동과 한국어교육	11. 12.	국학연구논총 제7집	택민국학연구원
192	한·중 동물 관련 욕설문화	12. 2.	어문학보 제32집	강원대학교 사대 국어교육과
193	한국어의 세계화, 그 실상과 새로운 방안	12. 3.	국학연구논총 제9집	택민국학연구원
194	한국과 중국의 욕설문화	12. 4.	언어와 문화 제8권 1호	한국언어문화교육학회
195	어휘를 통해 본 한국문화와 한국어교육	12. 7.	한국 언어문화 교육의 현황과 전망	한국언어문화교육학회/ "한국어교육과 언어문화교육"에 수록(역락, 13)
196	현대사회와 한국 언어문화, 그리고 한국어교육	12. 7.	현대의 문화변동과 한국어교육	재외동포교육 진흥재단/ "한국어교육과 언어문화교육"에 수록(역락, 13)

	제목	연도	학회지	학회
197	문화교육과 언어문화교육의 위상	13. 2.	"한국어교육과 언어문화 교육"에 수록 (역락, 13)	
198	가족생활과 전통의례 그리고 교육	13. 2.	상동(중국 낙양외국어학원 세미나에서 구두 발표)	
199	한국의 전통적 수사, 곁말	13. 2.	상동	
200	한국사회의 변동과 언어문화의 변모	13. 2.	상동	
201	재일동포 민족교육의 실상과 과제	13. 10.	한국어교육연구 제17호	서울사대 한국어교육 지도자과정
202	한민족 유이민의 역사적 이주 과정	13. 11.	"재외동포교육과 한국어교육"에 수록(역락, 13)	
203	재외동포를 위한 한국어 교수법	13. 11.	상동	
204	재외국민 교육과 언어·문화의 이해	13. 11.	상동(재중 한글학교 협의회에서 구두발표)	
205	한국어교육을 위한 한국어 연구	13. 11.	상동(한국어교육 원에서 특강)	
206	소설 "마이허"와 재외동포 교육의 성격	13. 12.	선청어문 제41호	서울대학교 사범대학 국어교육과

	제목	연도	학회지	학회
207	문자와 언어에 있어서의 발상	14. 4.	서울대학교 명예교수회보 2013-9	서울대학교 명예교수협의회
208	한국인의 발상과 표현 서설	14. 8.	한국인과 한국어의 발상과 표현(역락, 2014)에 수록	
209	비교를 통해 본 한국어의 발상과 표현	14. 8.	상동	
210	한·일·영어권 사물에 대한 발상과 이미지	14. 8.	상동	
211	'황진이' 소설의 발상과 표현	14. 8.	상동	
212	한·일 속담에 반영된 가족관계	14. 8.	상동	
213	비유에 반영된 한국인의 발상	14. 8.	상동	
214	소설상의 인물 '황진이'의 형상화	14. 8.	상동	
215	동양문고본 '춘향전'의 발상과 표현	14. 8.	상동	
216	한자의 조자와 한국어의 발상	14. 8.	상동	
217	문자와 언어에 대한 발상의 허실	14. 8.	상동	
218	한국어의 어원과 발상, 그리고 명명	14. 9.	국어교육학연구 49-3	국어교육학회

	제목	연도	학회지	학회
219	한국어 의미변화의 유형과 실제	14. 10.	한국어교육연구 18	서울 사대 외국인을 위한 한국어교육 지도자과정
220	인사와 커뮤니케이션 문화	15.	서울대 명예교수회보 10	서울대 명예교수협의회
221	환경언어와 한국어권 커뮤니케이션	15.	한국어교육연구 19	서울 사대 외국인을 위한 한국어교육 지도자과정
222	국어교육의 현황과 반성	15.	국학연구논총 16	택민국학연구원
223	한국 속담의 일반성과 특수성-비교를 통한 한국 속담의 특성	15.	선청어문 42	서울대 사대 국어교육과
224	한·중 식생활문화와 언어문화	16.	한국어교육연구 20	서울 사대 외국인을 위한 한국어교육 지도자과정
225	폴라이트니스 이론과 한국어교육	17.	한국어교육연구 21	서울 사대 외국인을 위한 한국어교육 지도자과정
226	한·중·일의 '설' 세시풍속	17.	"언어·문화, 그리고 한국어교육"(역락, 2017)에 수록	
227	문화적 수용과 한국어의 어휘사	17.	상동	

	제목	연도	학회지	학회
228	한·중 식생활 문화와 언어문화	17.	상동	
229	한국어 의미변화의 유형과 실제-한국어 전의사	17.	상동	
230	한국어의 세계화 방안	17.	상동	
231	객체언어와 한국어교육	17.	상동	
232	한국어와 한국 언어문화 교육	17.	상동	
233	한·중·일의 친족어와 한국어교육	17.	상동	
234	중·일·한 新漢語의 조어와 그의 교류	18.	한국어교육연구 22	서울 사대 외국인을 위한 한국어교육 지도자과정
235	한국어교육의 현황과 반성	18.	"통일 대비 국어교육과 한국어교육"(역락, 2018)에 수록	
236	우리말/우리 글/우리말 교육의 비판적 고찰	18.	상동	
237	한국인의 언어생활과 공용어론	18.	상동	
238	화합을 위한 '일동장유가'의 비판적 읽기	18.	상동 (국어교육학회 국제학술대회에서 구두발표)	

	제목	연도	학회지	학회
239	남북통일 대비 국어교육의 문제	18.	상동 (국제고려학회에서 구두 발표)	
240	통일을 대비한 국어교육	18.	상동 (재외동포교육진흥재단 오사카 연수회에서 구두발표)	
241	한국어교육을 위한 한·일어의 대조론	18.	상동	
242	재소(在蘇) 고려인의 언어와 한국어교육	18.	상동	
243	한일영어 관용어의 비교	18.	상동 (한국(조선)어 교육 연구 학회에서 구두 발표)	
244	한·중·일 '추석' 문화의 특성	18.	상동	
245	한국어교육과 국어교육의 세계화	18.	상동(2017. 국어교육자 대회의 주제발표)	

'어순', 문법 용어인가? 문체론 용어인가?
―이북의 문법(교육) 및 쓰기(교육)을 중심으로―

오현아吳炫妸

강원대 국어교육과 교수, 국어교육과 박사 05학번(63회)

0. 남천 박갑수 선생님의 학문적 업적을 기리며

　남천 박갑수 선생님께서는 1969년 서울대 사범대 국어교육과에 부임하시고 1999년 8월 은퇴하셔서, 석사 02학번인 저로서는 아쉽게도 선생님 강의를 접할 기회가 없었습니다. 그러나 명예교수님으로 출강해 주신 덕택에 멀리서나마 그 모습을 뵐 수 있었습니다. 석사논문으로 인지형태론적 관점에서 '국어 순화'와 '신어 생성 원리'를 고민하고, 박사논문으로 표현문법 관점에서 쓰기 영역에 기여하는 문법 지식으로서 '설득적 글쓰기' 과정에서 '문장 초점화'에 관심을 가졌던 제게 '국어표현론', '국어순화론', '국어문체론'을 개척하셨던 선생님의 학문적 업적은 큰 가르침이 되었습니다.
　'국어표현론'과 '국어문체론'을 개척하신 남천 박갑수 선생님의 학문적 업적을 기리며 여기에서는 '문법 용어'로도, '문체론 용어'로도 볼 수 있는 '어순'에 대해 이야기해 보려고 합니다.

1. 들어가며: 왜 어순을 다루는가?

'어순'은 이남[1]의 문법에서는 잘 다루어지지 않는 문법(교육) 내용[2]이다. 이남의 문법에서는 '체계문' 혹은 '완전문'을 문법 기술 대상으로 하기 때문에 문장 단위에서 이상적인 문장의 기본 구조와 확장 구조를 보여주는 것이 일반적이기 때문으로 보인다. 그러나 실제 '사용문' 혹은 '소형문'까지도 문법 기술의 대상으로 삼는 이북 문법에서는 어순이 주요한 문법(교육) 내용으로 다루어질 수 있다. 따라서 '어순'은 이북 문법 특성이 단적으로 잘

---

1   '남한, 북한'은 이남 중심의 용어, '남조선, 북조선'은 이북 중심의 용어이므로, 이 논문에서는 남북 상호 소통을 위한 중립적 용어로서 '이남, 이북'을 선택하여 사용하고자 하였다. 기존 참고문헌에서 '남한, 북한'을 사용한 경우는 원저자의 의도를 고려하여 그대로 사용하였으며, 연구자의 입장에서 기술할 때는 '이남, 이북'의 용어를 사용하였음을 밝혀 둔다.

2   다만 이남의 국어학 논의에서는 일찍이 임성규(1989)에서 통사적 구성 강조법의 하나로 '어순'이 다루어진 바 있으며, 권재일(1992, 2012ㄴ, 2021)에서 '현대 한국어에서 실현 방법이 다양한 대표적인 문법 범주'로 '강조법'이, '강조법'의 한 유형으로 '어순'이 다루어진 바 있으며, 신서인(2009)에서 어순에 따른 문장 의미 변화를 통사적 층위의 해석과 화용적 층위의 해석으로 구분하여 제시한 바 있다.

    이남의 문법 교육 논의에서는 '어순' 관련 교육 내용이 잘 다루어지지 않는 편이다. 박재현·김은성·남가영·김호정(2008)에서는 4차부터 7차까지 고등학교 <문법> 교과서의 '문장' 단원의 문법 교육 용어를 계량하여 그 결과를 세부적으로 분석하여 제시하고 있다. 그 결과 고빈도어를 보이는 핵심 용어군이 존재하였으며, 총 30회 이상 출현한 고빈도어들을 살펴보면, 문장 성분에 해당하는 용어들('주어', '서술어', '목적어', '부사어' 등), 문장의 구조에 해당하는 용어들('이어진 문장', '절', '홑문장', '관형절', '안은 문장', '뒷절', '연결어미' 등), 문법 요소에 해당하는 용어들('시제', '높임', '부정', '사동', '해라체', '의문문', '발화시' 등) 등이 모두 포함되어 있어, 이를 통해서도 '문장' 단원에서 다루고자 하는 '지식의 구조'가 무엇인지 다시금 확인된다고 언급하였다.

    또한 김은성·박재현·김호정(2008)에서는 4차부터 7차까지 고등학교 <문법> 교과서의 '문장' 단원의 문법 지식 내용 구조에서 세 가지 핵심 부분인 <문장성분>, <문법 요소>, <문장의 짜임>으로 나누어 교과서의 기술 내용을 분석적으로 검토하고 있다.

    그러나 이 두 연구에서도 '어순'은 문법 교육 용어로, 문법 교육 내용으로 등장하지 않는다.

드러난 문법(교육) 내용이라 할 수 있다(오현아, 2024:20; 오현아, 2025:152).

그렇다면 이북에서는 '어순'을 어떻게 정의하는가? 정순기·리금일(2001: 146-148)에서 '어순'에 해당하는 내용을 옮겨와 보면 다음과 같다.

어순

일정한 문장안에 자리 잡은 문장성분의 차례.

다시 말하여 두 개 또는 그이상의 단어들로 이루어 진 문장성분의 상관관계에서 그 상관적 단위들의 배렬순위를 말한다.

어순은 민족적특성을 가진다. 그것은 민족성원들의 언어행위관습과 언어의식에 기초하고 있기 때문이다. 해당 민족어마다 자기의 고유한 어순의 규칙이 있다. 조선어는 기본적으로 자유로운 어순을 가진 언어에 속한다. 다시말하여 일정한 조건밑에서 어순이 자유롭게 바뀔수 있고 또 바뀌여도 문장성분의 기능에 큰 변화를 가져 오지 않는 특성을 가진 언어이다.

기초어순(바탕어순)

전통과 관습에 의하여 정상적인 배렬순위를 가지며 주로 주종관계의 특성, 의미의 접근 및 리탈이[3] 특성을 가지는 어순배렬의 류형.

례 : ○ 나는 어제 상점에서 연필을 샀다.

○ 그는 최로인의 부지런한 일솜씨를 본받았다.

---

[3] 속격 조사 '의'의 오기로 보임. 이남에서 출간되어 원전의 오기인지 여부는 알 수 없음.

고정어순

전통이나 관습에 의하여 배렬순위가 굳어 지고 주로 주종관계의 특성과 기능제고의 특성을 가지는 어순배렬.

례 : ○ 생산도 학습도 생활도 항일유격대식으로 (공고한 어순)

○ 옛날옛적에 한 마을에 농민이 살고 있었다. (관습어순)

고정어순은 그 굳어진 정도오[4] 성격에 따라 공고한 어순과 관습어순의 작은 갈래로 나눈다.

이동어순

진술의 생동성, 명료성을 돋구기 위하여 정상어순의 일부를 바꾸어 놓은 어순.

례 : ○ 연필을 나는 어제 상점에서 샀다.

○ 부지런한 최로인의 일솜씨를 그는 본받았다.

이동어순은 주로 기능제고의 특성이 있다.

뒤집힌 어순

표현-문체론적효과를 위하여 주도어와 의존어의 위치를 바꾸어 놓은 어순배렬의 류형.

례 : ○ 통일하자, 우리 조국을.

---

4   접속 조사 '와'의 오기로 보임. 이남에서 출간되어 원전의 오기인지 여부는 알 수 없음.

○ 일떠서라, 최후의 결전에.

뒤집힌 어순은 기능제고의 특성만이 있다.

제시구조의 어순

어느 한 문장성분의 론리-의미적내용을 강조하기 위하여 그것을 앞에 찍어서 내세우는 어순배렬.

례 : ○ 연필은 내가 어제 상점에서 샀다.

○ 우리 나라에서는 학생들에게 철 따라 옷을 해 입힌다.

개편구조의 어순

정상어순이나 뒤집힌 어순을 가진 문장의 몇개 성분을 한덩어리로 묶어서 론리적구조의 문장으로 개편할 때의 어순배렬.

례 : ○ 나는 어제 상점에서 연필을 샀다. (정상어순)

→ 내가 어제 상점에서 산 것은 연필이다. (개편구조의 어순)

○ 철따라 학생들에게 옷을 해입히는 것은 우리 나라이다. (개편구조의 어순)[5]

→ 학생들에게 철따라 옷을 해입히는 것은 우리 나라이다. (개편구조의 어순)

(원문 그대로 표기하였음.)

---

[5] '○ 우리 나라에서는 학생들에게 철 따라 옷을 해 입힌다. (정상어순)'의 오기로 보임. 이남에서 출간되어 원전의 오기인지 여부는 알 수 없음.

위 인용에서 우리는 다음을 확인해 볼 수 있다.

첫째, 조선어학전서 49권인 『조선어문법편람』의 전문 용어로 '어순'이 제시되어 있다.

둘째, 이북의 어순 구분에는 '기초어순, 고정어순, 이동어순, 뒤집힌 어순, 제시구조의 어순, 개편구조의 어순'이 있다.

셋째, '기초어순'은 이상적인 문장성분의 결합 방식에 따른 어순이라 할 수 있다.

넷째, '고정어순'은 '전통이나 관습에 의해 굳어진 어순'으로 '공고한 어순'과 '관습어순'이 있다.

다섯째, '이동어순'은 '정상어순의 일부를 바꾸어 놓은 어순'인데 반해, '뒤집힌 어순'은 '표현-문체론적 효과를 위해 주도어와 의존어의 위치를 바꾸어 놓은 어순'이다.

여섯째, '제시구조의 어순'은 '어느 한 문장성분의 론리-의미적내용을 강조하기 위하여 그것을 앞에 내세우는 어순'으로, 앞에 내세워진 문장 성분은 '제시어' 혹은 '화제어'에 해당한다고 할 수 있다.

일곱째, '개편구조의 어순'은 '정상어순이나 뒤집힌 어순을 가진 문장의 몇 개 성분을 한덩어리로 묶어서 론리적구조의 문장으로 개편할 때의 어순'으로, 분열문(分裂文, cleft sentence) 구조에 해당한다.

그렇다면 이북에서 '어순'은 문법 용어인가, 문체론 용어인가? 이 의문을 해결하기 위해 2장에서 조선어학 및 조선어 관련 교재, 글쓰기 교재에 나타난 '어순' 관련 내용을 살펴보고자 한다.

2. 어순, 문법 용어인가? 문체론 용어인가?

이 장에서는 이북의 조선어학[6] 및 조선어 관련 교재, 글쓰기 교재에 나타

[6] 임홍빈(1997:554-569)에서는 일찍이 다음 이북의 조선어학과 규범문법 논의를 바탕으로 북한의 문장론 일부인 '어순'을 다룬 바 있다. 이중 강상호(1989가)의 논의를 '이전의 어순 논의와는 비교도 되지 않을 정도로 어순의 분류가 구체적이고도 미세한 것'으로 기술하고 있다.

조선어문연구회 편(1949), 조선어문법, 국판 xii+400, 평양.
박의성(1960가), 우리말의 어순(1), 말과 글 1960년 6호.
박의성(1960나), 우리말의 어순(2), 말과 글 1960년 7호.
정렬모(1960가), 조선어 문장론에서 논의되는 '구'의 구조적 가능적 특성과 복합문의 유형, 주선어문 1960년 6호.
한정직(1962), 문장에서 어순의 효과(1), 말과 글 1962년 12호.
말과 글의 문화성(1963).
김용구(1964나), 어순의 수법을 리용하기 위한 방도, 조선어학 1964년 4호.
김영황(1971다), 문장성분의 차례(1), 문화어학습 1971년 3호.
김영황(1971라), 문장성분의 차례(2), 문화어학습 1971년 4호.
김일성종합대학출판사 편(1972), 문화어 문법 규범: 초고, 김일성종합대학출판사. 학우서방 번각(1973) 참고. 대제각 영인(1991) 참고.
조선문화어문법규범 편찬위원회(1976), 조선 문화어 문법 규범, 김일성종합대학출판사. 도쿄 학우서방 번각(1977) 참고.
김용구(1976), 문장을 짜는 데서 우리말의 민족적 특성을 옳게 살리기 위하여, 문화어학습 1984년 3호.
과학, 백과사전출판사 편(1979), 조선문화어문법, 평양종합인쇄공장. 대제각 영인(1991) 참고.
신계승(1980), 우리말에서 문장 성분의 차례를 바꿀 수 있는 경우와 바꿀 수 없는 경우, 문화어학습 1980년 2호.
신계승(1981), 벌림 관계의 구조와 문장 성분의 차례, 문화어학습 1981년 2호.
필자 미상(1983), 차례 바꿈의 수법과 그의 표현적 효과, 문화어학습 1983년 1호.
김영황(1983), 문화어 문장론: 재판, 김일성종합대학출판사.
강상호(1989가), 조선어 입말체 연구, 사회과학출판사.
최영호(1990), 규정어 표현에서 어순의 효과적 리용, 문화어학습 1990년 4호.
안광호(1991가), 항일 혁명 투쟁 시기의 혁명적 구호 문헌 문장에 대한 연구, 언어학 론문집 10, 사회과학출판사.

난 '어순' 관련 내용을 살펴 보고자 한다. 연구 대상 목록은 다음과 같다.

○ 이북의 규범문법

김일성종합대학출판사 편(1972), 문화어 문법 규범: 초고, 김일성종합대학출판사. 학우서방 번각(1973) 참고. 대제각 영인(1991) 참고

조선문화어문법규범 편찬위원회(1976), 조선 문화어 문법 규범, 김일성종합대학출판사. 도쿄 학우서방 번각(1977) 참고

과학, 백과사전출판사 편(1979), 조선문화어문법, 평양종합인쇄공장. 대제각 영인(1991) 참고

조선문화어문법규범편찬위원회(1984, 2011), 조선문화어문법규범 제2판, 사회과학출판사

○ 이북의 학교문법

리형태(2003), 조선문화어(1) (사범대학 국어문학과용), 교육도서출판사

강상호·김태섭·오정식(2003), 조선문화어(2) (사범대학 국어문학과용), 교육도서출판사

한경남(2002), 문화어(교원대학용), 교육도서출판사

최준영·서재길·류병설(2001), 고등중학교 국어문법 1-3, 평양: 교육도서출판사

○ 이북의 외국인 학습자 대상(실습생용) 교육문법

박재호(2015), 조선어실천문법(실습생용), 김일성종합대학출판사

김철만(2016), 조선어실천문법(실습생용), 김형직사범대학출판사

○ 이북의 내국인 학습자 대상 실용문법

김동찬(1999), 조선어실용문법, 사회과학출판사(조선어학전서 31), 최기호 편(2002), 박이정

김동찬(2005), 조선어실용문법, 사회과학출판사(조선어학전서 31)

○ 이북의 이론문법[7] 중 기능문법

정순기(2013), 조선어기능문법(조선어학전서 48), 사회과학출판사

박재호(2010, 2014), 문장구성론연구(조선사회과학학술집 486 언어학편), 사회과학출판사

○ 이북의 외국인 학습자 대상(류학생용) 글쓰기 교재

리동관·장성철(2013), 글쓰기1: 류학생용(1판), 김형직사범대학출판사

장성철(2013), 글쓰기2: 류학생용, 김형직사범대학출판사[8]

위 목록과 같이 이북의 규범문법, 학교문법, 외국인 학습자 대상 교육문법, 내국인 학습자 대상 실용문법, 이론문법 중 기능문법에 나타난 '어순' 관련 내용을 제시해 보면 다음 [그림 1~9]와 같다.

---

[7] 이북의 이론문법은 다양하게 존재한다. 여기에서는 연구자가 파악한 '언어 실천'을 염두에 둔 '실용적'인 이북 문법의 특징이 단적으로 잘 드러난 '기능문법' 중심으로 살펴보고자 하였다.

[8] 여기서 분석 대상으로 삼고 있는 박재호(2015)는 2025년 1월 현재 국내에 유입되어 있지 않다. 전영근 선생님(광동외어외무대)의 제자분들이 이북에서 연수 기간 동안 접한 교재를 전영근 선생님께서 연구 자료로 제공해 주신 것임을 밝혀 둔다.

또한 정순기(2013)은 제공 당시 국내에 유입돼 있지 않았으나, 지금은 국내에 유입되어 있다. 당시 미유입 자료였던 정순기(2013)은 노금숙 선생님(호남사범대)께서 연구 자료로 제공해 주신 것임을 밝혀 둔다. 한반도를 넘어선 학문공동체를 경험하게 해 주신 전영근 선생님, 노금숙 선생님께 깊이 감사드린다.

- 3절 외딴성분
  - 1. 부름말
    - (1) 단어에 호격토가 붙어서 부름말로 되는 경우
    - (2) 아무런 토도 붙지 않은 단어가 부름말로 되는 경우
  - 2. 끼움말
    - (1) 단어의 이음형이 끼움말로 되는 경우
    - (2) 굳어진 단어결합이 끼움말로 되는 경우
  - 3. 느낌말
    - (1) 감동사가 느낌말로 되는 경우
    - (2) 감동사밖의 단어가 느낌말로 되는 경우
  - 4. 이음말
    - (1) 부사가 이음말로 되는 경우
    - (2) 부사밖의 단어가 이음말로 되는 경우
    - (3) 굳어진 단어결합이 이음말로 되는 경우
  - 5. 보임말
- 4절 겹침성분
  - 1. 겹침성분과 그 갈래
    - ① 겹침풀이말
    - ② 겹침세움말
    - ③ 겹침보탬말
    - ④ 겹침둘임말
    - ⑤ 겹침꾸밈말
    - ⑥ 겹침엎은말
  - 2. 묶음말
  - 3. 겹침성분과 묶음말의 쓰임
    - 1) 겹침성분의 혈거와 그 쓰임
    - 2) 묶음말의 쓰임
- 5절 확대성분
  - 1. 확대성분의 표현
    - (1) 확대풀이말
    - (2) 확대세움말
    - (3) 확대보탬말
    - (4) 확대둘임말
    - (5) 확대꾸밈말
    - (6) 확대엎음말
  - 2. 확대성분의 쓰임
- 6절 문장성분의 어울림
  - 1. 문장성분의 어울림이란 무엇인가?
  - 2. 문장성분의 어울림의 갈래와 그 쓰임
    - 1) 말을 높이거나 낮추는데서의 어울림
      - (1) 존경토의 어울림
      - (2) 말차림의 어울림
      - (3) 높 낮음 또는 낮춤의 빛갈을 가진 단어들의 어울림
    - 2) 꾸밈말과 관련한 어울림
      - ① <응당>, <마땅히>, 등에 대해서는 <아야(어야/여야) 한다>는 표현이 어울림.
      - ② <부디>, <아무쪼록>, <제발> 등에 대해서는 요구나 희망을 나타내는 표현이 어울림.
      - ③ <결코>, <도저히>, <전혀>, <도무지>, <좀체로>, <절대로>, <비단>, <다시는>, <조금도> 등에 대해서는 부정하는 표현이 어울림.
      - ④ <만일>, <만약> 등에 대해서는 가정적인 표현이 어울림.
      - ⑤ <아마>, <아마도>, <모름지기> 등에 대해서는 추측 예견의 표현이 어울림.
      - ⑥ <설사>, <비록>, <아무리>, <제아무리> 등에 대해서는 양보의 표현이 어울림.
      - ⑦ <하물며>, <설마> 등에 대해서는 반문하는 표현이 어울림.
      - ⑧ <하다못해> 에 대해서는 <번하다>는 표현이 어울림.
      - ⑨ <마치>, <마치도> 에 대해서는 <처럼>, <같이/같다>, <듯(이)>, <비슷하다> 등의 표현이 어울림.
    - 3) 물음과 관련한 어울림
      - ① 문장에 <무엇>, <누구>, <어디>, <몇>, <언제>, <얼마> 등의 물음대명사가 있으면 그 뒤에 물음법형태의 단어가 어울림.
      - ② 문장에 <어찌>, <어째서>, <어느>, <왜>, <오죽>, <여간>, <어떻게>, <무슨>, <아이>, <어찌하여> 등 물음을 나타내는 단어가 쓰이면 그 뒤에 물음의 표현이 어울림.
    - 4) 부름말과 관련한 어울림
      - ① 호격토 <아(야)>가 붙어서 표현된 부름말이 앞에 있으면 그와 관련되는 문장의 맺음이말은 낮춤의 말차림으로 됨.
      - ② 부름말과 같은 대상을 나타내는 세움말은 흔히 나타나지 않음. 이는 구체적인 장면의 보충을 받으면서 문장구조가 간결하게 되는 입말체의 특성과 관련되여 있음.
- 7절 문장성분의 차례: 우리 말 문법구조의 특성, 말하는 목적과 내용, 문체론적요구에 의해 규정됨.
  - 1. 문장성분의 바른차례와 그 쓰임
    - 1) 맞물림성분의 차례와 그 쓰임
      - (1) 풀이말의 자리
      - (2) 세움말의 자리
      - (3) 보탬말의 자리
      - (4) 둘임말의 자리
      - (5) 꾸밈말의 자리
      - (6) 엎음말의 자리
    - 2) 외딴성분들의 자리
  - 2. 문장성분의 바뀐차례와 그 쓰임
    - 1) 의미·논리적강조를 위한 문장성분의 차례바꿈
    - 2) 문체론적요구에 의한 문장성분의 차례바꿈

[그림 1] 조선문화어문법규범(1976)의
'제3편 문장론> 2장 문장성분 3'(오현아, 2022ㄴ:1333)

제3절 외딴성분
  1. 부름말
    (1) 단어에 호격토가 붙어서 부름말로 되는 경우
    (2) 아무런 토도 불지 않은 단어가 부름말로 되는 경우
  2. 끼움말
    (1) 단어의 이음형이 끼움말로 되는 경우
    (2) 굳어진 단어결합이 끼움말로 되는 경우
  3. 느낌말
    (1) 감동사가 느낌말로 되는 경우
    (2) 감동사밖의 단어가 느낌말로 되는 경우
  4. 이음말
    (1) 부사가 이음말로 되는 경우
    (2) 부사밖의 단어가 이음말로 되는 경우
    (3) 굳어진 단어결합이 이음말로 되는 경우
  5. 보임말
제4절 겹친성분
  1. 겹친성분과 그 갈래
    ① 겹친술어
    ② 겹친주어
    ③ 겹친보어
    ④ 겹친인용어
    ⑤ 겹친상황어
    ⑥ 겹친규정어
  2. 묶음말
  3. 겹친성분과 묶음말의 쓰임
    1) 겹친성분의 형거와 그 쓰임
    2) 묶음말의 쓰임
제5절 확대성분
  1. 확대성분의 표현
    (1) 확대술어
    (2) 확대주어
    (3) 확대보어
    (4) 확대인용어
    (5) 확대상황어
    (6) 확대규정어
  2. 확대성분의 쓰임
제6절 문장성분의 어울림
  1. 문장성분의 어울림이란 무엇인가?
  2. 문장성분의 어울림의 갈래와 그 쓰임
    1) 말을 높이거나 낮추는데서의 어울림
      (1) 존경토의 어울림
      (2) 맞차림의 어울림
      (3) 높임 또는 낮춤의 빛갈을 가진 단어들의 어울림
    2) 상황어와 관련한 어울림
      ① <응당>, <마땅히> 등에 대해서는 <아야(어야/여야) 한다>는 표현이 어울림.
      ② <부디>, <아무쪼록>, <제발> 등에 대해서는 요구나 희망을 나타내는 표현이 어울림.
      ③ <결코>, <도저히>, <전혀>, <도무지>, <좀체로>, <절대로>, <비단>, <다시는>, <조금도> 등에 대해서는 부정하는 표현이 어울림.
      ④ <만일> <만약> 등에 대해서는 가정적인 표현이 어울림.
      ⑤ <아마>, <아마도>, <모름지기> 등에 대해서는 추측, 예견의 표현이 어울림.
      ⑥ <불시>, <비록>, <아무리>, <제아무리> 등에 대해서는 양보의 표현이 어울림.
      ⑦ <하물며>, <설마> 등에 대해서는 반문하는 표현이 어울림.
      ⑧ <하마트면>에 대해서는 <번하다>는 표현이 어울림.
      ⑨ <마치>, <마치도>에 대해서는 <처럼>, <같으이(같다)>, <듯(동아)>, <비슷하다> 등의 표현이 어울림.
    3) 물음과 관련한 어울림
      ① 문장에 <무엇>, <누구>, <어디>, <몇>, <언제>, <얼마> 등의 물음대명사가 있으면 그뒤에 물음법형태의 단어가 어울림.
      ② 문장에 <어찌>, <어떠>, <어느>, <왜>, <오죽>, <여간>, <어떻게>, <무슨>, <어이>, <어찌하여> 등 물음을 나타내는 단어가 쓰이면 그뒤에 물음의 표현이 어울림.
      ③ 이음토 <느을>이 붙은 단어뒤에는 물음의 표현이 어울림.
    4) 부름말과 관련한 어울림
      ① 호격토, <이/야>가 붙어서 표현된 부름말이 앞에 있으면 그와 관련되는 문장의 맺음술어는 낮춤의 맞차림으로 됨.
      ② 부름말과 같은 대상을 나타내는 주어는 흔히 나타나지 않음.
제7절 문장성분의 차례 : ① 우리 말 문법구조의 특성, ② 말하는 목적과 내용, ③ 문체론적 요구에 의해 규정됨.
  1. 문장성분의 바른 차례와 그 쓰임
    1) 맞물림성분의 차례와 그 쓰임
      (1) 술어의 자리
      (2) 주어의 자리
      (3) 보어의 자리
      (4) 인용어의 자리
      (5) 상황어의 자리
      (6) 규정어의 자리
    2) 외딴성분들의 자리
  2. 문장성분의 바뀐 차례와 그 쓰임
    1) 의미-론리적강조를 위한 문장성분의 차례바꿈
    2) 문체론적요구에 의한 문장성분의 차례바꿈

[그림 2] 조선문화어문법규범(2011)의
'제3편 문장론> 2장 문장성분 3'(오현아, 2022ㄴ:1334)

제3절 외딴성분
  1. 외딴성분의 개념
  2. 부름말
    1) 부름말의 개념
    2) 부름말의 표현
      ① 호격형태로
      ② 특별한 표현수단이 없이
  3. 끼움말
    1) 끼움말의 개념
    2) 끼움말의 표현
      ① 접속형태로
      ② 상황형태 <-게> 뒤에 도움토 <-도>가 덧붙어서
      ③ 일부 부사에 의하여
      ④ 굳은 결합에 의하여
      ⑤ 문장 형식으로
  4. 느낌말
    1) 느낌말의 개념
    2) 느낌말의 표현
      ① 감동사로
      ② 감동사가 아닌 단어에 의하여
  5. 이음말
    1) 이음말의 개념
    2) 이음말의 표현
      ① 이음부사에 의하여
      ② 일부 접속형태에 의하여
      ③ 체언의 일부 격형태에 의하여
      ④ 굳은 단어결합에 의하여
  6. 보임말
    1) 보임말의 개념
    2) 보임말의 표현
      ① 절대적형태의 단어나 단어결합에 의하여
      ② 단어와 같은 자격으로 쓰인 여러가지 표현에 의하여
    3) 보임말의 표현
      ① 대명사에 의하여
      ② 보임말을 되풀이하여

제4절 단순성분과 확대성분
  1. 단순성분
    1) 단순성분의 개념
    2) 단순성분의 류형
      ① 하나의 자립적단어로 된 단순성분
      ② 보조적단어결합으로 된 단순성분
      ③ 단어의 되풀이로 된 단순성분
      ④ 굳은 결합으로 된 단순성분
  2. 확대성분
    1) 확대성분의 개념
    2) 확대성분의 기능적갈래
      ① 확대술어
      ② 확대주어
      ③ 확대보어
      ④ 확대인용어
      ⑤ 확대상황어
      ⑥ 확대규정어
    3) 확대성분의 구조적류형
      ① 단어결합성분
      ② 구성분
      ③ 문장성분

제5절 겹친성분과 묶음말
  1. 겹친성분
    1) 겹친성분의 개념
    2) 겹친성분의 갈래
      ① 겹친술어
      ② 겹친주어는 하나의 술어와 관계하는 두개이상의 주어이다.
      ③ 겹친보어
      ④ 겹친인용어
      ⑤ 겹친상황어
      ⑥ 겹친규정어
  2. 묶음말
    1) 묶음말의 개념
    2) 묶음말의 표현
      ① 하나의 단어로
      ② 단어결합에 의하여

제6절 문장의 구성요소들의 어울림
  1. 문장의 구성요소사이의 어울림에 대한 개념
  2. 경애하는 수령 김일성동지와 위대한 령도자 김정일동지에 대한 존경과 흠모의 정을 나타내기 위한 어울림
  3. 문장구성소들의 어울림의 갈래
    1) 문장성분들사이의 어울림
      (1) 주어와 술어의 어울림
      (2) 접속술어와 종결술어의 어울림
      (3) 규정어와 피규정어의 어울림
      (4) 부름말과 술어의 어울림
    2) 높이거나 낮출 때의 어울림
      (1) 맞차림의 어울림
      (2) 높이거나 낮추는 단어들의 어울림
        ① 높이는 단어들의 어울림
        ② 낮추는 단어들의 어울림
    3) 문장부사와 관련한 어울림
      ① <요구>의 어울림
      ② <부정>의 어울림
      ③ <양보>의 어울림
      ④ <소원>의 어울림
      ⑤ <의심>의 어울림
      ⑥ <짐작>의 어울림
      ⑦ <결심>의 어울림
      ⑧ <비교>의 어울림
      ⑨ <가능성>의 어울림
      ⑩ <제한>의 어울림
    ⑪ 물통과 관련한 어울림

제7절 문장성분의 차례
  1. 문장성분의 차례에 대한 개념
    1) 문장성분의 차례란 무엇인가?
    2) 문장성분의 차례를 규정하는 요인
      ① 우리말 문법구조의 특성에 의하여 규정된다.
      ② 말하는 목적과 내용에 의하여 규정된다.
      ③ 문체론적요구에 의하여 규정된다.
  2. 문장성분의 바른차례
    1) 맞물림성분의 차례
      (1) 술어의 자리
      (2) 주어의 자리
      (3) 보어의 자리
      (4) 인용어의 자리
      (5) 상황어의 자리
      (6) 규정어의 자리
    2) 외딴성분의 자리
      (1) 부름말의 자리
      (2) 끼움말의 자리
      (3) 느낌말의 자리
      (4) 이음말의 자리
      (5) 보임말의 자리
  3. 문장성분의 바뀐차례
    1) 론리적강조를 위한 바뀐차례
      ① 문장을 제시구조로 만들어 어떤 성분을 강조할 때에 차례를 바꿀수 있다.
      ② 강조를 위해서 제시구조가 아닌 문장에서도 성분의 차례를 바꿀수 있다.
      ③ 단어들사이의 내용적련계의 성격을 두드러 지게 나타내기 위해서도 성분들의 차례를 바꿀수 있다.
    2) 표현성을 높이기 위한 문장성분의 바뀐차례
      ① 표현을 더 간결하게 하거나 장면의 긴박성을 더 뚜렷이 나타내기 위하여 문장성분의 차례를 바꿀수 있다.
      ② 뜻을 강조하면서 일정한 여운을 남기기 위하여 문장성분의 차례를 바꿀수 있다.
      ③ 표현의 생동성과 운률성을 보장하기 위하여 문장성분의 차례를 바꿀수 있다.

[그림 3] 조선문화어2(2003)의 '제3편 문장론> 제3장 문장성분 3'
(오현아, 2022ㄴ:1335)

```
제3절 문장성분
 ├ 1. 문장성분의 개념
 │   └ 1) 문장성분이란 무엇인가?
 ├ 2. 문장성분의 갈래
 │   ├ 1) 맞물린성분과 외딴성분
 │   │   ├ 맞물린성분
 │   │   │   ├ (1) 술어
 │   │   │   │   ├ 그것이 어느 자리에서 어떤 기능을 노는가
 │   │   │   │   │   ├ 종결술어와 그 표현
 │   │   │   │   │   └ 접속술어와 그 표현
 │   │   │   │   └ 어떤 품사로 표현되는가
 │   │   │   │       ├ 용언술어
 │   │   │   │       └ 체언술어
 │   │   │   ├ (2) 주어
 │   │   │   ├ (3) 보어
 │   │   │   │   ├ 직접보어와 그 표현
 │   │   │   │   └ 간접보어와 그 표현
 │   │   │   ├ (4) 인용어
 │   │   │   ├ (5) 상황어
 │   │   │   └ (6) 규정어
 │   │   └ 외딴성분
 │   │       ├ (1) 부름말
 │   │       ├ (2) 끼움말
 │   │       ├ (3) 감동어
 │   │       ├ (4) 접속어
 │   │       └ (5) 제시어
 │   ├ 2) 단순성분과 확대성분
 │   │   ├ (1) 단순성분
 │   │   └ (2) 확대성분
 │   └ 3) 겹친성분과 묶음말
 │       ├ (1) 겹친성분
 │       │   ├ 겹친술어
 │       │   ├ 겹친주어
 │       │   ├ 겹친보어
 │       │   ├ 겹친인용어
 │       │   ├ 겹친상황어
 │       │   └ 겹친규정어
 │       └ (2) 묶음말
 └ 3. 문장성분의 자리
     ├ 1) 문장성분의 바른자리
     └ 2) 문장성분의 바뀐자리
```

[그림 4] 한경남(2002)의
'제5장 문장 > 제3절 문장성분'(오현아, 2022ㄱ:255)

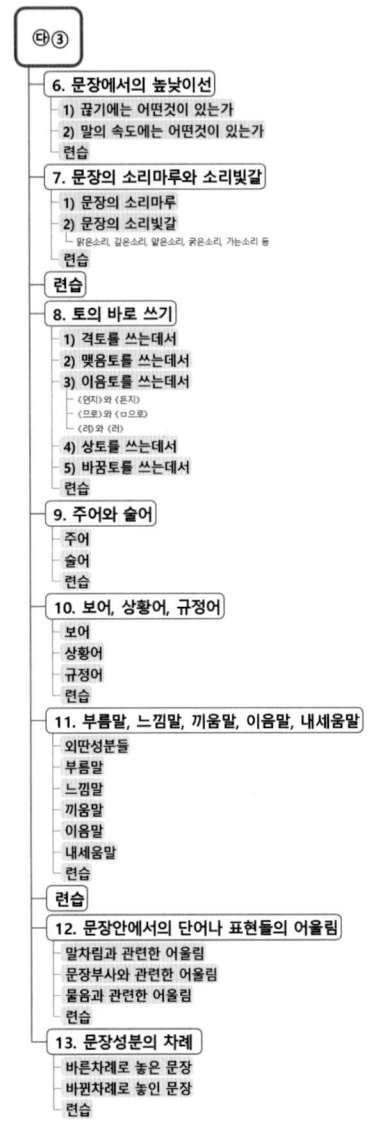

[그림 5] 최준영·서재길·류병설(2001)의 문장 단위 교육 내용 3
(오현아, 2017ㄴ:360-361)

```
제6장 동의문구성방법
├─ 제1절 주제부설정방법
│   ├─ 1. 주제와 주제부설정의 의미
│   └─ 2. 주제부설정방법
│       ├─ 1) 문장 <금강산의 경치가 아름답다.>의 주제부설정
│       ├─ 2) 문장 <소나무가 남산에 많다.>의 주제부설정
│       ├─ 3) 문장 <장마가 7월에 진다.>의 주제부설정
│       ├─ 4) 문장 <열명의 대표단이 왔다.>의 주제부설정
│       └─ 5) 문장 <옥이가 제국주의의 침략적본성에 대하여 조란하였다.>의 주제부설정
├─ 제2절 강조에 의한 방법
│   ├─ 1. 토에 의한 강조
│   │   ├─ 1) 강조토
│   │   │   ├─ (1) <야/이야>
│   │   │   ├─ (2) <야말로/이야말로>
│   │   │   └─ (3) <나.야>
│   │   └─ 2) 강조에 쓰이는 토
│   │       ├─ (1) 격토 <가/이, 를/을>
│   │       └─ (2) 도움토 <도, 만, 는/은, 나/이나, 부터, 까지, ...>
│   ├─ 2. 어순전환에 의한 강조
│   │   ├─ 1) 왼쪽으로의 이동
│   │   └─ 2) 오른쪽으로의 이동
│   │       ├─ (1) 술어앞으로 이동
│   │       └─ (2) 술어뒤로 이동
│   └─ 3. 론리적력점에 의한 강조
│       └─ 론리적 력점은 보통 말하는 사람이 가장 중요하다고 보는 단어의 첫소리마디에 놓인다.
├─ 제3절 구조적류형의 변화에 의한 방법
│   ├─ 1. 조선어문장의 구조적류형
│   │   ├─ 1) 단순문과 확대문
│   │   ├─ 2) 단일문과 복합문
│   │   └─ 3) 두구성문과 외구성문
│   │       ├─ (1) 단어문장
│   │       ├─ (2) 명명문
│   │       └─ (3) 무주어문
│   └─ 2. 구조변형방법
│       ├─ 1) 단순문<->확대문
│       ├─ 2) 단일문<->복합문
│       └─ 3) 두구성문<->외구성문
├─ 제4절 공통요소생략규칙에 의한 방법
│   ├─ 1. 공통요소생략규칙이란 무엇인가
│   └─ 2. 공통요소생략규칙에 의한 동의문구성법
│       ├─ 1) 토가 공통요소로 되는 경우
│       ├─ 2) 보조적단어가 공통요소로 되는 경우
│       └─ 3) 단어나 단어결합이 공통요소로 되는 경우
└─ 제5절 진술목적에 따르는 방법
    ├─ 1. 법토에 의한 진술목적의 표현방식
    └─ 2. 진술목적의 표현방식에 따르는 동의문구성법
        ├─ 1) 알림문의 구성
        │   ├─ (1) 물음법-알림문
        │   └─ (2) 추김법-알림문
        ├─ 2) 물음문의 구성
        │   └─ (3) 알림법-물음문
        ├─ 3) 시킴문의 구성
        │   ├─ (4) 알림법-시킴문
        │   ├─ (5) 물음법-시킴문
        │   └─ (6) 추김법-시킴문
        └─ 4) 추김문의 구성
            ├─ (7) 알림법-추김문
            └─ (8) 물음법-추김문
```

[그림 6] 박재호(2015)의 '제6장 동의문구성방법'(오현아·전영근, 2022:337)

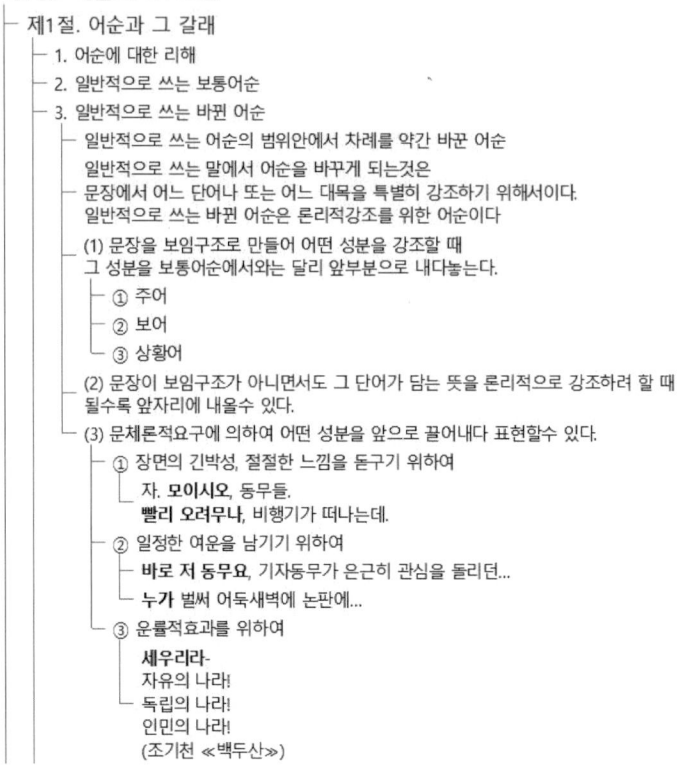

[그림 7] 『조선어실용문법(2005)』에서 '일반적으로 쓰는 바뀐 어순' 관련 내용
(김동찬, 2005ㄴ:349-351)(오현아, 2024:21)

- 4. 특별한 어순
  - ≪특별한 어순≫은 특별한 목적으로 어순을 크게 바꾸어서 쓴 어순
  - 시창작과 같은데서 쓰일수 있는 어순이 아무리 특별할수 있는것이라 하여도 어디까지나 표현하려는 의도와 다른것을 전달하게 되여서는 안된다. 어순이 무조건적으로 ≪자유로울≫수는 절대로 없다.
  - ≪상황어갈라놓기≫의 어순은 서사시에서도 볼수 있다.

[그림 8] 『조선어실용문법(2005)』에서 '특별한 어순' 관련 내용(김동찬, 2005ㄴ:352-354)
(오현아, 2024:22)

```
『문장구성론연구』(2010, 2014)
  머리말
  1. 문장구성론에 대한 리해
    1) 선행 문법에서의 문장에 관한 연구와 그 제한성
      (1) 전통문법에서의 문장연구와 그 제한성
      (2) 구조주의문법에서의 문장연구와 그 제한성
      (3) 변형생성문법에서의 문장연구와 그 제한성
    2) 문장구성론의 성립과 과제
      (1) 문장구성론성립의 리론적근거와 전제
      (2) 문장구성론의 성격과 과제
  2. 문장의 일반적 구성방식
    1) 문장의 진술체와 문장형태의 구성
      (1) 문장의 진술체와 문장형태의 개념
      (2) 진술체의 구성
      (3) 문장형태의 구성
    2) 문장모형과 그 변종
      (1) 문장모형과 변종의 개념
      (2) 문장모형의 설정
      (3) 변종의 설정
  3. 기초문장의 류형과 그 변형
    1) 기초문장의 류형
      (1) 기초문장의 개념
      (2) 기초문장의 류형
    2) 기초문장의 단일변형
      (1) 진술체의 변형
      (2) 문장형태의 변형
    3) 기초문장의 전개와 확대변형
      (1) 기초문장의 전개
      (2) 기초문장의 확대
    4) 문장의 접속
      (1) 문장접속의 개념과 특성
      (2) 문장접속에서의 제약관계
  4. 말하는 사람의 관점과 문장구성
    1) 시점과 문장구성
      (1) 시점의 개념
      (2) 시점과 주어선택
      (3) 시점에 의한 용언의 제약
    2) 주제와 문장구성
      (1) 주제의 개념과 특성
      (2) 주제화의 류형
    3) 강조와 문장구성
      (1) 강조에 대한 일반적리해
      (2) 문장구성에서 강조실현의 몇가지 방법
  5. 언어환경과 문장구성
    1) 문장구성에서 언어환경의 역할
    2) 언어환경속에서의 례의적관계표현의 특성과 문장구성
      (1) 주체 존경의 표현과 문장구성
      (2) 객체존경의 표현과 문장구성
      (3) 말자용법주의 표현과 문장구성
    3) 기능적류형에 따르는 문장구성
      (1) 문장의 기능적류형에 대한 리해
      (2) 기능적류형에 따르는 문장구성법
    4) 대화문구성
      (1) 대화문에 대한 리해
      (2) 대화문구성에 생략법과 대용법의 쓰임
      (3) 말하는 사람과 듣는사람, 진술내용에 따르는 대화문 구성
  6. 동의문구성
    1) 동의문에 대한 리해
      (1) 동의문의 개념과 특성
      (2) 동의문의 류형
    2) 언어적요소의 교체변형에 의한 동의문구성
      (1) 교체규칙과 언어적요소의 교체규정
      (2) 새 요소선택의 몇가지 요구
    3) 구조변형에 의한 동의문구성
      (1) 어순변화규칙에 의한 동의문구성
      (2) 구조류형 변환규칙에 의한 동의문구성
      (3) 공통요소내오기규칙에 의한 동의문구성
```

[그림 9] 『문장구성론연구』(2010, 2014)의 문법 서술 체계와 구성(오현아, 2025:147)

```
『조선어기능문법』(2013)
├─ 머리말
├─ 제1편. 기능문법에 대한 일반적리해
│   ├─ 제1장. 다른 나라에서의 기능문법연구정형
│   ├─ 제2장. 기능문법의 연구대상과 과업, 본질과 특성
│   │   ├─ 제1절. 기능문법의 연구대상과 과업
│   │   └─ 제2절. 기능문법과 다른 문법과의 차이
│   ├─ 제3장. 기능문법의 기초적문제들에 대한 리해
│   │   ├─ 제1절. 형태와 의미, 수단과 기능에 대한 리해
│   │   └─ 제2절. 기능, 동가적기능, 기능언어학적 연구관점
│   ├─ 제4장. 기능문법의 서술류형
│   │   ├─ 제1절. 문법서술의 류형과 기능문법서술의 몇가지 특성
│   │   ├─ 제2절. 《형태로부터 의미에로》, 《수단으로부터 기능에로》의 우너칙에 기초한 기능문법서술
│   │   ├─ 제3절. 《의미로부터 형태에로》, 《기능으로부터 수단에로》의 원칙에 기초한 기능문법서술
│   │   └─ 제4절. 형태(수단)로부터 출발한 분석경향과 의미(기능)로부터 출발한 분석경향을 다 고려한 기능문법의 서술
│   └─ 제5장. 기능문법의 구성
│       ├─ 제1절. 기능의미마당체계의 서술에 기초한 기능문법의 구성
│       └─ 제2절. 기능문법과 형태론 및 문장론
└─ 제2편. 조선어기능문법
    ├─ 제1장. 조선어기능문법서술의 전제
    │   ├─ 제1절. 우리 나라에서의 기능문법연구에 관한 간단한 력사적개관
    │   │   ├─ Ⅰ. 종래의 조선어문법연구에서 나타난 기능언어학적관점
    │   │   └─ Ⅱ. 우리나라 외국언어학계에서의 기능문법에 대한 연구
    │   └─ 제2절. 조선어기능문법서술의 일반적특성
    ├─ 제2장. 조선어기능형태론
    │   ├─ 제1절. 체언토에 의한 단어들의 문장론적련계
    │   │   ├─ Ⅰ. 격토에 의한 단어들의 문장론적련계
    │   │   ├─ Ⅱ. 도움토에 의한 단어들의문장론적련계
    │   │   └─ Ⅲ. 복수토에 의한 단어들의 문장론적련계
    │   ├─ 제2절. 용언자리토에 의한 단어들의 문장론적련계
    │   │   ├─ Ⅰ. 규정토에 의한 단어들의 문장론적련계
    │   │   ├─ Ⅱ. 꾸밈토에 의한 단어들의 문장론적련계
    │   │   └─ Ⅲ. 이음토에 의한 단어들의 문장론적련계
    │   └─ 제3절. 용언끼움토에 의한 문법적 범주들의 표현
    │       ├─ Ⅰ. 시간범주의 표현
    │       ├─ Ⅱ. 상범주의 표현
    │       └─ Ⅲ. 존경범주의 표현
    └─ 제3장. 조선어기능문장론
        ├─ 제1절. 문장과 문장의 구성
        │   ├─ Ⅰ. 문장
        │   └─ Ⅱ. 문장의 구성
        ├─ 제2절. 문장의 접속과 련결
        │   ├─ Ⅰ. 문장의 접속
        │   └─ Ⅱ. 문장의 련결
        ├─ 제3절. 문장성분과 그 표현
        │   ├─ Ⅰ. 문장성분
        │   ├─ Ⅱ. 문장성분의 기능과 의미
        │   └─ Ⅲ. 문장성분의 표현
        └─ 제4절. 문장류형의 선택
            ├─ Ⅰ. 기능적특성의 견지에서 본 문장류형의 선택
            └─ Ⅱ. 완비성의 견지에서 본 문장류형의 선택
```

[그림 10] 『조선어기능문법』(2013)의 문법 서술 체계와 구성(오현아, 2025:149)

```
『조선어 기능 문법』(2013)
  └ 제3장. 조선어기능문장론
     └ 제1절. 문장과 문장의 구성
        └ Ⅱ. 문장의 구성
           ├ ㄱ. 기초문장과 그 전개
           ├ ㄴ. 시점과 문장구성
           ├ ㄷ. 주제와 문장구성
           ├ ㄹ. 강조와 문장구성
           ├ ㅁ. 언어환경과 문장구성
           ├ ㅂ. 례의적관계의 표현과 문장구성
           ├ ㅅ. 귀일 및 조응 현상과 문장구성
           ├ ㅇ. 문장성분의 생략과 문장구성
           ├ ㅈ. 동의문의 구성
           └ ㅊ. 회화문장의 구성
```

[그림 11] 『조선어 기능 문법』(2013)에 나타난
담화문법 관점의 문장 구성을 위한 문장론의 문법 내용
(제3장. 조선어기능문장론 > 제1절 문장과 문장의 구성 > Ⅱ. 문장의 구성)
(Oh, 2024:125)

[그림 1, 2]와 같이 이북의 규범문법인 『조선문화어문법규범』(1976), 『조선문화어문법규범』(2011)의 '제3편 문장론> 2장 문장성분> 7절 문장성분의 차례'에서도 '문장성분의 바른 차례와 그 쓰임'과 함께 '문장성분의 바뀐 차례와 그 쓰임'을 제시(오현아, 2022ㄴ:1333-1334)하고 있다.

[그림 3]과 같이 이북 학교문법 중 사범대학 교재인 강상호·김태섭·오정식(2003)의 '제2편 문장론> 제3장 문장성분> 제7절 문장성분의 차례'에서도 '문장성분의 바른 차례'와 함께 '문장성분의 바뀐 차례'를 제시(오현아, 2022ㄴ:1335)하고 있으며, [그림 4]와 같이 교원대학 교재인 한경남(2002)의 '제5장 문장 > 제3절 문장성분 > 3. 문장성분의 자리'에서도 '문장성분의 바른자

리'와 함께 '문장성분의 바뀐자리'를 제시(오현아, 2022ㄱ:255)하고 있다.

또한 [그림 5]와 같이 이북 고등 문법 교과서인 최준영·서재길·류병설(2001)의 문장 단위 교육 내용에서도 이남과 중국 재외 동포 고등 문법 교과서에서는 다루지 않는 '13. 문장성분의 차례'에서 '바른차례로놓은 문장'과 함께 '바뀐차례로 놓인 문장'을 제시(오현아, 2017ㄴ:360-361)하고 있다.

[그림 6]과 같이 이북의 외국인 학습자 중 실습생을 대상으로 한 실천문법 교재인 박재호(2015)의 '동의문구성방법'의 하위 항목인 주제부설정방법, 강조에 의한 방법, 구조적류형의 변화에 의한 방법, 공통요소생략규칙에 의한 방법, 진술목적에 따르는 방법' 중 '강조에 의한 방법'에서도 '토에 의한 강조, 어순전환에 의한 강조, 론리적력점에 의한 강조'를 제시하고 있는데, '토에 의한 강조, 어순전환에 의한 강조'는 문장 차원의 형식을 활용한 방법이라 할 수 있으며, '론리적력점에 의한 강조'는 발화 차원의 억양과 강세를 활용한 방법이라 할 수 있다(오현아·전영근, 2022:338).

또한 [그림 7, 8]과 같이 이북의 내국인 학습자 대상 실용문법인 김동찬(2005)에서는 '어순' 관련 내용을 상당히 상세하게 제시하고 있음을 알 수 있다. 이와 관련해 오현아(2024)에서는 기능 통사론의 관점에서 사용문(완전문과 소형문)을 문법 기술의 대상으로 삼는 이북 문법의 특징(오현아, 2023ㄴ:14)이 본격화된『조선어실용문법』의 문법 기술 특성을 '문법 이해 차원'과 '문법 표현 차원'으로 구분하여 1) 문법 이해 차원 : 개념화를 위한 언어 사용자 중심의 문법 기술, 2) 문법 표현 차원 1 : 언어 실천과 연관 지은 문법 기술, 3) 문법 표현 차원 2 : 문장구조 변화를 통한 문장 표현 효과 기술 항목으로 구분하여 '3) 문법 표현 차원 2 : 문장구조 변화를 통한 문장 표현 효과 기술 항목'에서 '1) 독특한 쓰임으로서의 ≪겹침≫과 ≪보임≫, 2) 어순'의 문법 내용을 분석하고 있다.

『조선어실용문법』에서 '어순'은 다시 '1) 일반적으로 쓰는 바뀐 어순, 2) 특별한 어순'으로 구분하여 '1) 일반적으로 쓰는 바뀐 어순'에서는 '론리적강조를 위한 어순'으로 '문장을 보임구조로 만들어 어떤 성분을 강조'하거나, '문장이 보임구조가 아니면서도 그 단어가 담는 뜻을 론리적으로 강조하려 할 때 될수록 앞자리에 내오'거나, '문체론적 요구에 의하여 어떤 성분을 앞으로 끌어내다 표현할수 있'는 방법이 있음을 제시하고 있다.

'2) 특별한 어순'에서는 '특별한 어순'은 '특별한 목적으로 어순을 크게 바꾸어서 쓴 어순'으로, '시창작과 같은 데서' 활발히 사용되지만 '어순이 무조건적으로 자유로울수는 없'음을 알 수 있다. 또한 여기에서도 시에서의 표현적 효과를 중점적으로 분석하고 있어 문법과 문학 영역을 넘나드는 통합적 관점이 작용하고 있음을 알 수 있었다(오현아, 2024, 20-22).

[그림 9], [그림 10]과 같이 이북의 이론문법 중 기능문법인 『문장구성론연구』(2010, 2014), 『조선어 기능 문법』(2013)의 문장론의 문법 서술 특징을 꼽자면 '담화 구성 요인'에 따른 '문장 구성 방식'의 제시에 있다.

즉, '담화'를 구성하는 '화자, 청자, 상황, 텍스트' 요인을 활용하여 '화자 요인'인 '시점, 주제, 강조', '상황 요인'인 '언어환경', '청자 요인'인 '례의적관계', '텍스트 요인'인 '귀일 및 조응 현상, 문장성분 생략, 동의문, 회화 문장'에 따라 문장 구성 방식을 기술하는 표현 문법 관점[9]의 문장론 구성을 취하고 있음을 알 수 있다. 다만 『문장구성론연구』(2010, 2014)에서는 '말하는 사람, 언어환경, 동의문'처럼 담화 구성 요인을 문법 내용 체계 범주명으

---

9 남북 표현 문법에 대한 논의는 오현아(2025)를 참조할 수 있다.

로 적극 활용한 반면에『조선어 기능 문법』(2013)에서는 담화 구성 요인을 드러내지 않고 세부 항목을 병렬적으로 나열하는 방식을 취하고 있음을 알 수 있었다(오현아, 2025:150-151).

이를 그림으로 제시해 보면, 다음 [그림 12], [그림 13]과 같다.

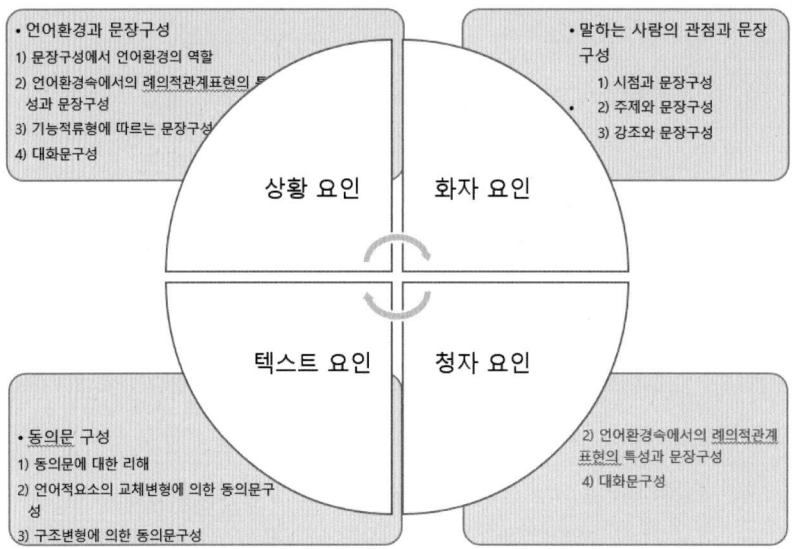

[그림 12] 『문장구성론연구』(2010, 2014)에 나타난 '담화'를 구성하는 '화자, 청자, 상황, 텍스트' 요인에 따른 문장 구성 방식 기술 양상(오현아, 2025:154)

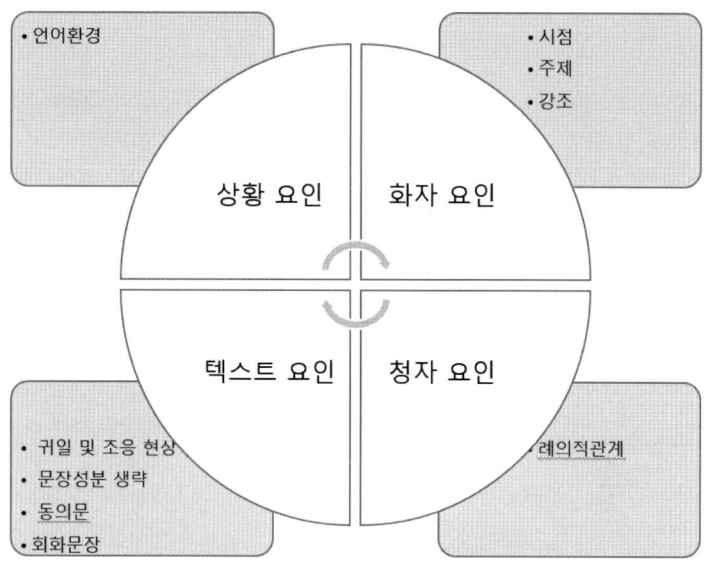

[그림 13] 『조선어 기능 문법』(2013)에 나타난 '담화'를 구성하는 '화자, 청자, 상황, 텍스트' 요인에 따른 문장 구성 방식 기술 양상(Oh, 2024:127)

[그림 9]의 『문장구성론연구』(2010, 2014)의 하위 내용은 [그림 12]의 '담화'를 구성하는 '화자, 청자, 상황, 텍스트' 요인에 일대일로 대응된다고 볼 수 있으며, 이는 다음 [표 1]과 같다.

[표 1] 담화 구성 요인에 대응되는 『문장구성론연구』(2010, 2014)의
하위 내용(오현아, 2025:155)

표현 문법 관점에서 담화 구성 요인에 따른 문장 구성을 위한 문법 내용				
담화 구성 요인			『문장구성론연구』(2010, 2014)의 하위 내용	
화자 요인	시점		4. 말하는 사람의 관점과 문장구성	1) 시점과 문장구성
	주제			2) 주제와 문장구성
	강조			3) 강조와 문장구성
상황 요인	문장의 기능적 류형		5. 언어 환경과 문장 구성	3) 기능적 류형에 따르는 문장구성
	례의적 관계표현			2) 언어환경속에서의 례의적관계표현의 특성과 문장구성
	대화문구성			4) 대화문 구성
청자 요인[10]				**2) 언어환경속에서의 례의적관계표현의 특성과 문장구성**
				4) 대화문 구성
텍스트 요인			6. 동의문구성	1) 동의문에 대한 리해
				2) 언어적요소의 교체변형에 의한 동의문구성
				3) 구조변형에 의한 동의문구성
기초 문장 문법 지식으로서의 '2. 문장의 일반적 구성 방식', '3. 기초문장의 류형과 그 변형'				

---

[10] '청자' 요인에 따른 문장 구성 방식 기술은 구분돼 있지 않았으나 연구자가 '상황' 요인에 따른 문장 구성 방식 기술 중 '청자' 요인에 해당한다고 판단한 '2) 언어환경속에서의 례의적관계표현의 특성과 문장구성'과 '4) 대화문 구성'을 '청자요인'에 따른 문장 구성 방식 기술로 중복적으로 제시하고 진한 글씨로 표시하였다.

'상황' 요인과 '청자' 요인 사이 '2) 언어환경속에서의 례의적관계표현의 특성과 문장구성'과 '4) 대화문 구성' 사이는 서로 넘나들 수 있음을 드러내기 위해 점선으로 표시하였다.

[표 1]에서 기초 문장 문법 지식으로서의 '2. 문장의 일반적 구성방식', '3. 기초문장의 류형과 그 변형'을 표의 하단에 제시한 것은 표현 문법 관점에서 문장 구성을 하기 위해서는 기초 문장 문법 지식으로서의 '2. 문장의 일반적 구성방식', '3. 기초문장의 류형과 그 변형'을 익힌 연후에 담화 구성 요인을 염두에 두고 화자의 의도에 따라 문장 구성이 가능하기 때문이다. 즉, '기저 지식'의 의미로 '2. 문장의 일반적 구성방식', '3. 기초문장의 류형과 그 변형'을 표의 하단에 제시하였고, 담화 구성 요인별 문장 구성을 위한 문법 내용에 모두 작용하기에 넘나들 수 있음을 드러내기 위해 점선으로 표시하였다(오현아, 2025:155-156).

[그림 11]의 『조선어 기능 문법』(2013)의 '제3장 조선어기능문장론'의 '제3장. 조선어기능문장론 > 제1절 문장과 문장의 구성'의 하위 내용은 [그림 13]의 '담화'를 구성하는 '화자, 청자, 상황, 텍스트' 요인에 일대일로 대응된다고 볼 수 있으며, 이는 다음 [표 2]와 같다.

[표 2] 담화 구성 요인에 대응되는 『조선어 기능 문법』(2013)의
'제3장 조선어기능문장론'의 하위 내용(Oh, 2024:128)

표현 문법 관점에서 담화 구성 요인에 따른 문장 구성을 위한 문법 내용				
담화 구성 요인				『조선어 기능 문법』(2013)의 '제3장 조선어기능문장론'의 하위 내용
화자 요인	시점			ㄴ. 시점과 문장구성
	주제			ㄷ. 주제와 문장구성
	강조			ㄹ. 강조와 문장구성
상황 요인				ㅁ. 언어환경과 문장구성
청자 요인				ㅂ. 례의적관계의 표현과 문장구성

텍스트 요인		ㅅ. 귀일 및 조응 현상과 문장구성
		ㅇ. 문장성분의 생략과 문장구성
		ㅈ. 동의문의 구성
		ㅊ. 회화문장의 구성
기초 문장 문법 지식으로서의 'ㄱ. 기초문장과 그 전개'		

[표 2]에서 기초 문장 문법 지식으로서의 'ㄱ. 기초문장과 그 전개'를 표의 하단에 제시한 것은 표현 문법 관점에서 문장 구성을 하기 위해서는 기초 문장 문법 지식으로서의 'ㄱ. 기초문장과 그 전개'를 익힌 연후에 담화 구성 요인을 염두에 두고 화자의 의도에 따라 문장 구성이 가능하기 때문이다. 즉, '기저 지식'의 의미로 'ㄱ. 기초문장과 그 전개'를 표의 하단에 제시하였고, 담화 구성 요인별 문장 구성을 위한 문법 내용에 모두 작용하기에 넘나들 수 있음을 드러내기 위해 점선으로 표시하였다.

[그림 12], [그림 13]과 [표 1], [표 2]에서 '담화'는 구어와 문어를 모두 아우르는 개념이라 할 수 있으며, '텍스트 요인'은 담화 구성 요인 중 '메시지'에 해당하는 것으로 좁은 의미의 '텍스트'라 할 수 있다.

[표 1]과 [표 2]를 통해 우리는 『문장구성론연구』(2010, 2014)와 『조선어 기능 문법』(2013)의 '화자' 요인에 따른 문장 구성 방식 기술 양상이 동일하며, '상황' 요인과 '청자 요인'에 따른 문장 구성 방식 기술 양상은 상당히 유사하며, '텍스트 요인'에 따른 문장 구성 방식 역시 상당히 유사함을 알 수 있다. 다만, 전술한 것처럼 『문장구성론연구』(2010, 2014)에서는 '말하는 사람, 언어환경, 동의문'처럼 담화 구성 요인을 문법 내용 체계 범주명으로

적극 활용한 반면에 『조선어기능문법』(2013)에서는 담화 구성 요인을 드러내지 않고 세부 항목을 병렬적으로 나열하는 방식을 취하고 있음을 알 수 있다(오현아, 2025:155-157).

또한 『문장구성론연구』(2010, 2014)의 문법 서술 체계와 『조선어기능문법』(2013)의 '제3장. 조선어 기능문장론 > 제1절. 문장과 문장의 구성 > Ⅱ. 문장의 구성'의 의 세부 하위 내용 역시 상당히 유사한데, 세부 하위 내용 변화를 살펴보면 다음과 같다.

첫째, 『문장구성론연구』(2010, 2014)에서 '5. 언어환경과 문장구성> 2) 언어환경속에서의 례의적관계표현의 특성과 문장구성'의 하위 항목인 '(1) 주체존경의 표현과 문장구성', '(2) 객체존경의 표현과 문장구성', '(3) 말차림범주의 표현과 문장구성'이 『조선어기능문법』(2013)의 'ㅅ. 귀일[11] 및 조응 현상과 문장구성' 중 '조응 현상과 문장구성'으로 이동하였다.

둘째, 『문장구성론연구』(2010, 2014)에서 '6. 동의문구성> 3) 구조변형에 의한 동의문구성> (3) 공통요소내오기규칙에 의한 동의문구성'이 『조선어기능문법』(2013)의 'ㅅ. 귀일 및 조응 현상과 문장구성' 중 '귀일 현상과 문장 구성'으로 이동하였다.

셋째, 『문장구성론연구』(2010, 2014)의 '대화문'[12]이 『조선어기능문법』

---

11 귀일관계란 병렬된 단위들중에서 앞에 온 단위에서는 다만 병렬적접속만이 표시되며 나머지의 이러저러한 문법적관계의 표시는 끝에 온 단위가 포괄적으로 담당하는 현상을 말한다. 귀일이란 하나에 귀결된다는 뜻이다(정순기, 2013:219-220).
12 대화문은 《혼자말문장》과 대응되는 개념이다.
    문장은 그 분류기준에 따라 각이한 류형들로 분류되는데 정보전달의 방식(정보흐름의 방향)을 기준으로 잡는다면 대화문과 혼자말문장으로 갈라진다.
    혼자말문장은 일방적으로 정보를 주는데 복무하는 문장이라면 대화문은 정보를주고 정보를 받는데 복무하는 문장이다.

(2013)에서 '회화문'¹³으로 용어가 바뀌었다(오현아, 2025:150-151).

여기서는 이론 문법이면서도 기능문법인 『문장구성론연구』(2010, 2014), 『조선어기능문법』(2013)에서의 '어순'을 살펴보고자 한다.

먼저 『문장구성론연구』(2010, 2014)에서의 '어순'을 살펴보기 위해 [그림 12]와 [표 1]에서 '화자' 요인 중 '강조'에 해당하는 [그림 12]의 "4. 말하는 사람의 관점과 문장구성> 3. 강조와 문장구성'의 내용의 일부를 옮겨와 보면 다음과 같다.

언어생활에서 강조는 흔히 쓰는 수법인것만큼 문법적서술에서 많이 사용하는 개념이다. 그러나 문법론에서 강조에 대한 체계적인 연구는 진행되지 못하였으며 지어 개념도 소속도 명백하지 못한 형편이다.

㉠ 지난 시기 문법론분야에서 강조현상을 여러 측면에서 인정하면서도

---

13 대화문과 혼자말문장을 듣는 사람이 있는가 없는가 하는데 따르는 문장분류로 리해해서는 안된다. 언어행위에서 듣는사람은 원칙적으로 모든 경우에 필수적이다(박재호, 2010, 2014:227).
문장을 이야기를 주고받는 문장인가 아니면 그 어떤 사상내용을 전달만 하고마는 혼자말인가하는 기준에 따라 분류할수 있다.
이야기를 주고받는 문장을 이야기를 하는 문장과 대답을 받는 문장으로 구성되는것인데 이것을 회화문장이라고 할 수 있다. 이에 반하여 그 어떤 사상내용을 표현전달하는 문장은 대답을 요구하지않는 것으로서 혼자말문장이라고 할수 있다.
혼자말문장은 듣는 사람이 없이 말하는 사람이 혼자서 하는 말에 쓰인 문장이 아니라 말하는 사람은 일방적으로 정보를 계속 제공하고 듣는 사람은 일방적으로 계속 정보를 접수하는 방식으로 이루어지는 언어행위의 단위이다. 여기서는 말하는 사람과 듣는 사람이 일정하게 고정되여있으며 표현과 리해가 엇바뀌지 않는다. 이와는 달리 회화문장은 말하는사람과 듣는사람이 부단히 교체되면서 정보가 오고가는 방식으로 이루어지는 언어행위의 단위이다. 그러므로 혼자말문장에서는 정보의흐름방향이 일정하지만 회화문장에서는 정보의 흐름방향이 서로 엇바뀐다(정순기, 2013:235).

독자적인 문법범주로 설정하고 체계적인 연구를 하지 못한 것은 주요하게 그 실현방법이 다양하고 그것이 주로 어용적질서에서 다루어지기 때문에 문법의 대상밖에 놓은것과 관련된다.

최근에 이르러 강조를 문법론에서 취급하려는 지향이 높아지고 이에 대한 연구에서는 적지 않은 전진이 있음을 찾아볼수 있다. ⓒ 그러나 아직도 강조에 대한 연구는《강조토》의 본질이나《강조형》의 표현을 고찰하는 범위에서 벗어나지 못하고 있다.

이러한 실정은 문법분야에서 강조현상에 대한 주의를 더 돌리고 체계적인 연구를 진행할 것을 요구하고 있다.

ⓒ 강조는 능히 문법적인 범주로 취급할수 있으며 또 취급하여야 한다. 강조를 문법적인 범주로 취급할수 있는 것은 실현방법의 다양성이 곧 문법적범주가 될수 없는 근거로는 되지 않기 때문이다.

ⓔ 의미표현을 실현하는 형태가 체계적으로 존재하여야만 문법적범주로 되는 것은 아니다. 우리말에서 적지 않은 문법적 범주들이 문장에서 토에 의해서만이 아니라 다양한 어휘-문법적수단이나 억양에 의해서 표현된다는 것은 누구나 인정하고있는 사실이다.

…

강조를 문법적범주로 취급할수 있는것은 문법의 개념을 넓게 리해하는 조건에서 더욱 타당성을 가진다.

문법을《단어와 단어결합을 연구하는 언어학의 한 분과》(《언어학사전》2 김일성종합대학출판사, 71페지)라고 좁은 범위에서 리해한다면 많은 경우 강조는 언어실용적질서에서 다루어지는 감정표현법의 대상으로 될것이다. 그러나 ⓜ 문법에 대하여《문장구성법+문장분석법》의 범위로 확대하여 리해한다면 문법은 단어의 형태나 단어들의 결합관계만이 아니라 문장이 실현되는 언어적환경까지도 고찰대상으로 하게 된다.

　기호론적관점에서 언어학의 분과들을 가르는 것을 보면 흔히 기호와 그 지시대상과의 관계를 연구하는 분야는《의미론》, 순수기호와 기호와의 관계를 연구하는 분야는《문장론》, 기호와 그 사용사이의 관계를 연구하는 분야를《어용론》이라고 한다. 이러한 분류에 립각하면 지금까지 일반적으로 문법론에서 취급하는 말법, 말차림의 범주는 어용론에 소속되여야 한다. 그런데 말법, 말차림과 같은 범주를 문법적범주라고 하는데 대해서는 누구도 이의가 없다.

　실지로 ㉥ 문법학이란 본질에 있어서 사상을 문장으로 표현하고 그 표현한 문장을 리해하는데서 작용하는 규칙과 합법칙성을 연구하는 학문인것만큼 문법론에서 말하는 사람과 듣는 사람, 언어적환경을 고려하는 것은 응당한 일로 되어야 한다. 그러므로《어용론》의 질서에서 감정표현법의 대우를 받고있는 강조는 응당 문법론의 대상으로 될수 있다.

『문장구성론연구』(2010, 2014:176-179)

(밑줄 및 기호는 연구자 표시)

　위 인용을 통해 우리는 이북 문법에서 '강조'에 대한 체계적인 연구가 이루어지지 못했으며, 이는 ㉠ 의 진술처럼 '강조'의 실현 방법이 다양하여 형태-통사론의 구분 속에서 하나의 독립된 문법 범주로 다루어지지 못하였음을 알 수 있다.

　또한 ㉡ 의 진술은 여전히 강조의 형식 분석에만 치중하여 형식주의 관점에서 문법 서술이 이루어지고 있는 데 대한 비판으로 볼 수 있으며, ㉢

- ⓗ의 진술은 언어사용자인 '화자의 의도에서 언어 형식의 선택으로', '의미에서 형식으로' 문법 서술이 이루어질 필요성과 당위성에 대한 진술로 볼 수 있다.

결국『문장구성론연구』(2010, 2014)의 저자인 박재호 선생님은 ⓗ의 진술에서 '언어 사용'을 염두에 두고, 담화 구성 요인인 말하는 사람, 듣는 사람, 언어적 환경을 고려한 문법 서술의 필요성을 역설하고 있다 할 수 있다. 이러한『문장구성론연구』(2010, 2014)의 관점은 화법과 문법 영역에 대한 통합적 접근인 동시에 형식주의 통사론에서 벗어나 기능주의 통사론의 서술 필요성을 강조한 것이라 할 수 있다(오현아, 2025:158-160).

『조선어기능문법』(2013)에서의 '어순'을 살펴보기 위해 [그림 13]과 [표 2]에서 '화자' 요인 중 '강조'에 해당하는 [그림 13]의 'ㄹ. 강조와 문장 구성'의 내용의 일부를 옮겨와 보면 다음과 같다.

　　　강조란 바로 말하는 사람이 진술내용에서 중요하다고 판단한 정보에 대해 듣는 사람의 주의를 끌도록 그 정보를 담당한 언어적단위를 두드러지게 표현하는 것을 말한다.
　　　강조의 목적은 말하는 사람의 전달의도를 보다 명백히 하는데 있다. 문장구성에서 강조를 실현하는데는 몇가지 방법이 있다.
　　　그 하나는 ⓐ <u>토에 의한 강조실현</u>이다.
　　　토에 의한 강조실현에 대해서는《제Ⅱ편 제2장 조선어기능형태론》에서 강조토 일부 격토와 이음토에 의한 강조실현 부분에서 서술하였다.
　　　다른 하나는 ⓑ <u>어순바꿈에의한 강조실현</u>이다.
　　　문장에서 일정한 성분을 강조하기 위하여 어순을 바꾸는 수법을 흔히 적용한다.

어순바꿈에 의한 강조실현은 어순에 따르는 의미적련관의 특성에 의거한다.

어순에 따르는 의미적 련관의 특성이란 어순의 변화에 따라 어순단위들의 의미적련관의 밀접성이 강해질수도 있고 약해질수도 있는 특성을 말한다.

…

조선어에서는 일부 어순단위들을 술어다음에 놓음으로써 강조를 실현하는 경우가 있다. 이러한 문법적 현상은 시어나 입말에서 주로 찾아볼수 있는것이다.

…

또 다른 하나는 ⓒ <u>론리적력점에 의한 강조실현</u>이다.

론리적력점은 문장에서 강조실현의 중요한 수단으로 된다.

○ 별이가 지금 방에서 소설책을 읽는다.

말하는 사람이 론리적력점을 술어와의 의미적 련관인 제일 강하고 자립성이 제일 약한 《소설책을》에 떨군다면 우에서 설명한것과는 다르게 《소설책을》이 강조되게 된다. 이거은 론리적력점의 기본기능과 관련되는것이다. 물론 이때 《소설책을》과 그 앞단위들과의 사이에 일정한 휴식을 동반하면서 론리적력점을 떨구게 된다.

같은 하나의 문장이라도 론리적 력점을 어디에 떨구는가에 따라 여러가지의 서로 다른 정보를 전달할 수있다.

○ 별이가 지금 방에서 소설책을 읽는다.

○ 별이가 지금 방에서 소설책을 읽는다.

○ 별이가 지금 방에서 소설책을 읽는다.

○ 별이가 지금 방에서 소설책을 읽는다.

○ 별이가 지금 방에서 소설책을 읽는다.

우리 말에서 론리적 력점은 문장에서 일정한 성분을 강조함으로써 양태적의미의 실현을 위한 수단으로도 복무한다.

양태적의미는 진술내용 전체에 대한 말하는 사람의 평가적태도를 나타내는 의미로서 그 표현수단은 대체적으로 문장형태에 집중된다.

『조선어 기능 문법』(2013:206-209)

(밑줄 및 기호는 저자 표시)

위 인용을 통해 우리는 '화자'가 특정 정보를 두드러지게 하기 위해 '강조'를 선택할 수 있으며, 문장 구성에서 강조를 실현하는 'ⓐ 토에 의한 강조실현, ⓑ 어순바꿈에의한 강조실현, ⓒ 론리적력점에 의한 강조실현'의 세 가지 방법[14]이 있음을 알 수 있다.

즉, 담화 구성 요인인 '화자'의 문장의 특정 부분을 두드러지게 하려는 '강조'라는 '의도'를 실현하기 위해 '형태론적 차원'에서 '토' 사용, '통사론적 차원'에서 '어순 바꿈', '구어 차원에서 '휴지와 강세'를 '강조의 실현 방법'으로 제시하고 있음을 알 수 있다.

이는 이북의 기능 문법적이며 실용적인 문법 기술이 언어 단위별로 형태와 통사 구분이 엄격하여 실제 언어 사용에 기여하지 못하는 방식으로 구조

---

14 이남에서는 일찍이 임성규(1989)에서 현대 국어에서 전달 정보에 현저성을 부여하는 강조법이 문법 범주의 모든 실현 방법을 통해 나타남을 밝힌 바 있으며, 권재일(1992, 2012ㄴ, 2021)에서 '현대 한국어에서 실현 방법이 다양한 대표적인 문법 범주'로 '강조법'이, '강조법'의 한 유형으로 '어순'이 다루어진 바 있다. 신서인(2009)에서는 어순에 따른 문장 의미 변화를 통사적 층위의 해석과 화용적 층위의 해석으로 구분하여 제시한 바 있다. 이러한 '화자의 의도' 혹은 '태도'를 중심으로 문법을 설명하는 기능 문법적 관점의 논의는 이북의 논의와 맞닿아 있는 지점이라고 볼 수 있다.

화되어 있는 이남의 문법교육 내용 구조화 문제(오현아, 2008; 오현아, 2016ㄱ; 오현아, 2016ㄷ; 오현아·조진수, 2016; 오현아, 2017ㄱ; 오현아·조진수·박민신·강효경·박진희·최선희, 2018; 오현아·박진희, 2018; 오현아, 2019ㄱ; 오현아, 2020; 오현아, 2023ㄱ 등)에 시사하는 바가 크다고 한 지점과 직접적인 연관을 맺는다.

이상의 논의를 통해 우리는 문어 중심의 문법 기술과 교육에 치중해 있는 이남의 문법 교육과는 달리 기능 문법적 관점에서 실제 '언어 사용'을 염두에 두고 '사용문'을 문법(교육) 기술 대상으로 삼아 문장 쓰기의 교육 내용을 제시(오현아, 2023ㄴ)하고 문어와 구어를 아울러 화법과 쓰기, 문학 영역과 통합적인 시각에서 문법을 기술하는 이북 문법의 특성(오현아, 2017ㄴ; 오현아·전영근, 2022; 오현아, 2022ㄱ; 오현아, 2022ㄴ; 오현아, 2022ㄷ; 오현아, 2023ㄴ, 오현아 2023ㄷ, 오현아, 2024)을 다시 한번 확인할 수 있다(Oh, 2024:125-134; 오현아, 2025:162-165).

다음으로 이북의 외국인 학습자 대상(류학생용) 글쓰기 교재의 목차 및 내용 구성을 제시해 보면 다음 [그림 14], [그림 15]와 같다.

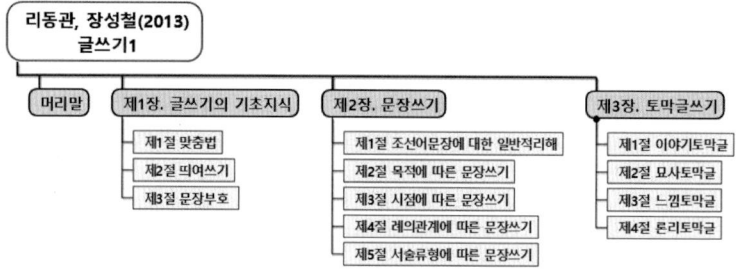

[그림 14] 『글쓰기 1(류학생용)』(2013)의 목차 및 내용 구성(오현아, 2023ㄴ:7)

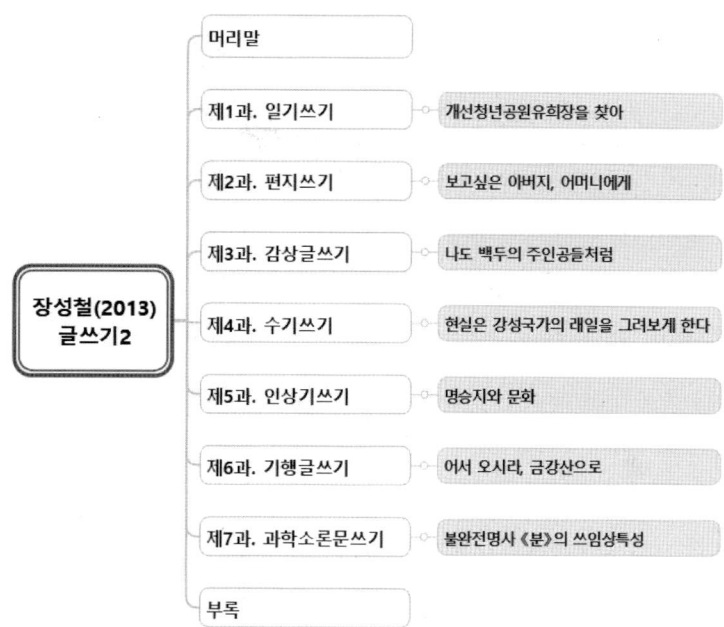

[그림 15] 『글쓰기 2(류학생용)』(2013)의 목차 및 내용 구성(오현아, 2023ㄴ:7)

　[그림 14]와 같이 『글쓰기 1(류학생용)』(2013)은 크게 '머리말-제1장. 글쓰기의 기초지식-제2장. 문장쓰기-제3장. 토막글쓰기'로 구성되어 있다.
　'글쓰기의 기초지식'으로서 '맞춤법, 띄여쓰기, 문장부호'를 제시하고, '문장쓰기'에서 '조선어문장에 대한 리해'를 기반으로 '목적, 시점, 례의관계, 서술류형에 따른 문장쓰기'로 나아가 '토막글쓰기'에서 서술류형에 따라 '이야기토막글, 묘사토막글, 느낌토막글, 론리토막글'로 확대되는 구성임을 알 수 있다.
　[그림 15]와 같이 『글쓰기 2(류학생용)』(2013)은 크게 '머리말-제1과. 일

기쓰기-제2과. 편지쓰기-제3과. 감상글쓰기-제4과. 수기쓰기-제5과. 인상기쓰기-제6과. 기행글쓰기-제7과. 과학소론문쓰기-부록'으로 구성되어 있다.

『글쓰기 2(류학생용)』(2013)에서는『글쓰기 1(류학생용)』(2013)의 '토막글쓰기'에서 글의 류형별 특성에 따라 '일기쓰기, 편지쓰기, 감상글쓰기, 수기쓰기, 인상기쓰기, 기행글쓰기, 과학소론문쓰기'로 확대되고 있음을 알 수 있다(오현아, 2023ㄴ:7-8).

이들 글쓰기 교재에서 '어순' 관련 내용을 제시해 보면 다음 [그림 16], [그림 17], [그림 18]과 같다.

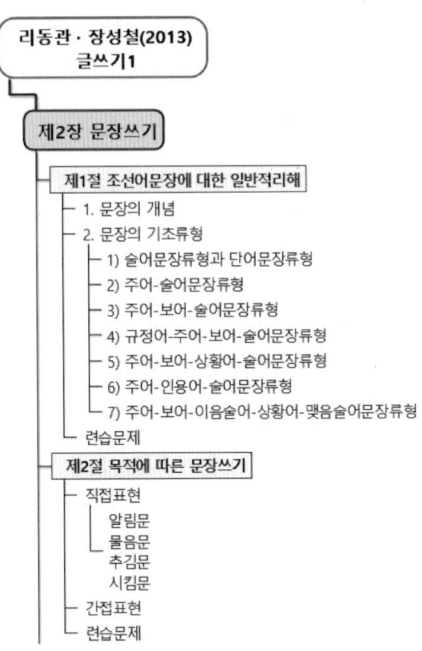

[그림 16]『글쓰기 1(류학생용)』(2013)의
'제2장. 문장쓰기1'(오현아, 2023ㄴ:12)

```
제3절 시점에 따른 문장쓰기
├─ 1. 시점의 개념
├─ 2. 시점에 따른 주어 선택
├─ 3. 시점에 의한 용언(동사, 형용사)의 제약
│   ├─ 1) 동사 《오다/가다》와 관련한 제약
│   └─ 2) 심리를 표현하는 형용사들과 관련한 제약
└─ 련습문제

제4절 례의관계에 따른 문장쓰기
├─ 1. 주체존경의 표현과 문장구성
│   └─ 말하는 사람과 주체, 듣는 사람과의 상하관계를 웃사람순서로 놓으면 6개 류형의 관계가 설정됨.
│       ├─ 1류형 : 말하는 사람(웃사람)-듣는사람-주체(제일 아래사람)
│       ├─ 2류형 : 듣는 사람(웃사람)-말하는 사람-주체(제일 아래사람)
│       ├─ 3류형 : 주체(웃사람)-말하는 사람-듣는 사람(제일 아래사람)
│       ├─ 4류형 : 주체(웃사람)-듣는 사람-말하는 사람(제일 아래사람)
│       ├─ 5류형 : 말하는 사람(웃사람)-주체-듣는 사람(제일 아래사람)
│       └─ 6류형 : 듣는 사람(웃사람)-주체-말하는 사람(제일 아래사람)
├─ 2. 객체존경의 표현과 문장구성
├─ 3. 말차림범주의 표현과 문장구성
└─ 련습문제

제5절 서술류형에 따른 문장쓰기
├─ 1. 이야기체문장쓰기
│   └─ 이야기체문장의 특성
│       ├─ 1) 이야기체문장은 어떤 사건이나 사실, 사람들의 생활을 단순히 전달하는 방식으로 씌여진다는 것이다.
│       ├─ 2) 이야기체문장은 필자의 정서적평가를 담지 않는다는것이다.
│       └─ 3) 이야기체문장은 사실의 본질을 밝히고 론증하는 식으로도 서술되지 않는다는 것이다.
├─ 2. 묘사체문장쓰기
│   └─ 묘사체문장은 흔히 묘사적어휘와 어휘적 표현수법 특히 비유적인 표현수법에 기초하여 이루어진다.
│       ├─ 묘사적어휘
│       │   ├─ 종의미적어휘 : 류종관계에서 종과 관련되여있는 단어들
│       │   └─ 상징적어휘 : 사물현상의 특성을 감각적으로 상징하여 나타내는 어휘 부류
│       └─ 비유적어휘
│           ├─ 직유법
│           ├─ 은유법
│           └─ 의인법
├─ 련습문제
├─ 3. 느낌체문장쓰기
│   ├─ 1) 억양(강한 감정적억양)에 의하여 표현된다.
│   ├─ 2) 객관적현실에 대한 이야기가 아니라 그에 대한 자기의 생각을 이야기하는 식으로 표현한다.
│   └─ 3) 현실에 대한 필자의 정서적체험은 문장의 구조적형식에 의하여 표현되기도 한다.
├─ 4. 론리체문장쓰기
│   ├─ 1) 론리체문장은 사물과 현상들의 일반적이며 본질적인 특성을 밝혀준다.
│   ├─ 2) 론리체문장은 사물과 현상들의 종개념과 류개념을 밝혀준다.
│   ├─ 3) 론리체문장은 대상(사물, 현상)의 일반적이며 본질적인 특성과 류개념을 함께 밝혀준다.
│   └─ 4) 론리체문장은 일반적인것과 개별적인것들사이의 관계를 밝혀준다.
├─ 5. 대화체문장쓰기
│   │   대화체문장의 구성에는 입말체의 빛갈을 가지고 입말체의 기능을 노는 어휘, 토, 어음수단들이 쓰인다.
│   │   대화체문장은 일반적으로 글말체문장에 비하여 짧고 간단한 형식의 문장 즉 단일문, 단순문, 불완전문, 중단문, 단어문장의 형식을 취한다.
│   │   말하는 사람의 의도에따라 부름말, 느낌말을 비롯한 외딴성분들이 문장구성에 적극적으로 참가하며 자리바뀜문장이 많이 쓰인다.
└─ 련습문제
```

[그림 17] 『글쓰기 1(류학생용)』(2013)의 '제2장. 문장쓰기2'
(오현아, 2023ㄴ:13)

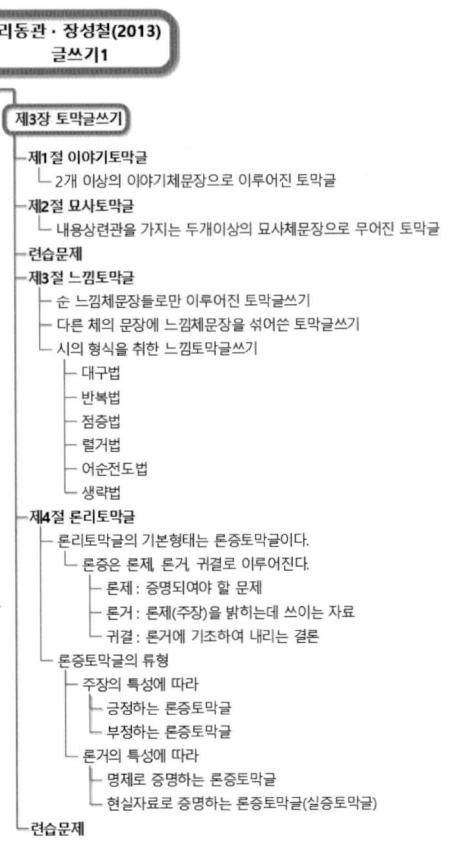

[그림 18] 『글쓰기 1(류학생용)』(2013)의
'제3장. 토막글쓰기'(오현아, 2023ㄴ:16)

　　[그림 16], [그림 17]을 통해 우리는 『글쓰기 1(류학생용)』(2013)의 '제2장. 문장쓰기'가 조선어문장에 대한 문법적 이해와 글쓰기 과정에서의 조선어문장 문법 요소의 활용으로 구성되어 있음을 알 수 있다. 즉, 조선어문장구조를 제시해 주는 '제1절 조선어문장에 대한 일반적리해', 조선어문장류형

을 제시해 주는 '제2절 목적에 따른 문장쓰기'와 글쓰기 과정에서 글쓴이의 시점에 따른 주어 선택과 용언의 제약을 다루는 '제3절 시점에 따른 문장쓰기', 한국어의 대표적 특징 중 하나인 높임 관련 문법 표현을 다루는 '제4절 례의관계에 따른 문장쓰기', 쓰고자 하는 글의 장르에 따라 어떠한 문체를 선택할 것인지에 따라 문장 유형을 다루는 '제5절 서술류형에 따른 문장쓰기'가 그것이다.

『글쓰기 1(류학생용)』(2013)의 '조선어문장에 대한 구조적 이해'와 관련해 [그림 16]의 '제1절 조선어문장에 대한 일반적리해'에서는 문장의 기초류형으로 '술어문장류형과 단어문장류형'[15]을 제시하고 있어 특징적이다. '술어문장'은 '술어만으로 이루어진 문장'이며, '단어문장'은 '아무런 문법적 형태도 갖추지 않은 감동사와 같은 단어로 이루어진 문장'(리동관·장성철, 2013:71-72)으로, 완전문이 아닌 소형문을 대상으로 삼고 있다. 이는 형식 통사론의 관점에서 체계문(완전문)만을 기술의 대상으로 삼는 이남의 일반적인 문법 기술[16]과는 달리 기능 통사론의 관점에서 사용문(완전문과 소형문)

---

15 이북 교원대학 문법 교재인 한경남(2002)와 이북 사범대학 문법 교재인 강상호·김태섭·오정식(2003)의 '문장의 갈래'에서도 '단어문장'이 제시되고 있다(오현아, 2022ㄱ:257-258). 또한 이북 규범문법인 조선문화어문법규범(1976)과 조선문화어문법규범(2011)에서도 '단어문장'이 제시되고 있다(오현아, 2022ㄴ:1336-1339).

    다만, 한경남(2002), 강상호·김태섭·오정식(2003), 조선문화어문법규범(1976), 조선문화어문법규범(2011)에서 제시되어 있는 '명명문, 중단문'은 여기에 제시되어 있지 않다.

    '명명문'은 '어떤 대상이나 현상을 이름 지으면서 그것이 존재한다는것만을 나타내는 문장'으로, '명명문은 단 하나의 기본성분만으로 이루어 질수도 있고 규정어에 의하여 확대될수도 있'으며, '중단문'은 '이러저러한 원인에 의하여 채 끝나지 않은 문장'으로, '중단문의 가장 중요한 표식은 종결술어가 없거나 완결되지 못한다는 것이다'(강상호·김태섭·오정식, 2003:170-17).

16 현대의 통사론은 크게 형식 통사론(formal syntax)과 기능 통사론(functional syntax)으로 나뉘는데, 형식통사론은 순수하게 통사 단위들의 결합 원리를 밝히는 데 관심이 있고 기능

을 문법 기술의 대상으로 삼는 이북 문법의 특징[17]이 드러난 부분이라 할 수 있다.

『글쓰기 1(류학생용)』(2013)의 '조선어문장에 대한 의미적 이해'와 관련해 [그림 16]의 '제2절 목적에 따른 문장쓰기 > 간접표현'[18]에서는 문장의 종결 어미 형식과 문장의 진술 목적으로서의 문장 의미가 일치하지 않는 경우를 유형화해 제시[19]하여 특징적이다. 이 역시 사용문을 문법 기술의 대상으로 삼는 이북 문법의 특징이 드러난 부분이라 할 수 있다.

『글쓰기 1(류학생용)』(2013)의 '문장 구성 과정에서 말하는 이의 시점[20]

통사론은 실제적 언어 사용에서 어떤 문법적 구성이 어떤 기능을 하는가에 더 관심이 있다. 기능 통사론에서는 사용문을 다루기 때문에 완전문, 소형문을 모두 설명의 대상으로 삼지만 형식 통사론에서는 체계문만 다루기 때문에 원칙적으로 완전문만을 기술 대상으로 삼는다(구본관·박재연·이선웅·이진호·황선엽, 2015:211).

17 이러한 이북 문법의 특징은 외국인 대상 조선어교육 문법으로, 구체적인 '언어 실천' 혹은 '언어 사용'을 염두에 두고 규칙적인 언어 현상을 대상으로 한 규범적인 내용뿐만 아니라 표현 효과까지 다루는 '실용문법'인 '실천문법'에서도 드러난 바 있다(오현아·전영근, 2022:321, 336-339).

18 '간접표현이란 말하는 사람의 진술목적이 문장에 쓰인 맺음토의 의미로써가 아니라 억양이나 그밖의 언어적수단들과 언어환경에 의하여 간접적으로 나타나는 표현(리동관·장성철, 2013:85)'이다.

19 외국인 대상 조선어교육 문법 교재인 박재호(2015)에서도 '동의문구성방법'의 하위 유형으로 '진술목적에 따르는 방법'에서 이를 다루고 있다(오현아·전영근, 2022:336-339).
이북 규범문법인 조선문화어문법규범(1976)과 조선문화어문법규범(2011)의 '3장 문장의 갈래> 1절 말하는 목적과 내용에 따르는 문장의 갈래> 6. 말하는 목적과 내용에 따르는 문장의 쓰임'에서도 문장의 형식과 내용이 일치하지 않는 문장 유형을 별도로 다루고 있으나, 이북 고등 문법 교과서인 최준영·서재길·류병설(2001ㄱ)와 이북 사범대학 문법 교재인 강상호·김태섭·오정식(2003)에서는 이러한 문장의 형식과 내용이 일치하지 않는 문장 유형을 다루지 않고 있다. 이는 문장의 형식에 집중하여 문장의 갈래 교육 내용을 구성한 교육문법의 관점이 반영된 것으로 볼 수 있다(오현아, 2017ㄴ:357; 오현아, 2022ㄴ:1336-1339).

20 이때 '시점'은 '말하는 사람이 문장구성에 참가하는 인물, 대상들가운데서 어느켠에 서서 문장을 짜는가 하는 립장(리동관·장성철, 2013:85)'이라는 점에서 문학(교육) 논의에서의

선택'과 관련해 [그림 17]의 '제3절 시점에 따른 문장쓰기'에서는 문장 구성에서 말하는 이의 시점 선택이 주어 선택과 용언 제약에 영향을 미친다는 기능문법적 관점[21]에서 내용을 구성하고 있다.

『글쓰기 1(류학생용)』(2013)의 '조선어문장의 문체'와 관련해 [그림 17]의 '제5절 서술류형에 따른 문장쓰기'에서는 서술류형에 따라 문장을 '이야기체, 묘사체, 느낌체, 론리체, 대화체 문장'으로 구분하여 관련 내용을 제시하고 있다. 이는 이남의 문법교육에서는 문체 관련 내용이 문법교육 내용으로 제시되지 않는 데 반해, 이북에서는 문체 관련 내용이 문법교육 내용으로 제시[22]되는 맥락의 연장선상에 있다고 볼 수 있다. 즉, 이북의 문법(교육)

'시점'과는 구분된다.

21 이남에서 '주어선택'과 관련한 기능 문법(교육) 관점의 관련 연구로는 오현아·박진희(2011), 강효경·주세형(2020:43)을 들 수 있다. 오현아박진희(2011)에서는 한국어와 영어에서 화자가 주어를 선택하는 양상을 통해 두 언어의 발상의 차이를 부각하는 비교 인지언어학적 접근의 하나로, 한·영 두 나라 영화를 대상으로 하여 화자의 주어 선택 양상 분석을 시도하였다. 언어 차이 이외에 다른 요인들이 변수로 작용하지 않도록 하기 위해 한국의 시월애(時越愛, 2000)와 이를 리메이크한 '레이크하우스(The Lake House, 2006)'를 대상으로 삼아 영화 속 화자의 주어 선택 양상 분석한 결과, 미국 영화 속의 인물은 객관적인 상황을 전달하거나 자신의 견해가 객관적임을 강조하는 경우 혹은 구체적인 장소를 지칭하는 경우가 아니면 화자 중심의 직접적인 언어적 표현을 구사하며 자신의 입장을 분명하게 드러내는 방식으로 인간 중심의 주어를 일반적으로 선택하는 반면에, 한국 영화 속의 인물들은 청자 중심의 간접적인 언어 표현을 구사하며 자신을 직접 소개하거나 스스로의 의견을 강력하게 피력해야 하는 상황이 아니면 상황 중심의 주어를 사용한다는 사실을 확인할 수 있었다.

강효경·주세형(2020:43)에서는 '통사·형태론적 관점을 중심으로 교육 내용화되어 온 주어 관련 교육 내용을 비판적으로 고찰하고, 의미 중심적인 교육 내용으로 구성되어야 한다'는 문제 제기를 하고 있는데, 이는 '주어 교육 내용에 대해 형식 통사론의 관점에서 벗어나 기능 통사론의 관점으로 접근할 필요가 있다'는 문제의식으로 해석 가능하다.

비교 인지언어학적 관점에서 한·영 두 나라 영화를 대상으로 하여 화자의 주어 선택 양상을 분석한 오현아박진희(2011)과 체계기능언어학에 기반해 주어 관련 문법교육 내용의 변화를 모색한 강효경·주세형(2020:43)의 논의는 기능 문법을 추구해 온 이북 문법(교육) 논의와 닿아 있는 지점이 있다고 볼 수 있다.

내용은 '언어 사용'을 염두에 두고 실제 언어 현실을 다루기 때문에 문체 역시 문법(교육) 내용으로 제시하고 있으며, 이러한 관점에서 외국어로서의 조선어교육 글쓰기 교재에서도 문장 구성 시 문체와 관련된 내용을 제시하는 것이라 볼 수 있다(오현아, 2023ㄴ:13-15).

또한 『글쓰기 1(류학생용)』(2013)의 '어순'과 관련해 [그림 16]의 '제1절 조선어문장에 대한 일반적리해'에서는 '문장의 기초류형'을 제시하고 있어 '문장성분의 일반적인 어순'을, [그림 18]의 '제3장 토막글쓰기> 제3절 느낌토막글쓰기> 시의 형식을 취한 느낌토막글쓰기'에서 '어순 전도법'을 제시하여 필자의 표현 의도에 따라 '문장성분의 뒤바뀐 어순'을 제시하고 있음을 알 수 있다.

이상의 논의를 통해 우리는 '어순'이 '문법 용어'인 동시에 '문체론 용어' 임을 확인할 수 있다. 이는 이북의 문법(교육) 내용은 '언어 사용'을 염두에 두고 실제 언어 현실을 다루므로 '문체' 역시 문법(교육) 내용으로 제시하고 있기 때문인 것으로 볼 수 있다. 또한 표현 문법 관점에서 '문장 분석'이 아닌 '문장 구성'을 염두에 두고 문장론의 하위 내용을 구성하는 이북 문법의 기능 문법적인 성격에서 비롯된 것으로 볼 수 있다.

이러한 이북의 기능 문법적이며 실용적인 문법(교육) 특성은 언어 단위별로 형태와 통사 구분이 엄격하여 실제 언어 사용에 기여하지 못하는 방식으로 구조화되어 있는 이남의 문법교육 내용 구조화 문제(오현아, 2008; 오현아, 2016ㄱ; 오현아, 2016ㄷ; 오현아·조진수, 2016; 오현아, 2017ㄱ; 오현아·조진수·박

---

22 문체 관련 용어들은 이남의 고등 문법 교과서에서는 제시되지 않지만, 이북의 고등 문법 교과서에서는 제시되고 있다. 이와 관련한 내용은 오현아(2019ㄴ:83-85)를 참조할 수 있다.

민신·강효경·박진희·최선희, 2018; 오현아·박진희, 2018; 오현아, 2019ㄱ; 오현아, 2020; 오현아, 2023ㄱ 등)에 시사하는 바가 크다고 할 수 있다.

또한 최근 남북의 학술 교류 단절이 심화된 상황에서 남과 북의 언어(교육) 학자들이 기능 문법적 관점에서 학술적 논의를 진행하고 있는 현상은 가슴 뭉클한 지점이기도 하다. 이 뭉클함을 기억하면서 남과 북의 기능 문법(교육)적 관점의 학술적 논의는 후속 논의에서 다루고자 한다.

3. 나가며: 박갑수 선생님을 추억하며

석사 02학번인 제가 2001년 12월부터 국어교육연구소에서 TA로 일할 수 있었던 것은 큰 행운이었던 것 같습니다. 그 덕택에 석사 입학 전부터 학과 선생님과 여러 선배 선생님들을 미리 뵙고 대학원 분위기를 익힐 수 있었습니다.

그리고 그때 명예교수님으로 대학원 강의를 나오시던 박갑수 선생님을 멀리서나마 뵐 수 있었습니다. 선생님께 직접 수업은 듣지 못했지만 선생님의 '국어표현론'과 '국어문체론'을 접하며 관심 분야를 넓힐 수 있었습니다.

그 후 2018년 2월 독쿄대에서 열린 국어교육학회 제4회 국제학술대회에서 선생님의 기조 강연을 듣고, 온종일 학회 자리를 지키시며 학술적 교류를 하시는 선생님을 오랜만에 뵈면서 그 대단하신 열정에 그저 감탄할 뿐이었습니다.

이번 국제학술대회가 마지막 국제학술대회 참석이지 않겠냐는 박갑수 선생님의 말씀에 당시 국어교육학회 회장님이셨던 서혁 선생님께서 무슨 말씀이시냐며 다시 모시겠다고 하시던 모습, 2018년 7월 연변대에서 열린 중국한국(조선)어교육연구학회에 다시 선생님을 모시고 오신 서혁 선생님과 김정우 선생님의 모습, 그리고 민현식 선생님, 윤여탁 선생님께서 살뜰히 선생님을 모시던 모습……. 그 모습들을 가까이에서 뵙고 함께할 수 있어 참 좋았습니다.

선생님을 따르시는 여러 선생님들 모습처럼 선생님께서 남기신 학문적 발걸음을 따라 작은 발걸음이나마 내딛겠습니다. 영면의 안식을 취하시길 기도하겠습니다.

참고문헌

1. 자료

강상호·김태섭·오정식(2003), 조선문화어(2) (사범대학 국어문학과용), 교육도서출판사.

과학, 백과사전출판사 편(1979), 조선문화어문법, 평양종합인쇄공장. 대제각 영인(1991) 참고.

김동찬(1999), 조선어실용문법, 사회과학출판사(조선어학전서 31), 최기호 편(2002), 박이정.

김동찬(2005), 조선어실용문법, 사회과학출판사(조선어학전서 31).

김일성종합대학출판사 편(1972), 문화어 문법 규범: 초고, 김일성종합대학출판사. 학우서방 번각(1973) 참고. 대제각 영인(1991) 참고.

김철만(2016), 조선어실천문법(실습생용), 김형직사범대학출판사.

리동관·장성철(2013), 글쓰기1: 류학생용(1판), 김형직사범대학출판사.

리형태(2003), 조선문화어(1) (사범대학 국어문학과용), 교육도서출판사.

박재호(2010, 2014), 문장구성론연구(조선사회과학학술집 486 언어학편), 사회과학출판사.

박재호(2015), 조선어실천문법(실습생용), 김일성종합대학출판사.

장명옥·김정수(2015), 글쓰기, 2.16예술교육출판사.

장성철(2013), 글쓰기2: 류학생용, 김형직사범대학출판사.

정순기(2013), 조선어기능문법(조선어학전서 48), 사회과학출판사.

정순기·리금일(2001), 조선어문법편람(조선어학전서 49), 박이정.

조선문화어문법규범 편찬위원회(1976), 조선 문화어 문법 규범, 김일성종합대학출판사. 도쿄 학우서방 번각(1977) 참고.

조선문화어문법규범편찬위원회(1984, 2011), 조선문화어문법규범 제2판, 사회과학출판사.

최준영·서재길·류병설(2001), 고등중학교 국어문법 1-3, 평양: 교육도서출판사.

한경남(2002), 「문화어(교원대학용)」, 교육도서출판사.

2. 논저

강효경·주세형(2020), 「문법 교육에서 주어 관련 교육 내용에 대한 비판적 고찰」, 『국어교육학연구』 55-3, 국어교육학회, 41-70.

구본관·박재연·이선웅·이진호·황선엽(2015), 『한국어문법총론』Ⅰ, 집문당.

권재일(2012), 「북한의 조선어학전서 연구」, 『서울대학교통일학연구총서』 14, 서울대학교출판문화원.

권재일(2021), 『개정판 한국어 문법사』, 박이정.

김은성·박재현·김호정(2008), 문법 교육 내용 체계화 연구-고등학교 <문법> '문장' 단원을 중심으로, 국어국문학 149, 국어국문학회, 731-753.

박재현·김은성·남가영·김호정(2008), 「국어 문법 교육 용어 계량 연구(Ⅲ): 문장」, 『새국어교육』 80, 한국국어교육학회, 227-250.

신서인(2009), 「어순 변이와 문장 의미 해석」, 『한국어 의미학』 28, 한국어의미학회, 105-125.

오현아(2008), 「'정확성' 중심 문법 교육관에 대한 반성적 고찰」, 『새국어교육』 80, 한국국어교육학회, 295-318.

오현아(2016ㄱ), 「사용자 중심의 문법 기술을 위한 문법 교육 내용 재구조화 방안 모색」, 『어문학보』 36, 강원대학교 국어교육과, 27-52.

오현아(2016ㄴ), 「통사구조 중심의 '서술어의자릿수' 개념 관련 문법 교육 내용 재구조화 방안 모색」, 『국어교육』 155, 한국어교육학회, 1-28.

오현아(2017ㄱ), 「충분한 문법학습 경험을 갖지 못한 중등 예비 국어 교사의 문법 개념화 양상 분석 연구를 위한 시론」, 『문법교육』 29, 한국문법교육학회, 29-63.

오현아(2017ㄴ), 「분단 상황에서 중간자적 언어 교과로서의 조선어 고등 문법 교과서에 나타난 남북한어 문법 영향 관계 분석 연구-문장 단위 문법 교육 내용을 중심으로」, 『국어교육학연구』 52(2), 국어교육학회, 343~370.

오현아(2019ㄱ), 학교 문법 용어의 투명도 문제에 대한 시론-'통사적합성어'와 '비통사적 합성어'를 중심으로, 새국어교육 118, 한국국어교육학회, 73-105.

오현아(2019ㄴ), 「통일 대비 남북 교과 전문 용어 비교 분석 연구에 대한 시론-고등학교 문법 교과서를 중심으로」, 『우리말글』 82, 우리말글학회, 59-96.

오현아(2022ㄱ), 「이북 교원대학과 사범대학 문법 교재 비교 분석-<문화어>와 <조선문화어>를 중심으로」, 『문법교육』 44, 225-270.

오현아(2022ㄴ), 「이북 규범문법과 학교문법의 상관관계 분석(1)-<문화어문법규범초고>(1972), <조선문화어문법규범>(1976/2011), <조선문화어문법>(1979), <조선문화어1, 2>(2003)의 문장론을 중심으로」, 『한글』 338, 1299-1353.

오현아(2022ㄷ), 「외국인 학습자를 위한 이북의 『조선어강독』 교재 분석 연구(2)-김일성종합대학 『조선어강독1 실습생용』, 『조선어강독2 실습생용』(2015)의 '단어결합'을 중심으로」, 『한말연구』 63(20), 한말연구학회, 1-23.

오현아(2023ㄱ), 「의미 기능 중심의 '관형절+의존 명사' 구성의 문법 교육 내용 구성 탐색-관형절, 명사절, 부사절을 중심으로」, 『한말연구』 64(11), 한말연구학회, 1-24.

오현아(2023ㄴ), 「이북의 외국어로서의 조선어교육 글쓰기 교재 분석-김형직사범대학 출간 『글쓰기1, 2(류학생용)』(2013)을 중심으로」, 『한말연구』 64(18), 한말연구학회, 1-27.

오현아(2023ㄷ), 「이북의 전공 강독 교과서로서의 <조선어학강독(류학생용)> 교재 분석-김일성종합대학 출간 『현대조선어학강독(류학생용)』(2007)을 중심으로」, 『국어국문학』 203, 국어국문학회, 133-169.

오현아(2024), 「이북의 <조선어실용문법> 교재 분석-『조선어실용문법(2005)』를 중심으로」, 『한말연구』 65(37), 1-28.

오현아(2025), 「표현 문법 관점에서 '문장 분석'이 아닌 '문장 구성'으로서의 이북의 기능 문장론-『문장구성론연구(제2판)』(2010, 2014), 『조선어기능문법』(2013)에서 담화 구성 요인으로서의 '화자' 요인 중 '강조와 문장 구성'의 '어순'을 중심으로」, 『국어학』 113, 국어학회, 121-185.

오현아·박진희(2011), 「한국어와 영어의 발상에 대한 비교 인지언어학적 고찰-청자 중심 원리와 화자 중심 원리를 중심으로」, 『국어교육연구』 28, 서울대학교 국어교육연구소, 1-29.

오현아·박진희(2018), 「의미 기능중심의 '인용' 관련 문법 교육 내용의 재구조화 방향 탐색」, 『한말연구』 49, 한말연구학회, 161-198.

오현아·조진수(2016), 「문법 교과서의 언어 단위별 교육 내용 구성과 범위 검토-단어 단위에서 품사 분류 문제를 중심으로」, 『새국어교육』 109, 한국국어교육학회, 219-254.

오현아·전영근(2022), 「외국인 학습자를 위한 이북의 <조선어실천문법(실습생용)> 교재 분석 연구-김일성종합대학과 김형직사범대학을 중심으로」, 『국어교육』 177, 한국어교육학회, 311-350.

오현아·조진수·박민신·강효경·박진희·최선희(2018), 「학령기 학습자의 문법 개념화 과정 기반의 학습자 데이터베이스 구축 및 한국어 문법 능력 진단·학습·평가 프로그램 개발에 대한 시론」, 『새국어교육』 115, 한국국어교육학회, 31-80.

임성규(1989), 「현대국어의 강조법 연구」, 충남대학교 박사학위논문.

임홍빈(1997), 『북한의 문법론 연구』, 한국문화사.

Oh(2024), A Grammar Pedagogical Exploration of North Korean Functional Grammar as 'Sentence Construction' rather than 'Sentence Analysis': Focusing on the Theory of Joseon Language Functional Sentences in the 『Functional Grammar of Joseon Language』(2013), *Korean Language Education Research*, 59(5), Association Of Korean Language Education Research, 107-139.

지금 이 사람
—

공감과 실효를 위한 국어 교육, 그리고 한국어의 세계화

박갑수 서울대학교 명예교수를 만나다

—

답변자: 박갑수(서울대학교 명예교수)
질문자: 권창섭(홍익대학교 강사)
때: 2015. 10. 13.
곳: 서울대학교 국어교육학과 학과장실

　언어는 습득의 대상인 동시에 학습의 대상이다. 우리가 언어를 처음 접하고, 이를 의사소통의 수단으로 삼게 되는 습득의 과정이 존재하는 한편, 어떤 언어를 보다 효율적이고 정확하게 사용할 수 있도록 하는 학습의 과정 역시 존재한다. 이 언어 학습의 과정에 대해 연구하고, 그 학습의 과정을 더욱 풍요롭고 용이하게 할 수 있도록 연구하는 분야가 언어 교육학이다. 그리고 그 언어가 만약 한국어라면 국어 교육학 혹은 한국어 교육학이 된다. 이 국어 교육학과 한국어 교육학, 그리고 국어 문체론 분야에서 상상도 못할 만큼 큰 업적을 남겨 오신 분이 있다. 약 60권의 저서와 200여 편의 논문, 400여 편의 논설을 발표하며 이 분야에 큰 공헌을 하신 박갑수 선생님이 바로 그 분이다. 박갑수 선생님은 이러한 업적과 공헌을 인정받아 2015년 세종문화상 학술 부문을 수상하셨다. 큰 축하를 드림과 동시에 선생님을 모시고 그간의 이야기와 앞으로의 이야기를 들어보았다.

퇴임 후에도 저술·단체 활동 등 노익장 과시

권창섭: 안녕하십니까. 건강은 어떠신지요?

박갑수: 네. 괜찮은 편입니다.

권창섭: 그간 국어학 및 국어 교육학 발전에 힘써 오신 공로로 올해 세종문화상을 수상하셨습니다. 축하드립니다. 그리고 소감을 여쭙고 싶습니다.

박갑수: 국어학 및 한국어 교육을 전공한 사람으로서 다른 상도 아닌 세종문화상 학술 부문을 수상하게 되어 매우 기쁘게 생각합니다. 받고 싶은 상이었습니다.

권창섭: 다시 한번 축하드립니다. 1999년도에 퇴임하셨지요? 퇴임 이후에도 바쁘게 지내신 것으로 알고 있습니다. 어떤 일을 해 오셨는지 궁금합니다.

박갑수: 바빴지요. 우선 현직에 있을 때 바빠서 정리하지 못했던 저작물들을

책으로 묶었고, 한국어 교육을 위한 비정부 기구(NGO) 활동을 많이 했습니다.

권창섭: 어떤 저서들을 펴내셨나요?

박갑수: 퇴임 이후 출판한 책이 세어 보니 7종 9책이더군요. 『국어 교육과 한국어 교육의 성찰』(서울대학교출판부, 2005), 『고전 문학의 문체와 표현』(집문당, 2005), 『한국어교육의 원리와 방법』(역락, 2012), 『한국어교육과 언어문화 교육』(역락, 2013), 『재외동포 교육과 한국어교육』(역락, 2013), 『한국인과 한국어의 발상과 표현』(역락, 2014), 『우리말 우리 문화(상·하)』(역락, 2014), 『재미있는 속담과 인생』(역락, 2015) 등입니다. 그리고 이번 11월에 『교양인을 위한 언어·문학·문화, 그리고 교육 이야기』가 나옵니다. 그러면 퇴임 이후의 저작이 총 8종 10책이 되겠네요.

권창섭: 대단하십니다. 저서를 그 정도로 내셨으면 학술 논문은 더 많이 쓰셨겠어요?

박갑수: 그렇습니다. 퇴임 이후 쓴 논문이 "남북한의 언어 차이와 통일정책" 외에 꼭 90편입니다. 정년 16년 만에 90편을 썼으니 많이 쓴 셈이지요?

권창섭: 저술 활동만 하신 것이 아니지 않습니까? 다른 활동들도 하시면서 10권의 저서에 90편의 논문이라니, 감히 상상하기도 힘듭니다. 또 어떤 일들을 하시며 퇴임 이후를 보내셨는지요?

박갑수: 이중언어학회, 한국언어문화교육학회 등의 학회장도 역임했어요. 재임하는 동안 한국 언어문화 선양을 위한 활동을 주로 하였고요.

권창섭: 지금은 임기가 끝나셨지요?

박갑수: 네. 끝난 지 오래되었죠.

권창섭: 비정부 기구 활동도 했다고 하셨는데, 좀 더 자세히 말씀해 주시면

감사하겠습니다.

박갑수: 한국의 언어문화를 국제화하는 비정부 기구의 간부를 맡아 연구와 연수 활동을 활발히 해 왔습니다. 구체적으로 말씀드리면 재외동포교육진흥재단의 상임 대표를 맡아 아프리카를 제외한 4대주의 많은 지역을 두루 돌아다니면서 특강과 연수 활동을 했고, 한국문화국제교류본부라는 곳의 이사장을 맡아 한국 문화 국제화 운동도 전개하였습니다.

권창섭: 한국 문화를 국제화하기 위한 활동을 구체적으로 말하면 어떤 것들이 있었습니까? 한국문화국제교류본부에서 하신 일에 대해 조금 더 듣고 싶습니다.

박갑수: 그 시작부터 말씀드리면, 미국의 각 중·고등학교에 '한국어'가 정규 교과 과목으로 편성될 수 있도록 하는 것이 처음의 목표였습니다. '한국어'만 정규 과목으로 채택하기에는 어려움이 있을지도 모르니 태권도와 함께 교과 과목으로 채택될 수 있도록 운동을 벌였습니다. 미국 내에서 태권도가 워낙 인기가 좋으니까요. 그런데 일을 진행해 보니 쉽게 이뤄질 만한 일이 아니었습니다. 그래서 더 큰 틀에서 국어와 한국문화를 선양하고 보급하는 쪽으로 운동의 방향이 바뀌었습니다.

권창섭: 가시적인 성과로는 어떤 것들이 있었습니까?

박갑수: 실질적인 결과물이라고 한다면 앞서 말씀드린 미국의 고등학교 교과 과정에 한국어를 채택하게 한 일인데, 사실 이는 몇 학교밖에 성공시키지 못했습니다. 대신 이 과정에서 한국에 대한 인식을 제고하는 성과들은 있었다고 생각해요. 그리고 태권도를 배우는 현지인들에게 한국어 교육을 병행하게도 하였습니다. 이 단체의 회원들을 위한 교육 활동도 많이 이루어졌습니다. 한국어와 한국 문화를 국외에 알리고 보급하기

위해서는 우리 스스로가 그에 대해 잘 알아야 하니까요.

권창섭: 지금은 주로 어떤 활동들이 이어지고 있습니까?

박갑수: 우리나라의 경제 상황이 좋지 않을 때, 우리의 인력들이 독일로 건너가 광부나 간호사 등으로 노동을 많이 했잖아요? 그 독일에 한국문화를 소개하고 또 서로 교류할 수 있는 장을 만들기 위해 노력하고 있습니다. '아리랑 파크'라는 이름으로 추진이 되고 있지요.

권창섭: 너무 연구와 대외 활동만 열심히 하신 것 아닌가 싶습니다. 여가는 즐기지 않으셨나요?

박갑수: 산에 오르는 것을 좋아해서 토요일마다 관악산에 오르곤 했습니다. 요즘은 거의 못 갔습니다. 근자에 백두산에 다녀온 적도 있어요. 작년에 다롄(大連)의 학술 대회에 참가한 후 단둥(丹東)을 거쳐 정상까지 올라갔지요.

문체론, 국어 교육학, 한국어 교육학 연구의 과정들

권창섭: 선생님께서 처음 국어학 연구를 시작할 즈음에는 한국어학계에 '문체론' 분야는 아직 미개척의 상태 아니었습니까?

박갑수: 그랬습니다.

권창섭: 그런데 어떻게 문체론이란 분야에 관심을 가지게 되셨나요?

박갑수: 일본학자 하다노 간지(波多野完治)의 『문장심리학 입문』이라는 책을 접한 것이 계기였습니다. 참 흥미롭더라고요. 여러 한국 작가들의 문학 작품들도 이러한 방법으로 분석해 볼 수 있겠구나 하는 생각이 들었습니다. 그래서 그의 『문장심리학 대계』(전 5권)라는 책을 보면서 문장심리학'

을 더 깊이 공부하기 시작했고요. 그러던 중에 1969년에 일본 정부 초청으로 1년 반가량 일본 유학을 할 수 있게 되었습니다. 그때 본격적으로 문체론 연구를 시작하였죠.

권창섭: 당시 학계의 반응은 어땠나요? '문체론'은 우리 학계에는 잘 알려져 있지 않았던 생소한 관점이었는데…….

박갑수: 일본 덴리대학(天理大學)에 조선학회라는 학회가 있습니다. 일본에서 가장 전통 있고 권위 있는 한국학 연구 학회이지요. 그곳에 글을 하나 발표했는데, ≪동아일보≫에서 그것을 취재해서 기사화하기도 하였습니다.

권창섭: 당시만 해도 역사언어학적인 관점이 주된 연구 방향 아니었습니까?

박갑수: 그렇죠. 국어사적인 연구와 음운론적 연구가 주를 이루었고 다른 측면의 연구는 상대적으로 관심이 덜했습니다. 상대적으로 문법에 대한 관심도 덜했고요. 그러니 의미나 문체에 대한 연구는 거의 없었던 상황이었지요.

권창섭: 문체 연구를 위해서 문학 작품도 매우 많이 읽으셨겠습니다.

박갑수: 그럼요. 제 연구의 제1차 자료가 문학 텍스트였으니까요. 특별히 제가 많이 읽은 텍스트가 삼성당에서 펴낸 '한국단편소설전집'이었습니다. 거기에 수록된 작가 100여 명의 작품을 보고 각자의 문체가 어떠한 차이가 있고 어떠한 개별적 특성을 가지고 있는지를 주된 연구 대상으로 삼았습니다.

---

1 일본의 언어학에서는 '문체론'이란 용어 이전에 '문장심리학'이란 용어를 더 흔히 사용했다고 한다.

권창섭: 작가마다 문체 차이가 있긴 하겠지만, 한국 소설 전반의 문체적 특성이라고 할 만한 것은 어떤 것이 있을까요?

박갑수: 오래전에 작업했던 내용들이니 지금 갑자기 기억나는 것은 많지 않습니다만, 한 문장의 글자, 음절 수가 평균 31자 정도였다는 것이 기억납니다. 중간값은 약 17자 정도였고요. 아주 길게 문장을 쓰는 작가들은 음절의 수가 200~300자를 넘는 경우도 있습니다.

권창섭: 내용 측면에서도 흥미로운 특성을 하나 말씀해 주실 수 있을까요?

박갑수: 소설에서 특정 인물이 나타날 때, 먼저 그 인물의 얼굴을 묘사하는 경우가 많습니다. 그런데 이 묘사하는 방법도 문화권마다 차이가 있어요. 먼저 서양의 문학 작품은 일정한 틀이 있습니다. 머리에서 이마로, 이마에서 눈썹으로, 그리고 더 아래로 내려가는 하향식 묘사가 전통적인 방식이죠. 한국 문학 작품들을 보면 이와 차이가 있습니다. 묘사에 전체적인 묘사와 분석적인 묘사가 있다면, 한국의 소설들은 전체적인 묘사가 중심이 되고요, 분석적인 묘사를 할 때는 눈을 중심으로 묘사를 하는 경우가 많습니다. 눈에서 그 사람의 특성이 가장 잘 드러난다고 보는 것이죠.

권창섭: 선생님의 저서들에서 더 자세한 내용을 볼 수 있는 것이죠?

박갑수: 네. 문체론과 관련해서는 7, 8권의 단독 저서를 냈습니다.[2] 학계에서는 제가 문체론을 도입, 정착시켰다고 과찬하지만, 남이 별로 관심을 가지지 않았을 때 손을 대어 약간의 저작물을 낸 것뿐입니다.

권창섭: 문체론뿐 아니라 국어 교육 분야에도 많은 공헌을 하셨습니다.

---

2   박갑수 선생의 문체론 관련 저서로는 『문체론의 이론과 실제』, 『한국방송언어론』, 『현대문학의 문체와 표현』, 『신문광고의 문체와 표현』, 『일반국어의 문체와 표현』, 『고전 문학의 문체와 표현』, 『한국인과 한국어의 발상과 표현』(출간 연도순) 등이 있다.

박갑수: 사범대학을 나왔고, 사범대학에서 근무하게 되어 국어학을 하면서 자연히 국어 교육에 관심을 가지게 되고 연구하게 되었죠. 1973년 방송통신대학 교재 『초등학교 국어 교육』을 공저한 것이 처음 국어교육 관계 저서를 낸 것이고, 이어 1975년에 『국어과 교육』에 평가를 집필하였습니다. 이후 『국어 교육』(1976), 『국어과 교육Ⅰ』(1982), 『국어과 교육Ⅱ』(1982)를 공저하였고, 2005년에 『국어 교육과 한국어 교육의 성찰』을 서울대학교출판부에서 냈습니다.

권창섭: 연구하고 저서를 내는 일 외에도 정책과 교재 개발 분야에서도 활동하셨지요?

박갑수: 문교부[3]의 교육 과정 심의위원 등 정책 결정에 참여했고, 국정 교과서 개발위원장을 맡아 고등학교 국어 교과서를 개발하기도 하였습니다. 1960년대 후반에는 방송통신고등학교가 설립되어서 그를 위한 국어 교과서를 개발하는 일도 하였고요. '국문법'과 '국문학사' 교과서도 개발하여 국정 교과서로 간행했습니다. 검인정 교과서 개발에도 참여를 많이 하였죠. 제가 참여해 개발한 중·고교 검인정 교과서만도 10여 종에 이릅니다.

권창섭: 국어 교육의 이론뿐 아니라 현장 교육의 발전에도 많은 공헌을 하셨네요. 교과서 이야기가 나온 김에 잠시 딴 길로 빠져 보겠습니다. 최근 국사 교과서의 국정화 논란이 뜨거운데, 국어과의 경우는 어떻게 생각하십니까?

박갑수: 국정화 시절부터 국어 교육계에서는 계속 국정화를 해지하고 검인

---

3   현재 교육부.

정 제도로 바꾸기 위한 노력들을 해 왔습니다. 그런 분위기가 무르익어 김영삼 대통령 때 검인정 제도로 바뀔 뻔했다가 안타깝게 성사되지 않았어요. 그 후에도 계속 건의를 하는 등 지속적인 노력을 해 근자에 검인정 제도로 바뀌게 된 것이죠. 마땅히 검인정 제도여야 합니다. 다양한 표현과 다양한 교육 방식이 공존해야 합니다. 소정의 교육 과정을 이수하였는지를 특정한 교과서 하나를 공부했는지로 평가할 수는 없지요. 특정한 교과서 하나로 어떤 능력이 길러질 수 있는 것도 아니고, 그래서는 안 되는 것이기도 하고요. 국어과를 국정 교과서로 환원한다는 것은 도저히 생각할 수 없는 일입니다.

권창섭: 재외 동포의 한국어 교육을 위해서도 많은 노력을 하셨습니다.

박갑수: 재외 동포는 한국 국적의 동포와 외국 국적을 가지고 있는 동포, 둘로 나눌 수 있습니다. 법적으로 전자를 교포 또는 재외 국민이라 하고, 후자를 외국 국적 동포라 하지요. 교포에게는 국어 교육을 해야 합니다. 그래서 재외동포교육진흥재단에서는 이들을 위해 해외 연수 교육을 많이 하였는데, 제가 상임대표로 있었기 때문에 당시 현지에 나가 특강과 연수 교육을 많이 하였지요. 또 이들을 초청하여 연수 교육을 하기도 했습니다. 해외에 있는 우리 후대들에게 좀 더 바람직한 우리말을, 그리고 보다 바람직한 교육을 하는 데 다소나마 일조를 하지 않았나 생각합니다.

권창섭: 외국어로서 한국어 교육(이하 한국어 교육)에도 일찍부터 관심을 가지고 업적을 쌓아 오셨는데, 어떤 일을 하셨나요?

박갑수: 1969년에 일본 정부의 초청으로 일본 유학을 갔다고 했지요? 그때 한국어를 전공하는 대학생들에게 한국어를 가르칠 기회가 있었습니다. 이후 한국어 교육의 필요성을 절감하고 이에 대한 연구와 교육에 정성을

쏟기 시작했지요. 나아가 이중언어학회 창립에 앞장섰고요. 또 외국의 대학에서 직접 강의를 하였습니다. 일본의 덴리대학, 스쿠바대학(筑波大學), 중국의 낙양외국어대학(洛陽外國語大學) 등에 초빙 교수로 가서 한국어와 한국학을 강의하였죠.

권창섭: 당시만 하더라도 한국어 교육뿐 아니라 다른 언어권에서도 언어 교수 이론이 많이 발달해 있지 않았을 듯한데요?

박갑수: 서양의 이론들은 있었지만 한국어에 특수화된 이론은 없었지요. 서양 이론을 연구하고 이를 한국어 교육에 접목해 보면서 한국어교육에 걸맞은 이론을 만들어야 할 텐데, 사실 아직까지도 새로운 무엇이 나왔다고 말하긴 힘듭니다. 서양 이론이 중심이 되고 거기에 플러스 알파를 하는 셈이지요. 계속 한국어 교육을 위한 적절한 방법론을 모색하는 과정이라고 할 수 있습니다.

권창섭: 한국어 능력 시험에도 많은 역할을 하셨지요?

박갑수: 현재 정부에서 치르고 있는 한국어 능력 시험이 있기 전에 일본에서 몇 차례 먼저 한국어 능력 시험을 시행하였습니다. 이후 한국 정부에서 한국어 능력 시험을 시행하게 되면서, 시작할 때부터 2005년까지 자문위원장직을 맡아 했지요.

권창섭: '서울대학교 사범대학 외국인을 위한 한국어 교육 지도자 과정'을 개설하는 데에도 주요한 역할을 하셨습니다.

박갑수: '서울대학교 사범대학 외국인을 위한 한국어 교육 지도자 과정'은 1996년 사범대학 학장을 설득해 과정 개설을 추진했는데, 대학 본부에서 비토당했습니다. 국어 교육과 한국어 교육의 차이를 모르는 본부에서 '지도자 과정'을 만들 필요가 없다는 것이에요. 그것을 만들면 질이 좋지

않은 사람이 들어와 서울대학교의 명예를 실추시킬 수도 있다는 말이었습니다.

마침 당시는 서울대학교 안의 여러 연구소나 특수 과정을 정리하는 때이기도 했고요. 저는 이미 교육개발원에도 원장에게 건의해 이 과정을 만들기로 합의를 본 바 있었는데, 교육개발원보다는 서울대학교에 개설하는 것이 더 바람직하다고 생각해 학장을 앞세워 재차 도전했습니다. 이러한 기구를 심의 의결하는 위원들을 꾸준히 설득했죠. 그렇게 재추진한 결과, 1997년 총장 승인을 받고 그해 5월 제1기 과정생 50명을 선발했습니다. 경쟁률은 3:1이었고, 응모생은 본부의 염려와는 달리 우수한 인재들이었습니다.

당시 신문에 광고를 내며 응시생의 조건으로는 외국어 한 가지를 할 수 있을 것, 표준어를 구사할 수 있을 것을 전제했습니다. 그래서 외국 유학생, 외국 경험자들이 많이 응모했던 것이고, 덕분에 질적으로 우수한 인재를 확보할 수 있었습니다. 이 과정은 다른 기관의 단기 연수와는 달리 1년이란 장기 과정으로 철저한 교육을 하였습니다. 이는 지금도 지켜지고 있습니다. 그리하여 서울대학교의 '지도자 과정'은 명성을 얻게 되었죠.

2015년 제19기생을 배출해 냄으로써 약 1,000명의 한국어 교육 전문가를 길러 낸 역사와 전통을 지닌 기관이 되었습니다. 이 과정에서 『외국인을 위한 한국어 교육연구』라는 논문집을 내고 있는데, 2015년 제19집이 나왔습니다. 그리고 놀라운 사실을 하나 알려 드리면 창간호부터 제19집까지 한 호도 거르지 않고, 제가 한국어 교육에 관한 연구 논문을 게재했다는 것입니다. 이는 기네스북에 오를 사실로 추단되고 있습니다. 2016년 20주년 논문집 제20호에도 글을 쓰려 합니다. 그러면 20편이 되지요.

2015년 10월 15일 간행된 제19집에는 "환경언어와 한국어권 커뮤니케이션-공간언어를 중심으로"를 발표했습니다. 이 논문은 중국 연변대 과기학원 인문과학연구소의 초청을 받아 학술 대회에서 10월 30일 발표하기로 되어 있습니다.

공감과 여유를 필요로 하는 국어 정책이 되어야

권창섭: 아무래도 사범대학을 나오시고 또 사범대학에서 재직하시다 보니 국어 순화에도 관심이 많으셨을 것 같습니다.

박갑수: 특별히 일본의 국어 순화 이야기부터 좀 해야 할 것 같은데요. 일본의 근대화 과정에서 가장 많은 영향을 미친 나라 중 하나가 바로 네덜란드입니다. 그러니 서양 문물이 자연스레 네덜란드어와 함께 들어올 수밖에 없었겠지요? 그런데 그 과정에서 일본에서는 그 문물의 이름이나 각종 개념을 가능한 한 번역 차용하려 애썼습니다. 그래서 이때 수많은 어휘가 새로 생겨나고 근대어가 형성되었지요.

차용은 크게 번역 차용의 방법과 원음 차용의 두 방법으로 나눌 수 있습니다. 구체적인 예를 하나 든다면 '전기(電氣)'를 들 수 있습니다. 이는 일본에서 서구어를 번역 차용한 것입니다. 의미를 생각하여 새로운 어휘를 만들어 낸 것이죠. 한편 중국에서는 이를 '월력(越曆)'이라는 한자로 만들었죠. 뜻과는 아무 상관없이 그 발음을 차용하여 단어를 만든 것입니다. 중국에서도 나중에는 결국 '월력(越曆)'을 버리고 일본의 '전기(電氣)'를 취하게 되었어요.

권창섭: 일본에서도 그 과정이 그리 순탄하지는 않았을 것 같은데요?

박갑수: 영어의 '위크(week)'에 해당하는 '주(週)'라는 한자어가 있지요? 일단 그 당시 일본에서는 7일을 기준으로 순회가 되고 그것이 한 주라는 개념 자체가 없었습니다. 그러니 당연히 용어도 없었겠지요. 그런데 그 '위크'라는 것을 '일주일(一週日)', '주(週)'란 것으로 번역 차용한 것입니다. 그 말이 얼마 만에 정착이 되었을까요?

권창섭: 저한테 질문하신 뜻은 매우 오래 걸렸다는 뜻이시겠죠?

박갑수: 반세기가 걸렸습니다. 50년이 걸렸어요. 그래서 외국어를 수용할 때는 번역 차용으로 해야 할 것이고, 그것이 수용되기까지에는 오랜 시간이 필요하니까 조바심을 해선 안 된다는 것이죠. 예전의 버스 승차권이었던 '토큰(token)'이란 것 아세요? 지금은 없어졌지만요. 이를 당시 국어심의회에서 '쇠돈'이란 말로 바꾸어 내놓았습니다. 그런데 이미 언중에게는 '토큰'이란 어휘로 굳어져 버렸던 것입니다. 이미 일반화한 어휘이니 새로운 용어를 내놓아도 먹혀들 리가 없는 것이죠. 따라서 외국어를 순화하기 위해서는 그 어휘가 정착되기 전에 순화 작업을 해야 할 것입니다.

권창섭: 정착되지 않은 '위크'를 대체하는 데도 50년이 걸렸다는데, 이미 굳어져 버린 '토큰'을 대뜸 대체할 수는 없었겠네요.

박갑수: 또 다른 예로 영국을 들 수 있습니다. 노르망디 공이 영국을 장악한 이후 영국의 언어가 계층별로 크게 달라집니다. 귀족과 상위 계층은 로망스어를 사용하고 일반 민중은 게르만 계통의 언어, 즉 지금의 영어를 사용하였죠. 지배 계급과 피지배 계급의 언어가 다른 이중 언어 구조가 된 것입니다. 그게 11세기 중반부터 14세기 중반까지 약 300년 가량 지속됩니다. 그동안 영어는 학문 용어나 정치 용어, 사교 용어 구실을

전혀 하지 못했죠. 사경을 헤맸다고 표현해도 과언이 아닙니다. 열등한 언어가 된 거예요.

그러다 1362년에 국회에서 영어로 개원을 하고 판결도 할 수 있도록 하는 안이 통과가 됩니다. 비로소 영어가 공식 언어로 등장하게 된 것이지요. 이후 셰익스피어 같은 대문호가 나와 영어의 위상을 높이고 또 순화와 고양을 위한 그들의 꾸준한 노력이 있었기에 오늘날과 같이 영어의 세계적 지위가 높아지게 된 것입니다. 이런 것이 우리가 배워야 할 점이라고 생각합니다. 지금의 영어에도 게르만 계통이 아닌 라틴 계통의 어휘가 3분의 2가 넘습니다. 우리와 비슷하죠. 한국어에도 한자어가 매우 큰 비중을 차지하고 있으니까요. 이런 한자어들까지 모두 순화하자는 말은 아닙니다. 하지만 새로 들어오고 있는 서구 계통의 외국 어휘들은 순화해야만 할 필요가 있죠. 이런 생각들로 일찍이 국어 순화 운동에 뛰어들었고, 국어 순화에 관한 책도 여럿 낸 바 있지요.[4]

권창섭: 저서 집필 외에도 다양한 형태로 국어 순화 운동에 앞장서셨습니다. 어떤 활동들이 있었죠?

박갑수: KBS 한국어연구회 자문위원을 맡아 전국 주요 도시의 교사를 대상으로 국어 순화 강연을 하였고 이런저런 방송 활동도 많이 했습니다. KBS, MBC, SBS, 동아방송, 평화방송 등 거의 모든 방송국에 <우리말 바른말>과 같은 종류의 프로그램이 있었어요. 그런 방송들을 통해 국어 순화 운동을 전개했어요. 하도 방송 활동을 많이 하다 보니, 은사이신

---

[4] 『우리말의 허상과 실상』(1983), 『국어의 표현과 순화론』(1984), 『국어 오용과 순화』(1984), 『광고 언어의 사용 기준』(1993), 『우리말 바로 써야 한다(1, 2, 3)』(1995), 『민사소송법의 순화 연구』(1997), 『아름다운 우리말 가꾸기』(1997) 등.

심악 이숭녕 선생님께선 "방송은 갑수만 하는가 보다."는 농담도 하셨어요. 전에 한갑수 선생이 방송을 많이 했거든요.(웃음) 이외에도 문체부의 국어 심의위원, 표준어 사정위원으로 참여해서 국어 순화와 바른 언어생활을 위한 활동을 하였고, 방송 심의위원, 광고 심의위원으로 참여해서 매스컴 언어를 순화하는 데에도 기여했습니다. 1993년에는 문체부[5]의 의뢰를 받아 우리말을 오염시키는 광고 언어를 바로잡기 위한 "광고 언어의 사용 기준"을 마련한 적이 있는데, 이는 뒤에 광고 심의 기준으로 원용되었습니다.

권창섭: 최근 서구권에서 들어온 외국어 어휘에 대해 순화 작업을 꼭 해야 하는지에 대한 비판의 목소리도 높습니다. 이미 정착된 어휘들도 많을 뿐더러 내놓은 순화어들이 해당 외국어 어휘의 역할을 잘 대체하지 못하는 경우들도 많잖아요? 그래서 실패하는 경우가 대다수 아니겠습니까? 그런데도 국어 순화가 계속 이어져야 할 정당성과 당위성에 대해 설득력 있는 목소리가 있어야 할 텐데 잘 접해 보지 못한 것 같습니다.

박갑수: 외래어나 외국어 어휘가 들어오는 경우를 크게 두 가지로 나눠볼 수 있습니다. 하나는 필요적 동기에 의한 것이고, 다른 하나는 위세적 동기에 의한 것입니다. 필요적 동기라 함은 서구의 문물이 들어올 때 함께 들어온 것으로 필요해 쓰는 것이지요. 위세적 동기에 의한 것은 그런 것이 아닙니다. 대체할 수 있는 우리 어휘가 있어요. 그런데도 자신을 과시하기 위한 수단으로 불필요하게 외국어를 사용하는 경우예요. 예를 들어 "연구해 보겠습니다."라고 하면 될 것을 "스터디해 보겠습니

---

5 당시는 공보처.

다.", 혹은 "리서치해 보겠습니다."와 같은 식으로 말하는 겁니다. 요즘은 이런 위세적 동기로 들어온 외국어 어휘가 많단 말이죠. 꼭 필요한 경우, 그리고 대체할 수 있는 우리말 어휘가 없는 경우는 외래어, 외국어를 그대로 쓸 수밖에 없습니다. 그런 것들이 국어 순화의 범위에 포함되는 것은 아닙니다. 그러나 위세적 동기에 의한 것, 우리말에도 그에 해당하는 어휘가 있는데도 굳이 외국어 어휘를 사용하는 것들은 지양해야겠지요. 국어 순화의 움직임이 단순한 애국심의 발로가 되어서는 안 됩니다. 일본에서 쓰는 말이라고 다 배격해야 한다는 식의 접근은 안 되는 것이지요. '결혼(結婚)'이란 말은 일본에서 들어온 한자어이므로 쓰면 안 되고 우리말인 '혼인(婚姻)'을 써야 한다는 것이 좋은 예가 되겠네요. 그렇지가 않습니다. '결혼'이란 말은 『삼국유사』에 이미 등장하는 한자말입니다.

권창섭: '야채(野菜)'도 비슷한 경우겠네요. 그것은 일본에서 온 말이므로 우린 '채소(菜蔬)'라고 해야 한다는 말들이 있었죠?

박갑수: 네. 그렇죠. '야채'도 조선 이전부터 써 오던 말입니다. 그런데 '결혼'이나 '야채'나 마침 일본에서도 쓰고 있을 뿐이지요.

권창섭: 저도 국어 순화를 위한 활동은 계속되어야 한다고 생각합니다. '동아리'나 '댓글', '누리꾼'과 같은 분명한 성공 사례도 있으니, 근시안적인 시각으로 바라봐서는 안 될 것 같습니다. 아까 일본의 '일주일', '주'와 같은 사례를 말씀해 주셨듯 단기간에 이뤄지는 일은 아니니 조금 넉넉한 마음으로 지켜볼 필요가 있다고 생각됩니다.

박갑수: 네. 기다림이 필요합니다. 조급함을 버리고 여유를 가질 필요가 있지요. 물론 그 과정에서 적절한 대체 어휘를 내놓는 것이 중요합니다. 언중이 받아들이기 어려운 안을 내놓아선 될 일도 안 되겠지요. 언중이 충분

히 공감할 수 있을 만한 대체 어휘를 내놓는 것이 가장 우선해야 할 과제입니다. 지금은 사그라들었지만 한때 영어 공용화론도 있지 않았습니까? 받아들일 수 없는 의견이죠. 앞서 말한 영국도 그랬듯이 그렇게 되면 영어를 쓰는 계층과 한국어를 쓰는 계층이 자연스레 분리되고 거기서 갈등이 발생하게 됩니다. 동시에 상류 지향 의식이란 것이 존재하기 때문에 다들 영어를 지향하게 되고 한국어는 쇠퇴하게 되겠지요.

권창섭: 외래어 및 외국어의 순화도 중요하겠지만 언중과 가장 직결한 문제가 너무 어렵고 알아듣기 힘든 공공 언어의 순화 아니겠습니까? 그 분야에서도 활동하신 것으로 알고 있습니다만…….

박갑수: 불과 몇 년 전까지만 해도 공공 언어에는 일본어를 직역해 놓은 어휘들이 많았습니다. 우리말에서는 쓰지도 않는 표현들이 산적해 있었죠. 이에는 어휘 차원의 교정이 아닌 문장 차원의 교정이 필요합니다. 저는 법제처의 정책자문위원으로 법률 제정에 참여하여 순화된 국어를 쓰도록 한 바 있습니다. 언중과 가장 밀접한 법이 민사와 관련된 법일 텐데, 대법원의 위탁을 받아 민사소송법을 순화하는 작업도 하였습니다. 민사소송법이 일본어에 찌들어 있었는데, 제가 마련한 순화 작업이 바탕이 되어 새로 개정된 바 있습니다.

권창섭: 한자 교육에 대해서는 어떤 생각을 가지고 계십니까? 최근에 한자 교육이 부활하려는 모습인데요.

박갑수: 반세기만에 한자 교육이 부활되려 하죠. 정부에서 2018년부터 교과서에 한자를 병기하겠다는 정책을 발표했으니까요. 이러한 정책에 반대하는 움직임도 있기 때문에 시행 여부는 불투명합니다. 한자 교육 그 자체를 하느냐 마느냐의 문제로 볼 것이 아니라 국어 교육에서 한자 교육

이 필요하냐 그렇지 않냐가 현안입니다. 찬반의 양론이 있을 수가 있는데 저의 생각은 해야 한다는 쪽입니다.

권창섭: 어떤 이유에서입니까?

박갑수: 국어에는 동음이의의 한자어들, 그리고 음운 변동에 의한 동음이의의 한자어들이 아주 많습니다. 그러므로 국어 생활의 혼란을 막고, 문식성(文識性)과 변별성(辨別性)을 증대하기 위해 국어 교육에서 한자 교육이 수행될 필요가 있어요. 독서 능력을 향상시키는 좋은 방법일 뿐 아니라 국어의 학습 효과도 촉진하므로 한자 교육은 필요합니다. 또한 전통문화를 계승하고 한자 문화권의 공동 발전을 위해서도 필요하다고 볼 수 있고요. 한자어에는 지적 개념을 나타내는 어휘가 많기 때문에 지적 개념을 많이 습득하고 이해하려면 한자와 한자어를 많이 익힐 필요가 있습니다. 실제로 많은 국민이 한자 교육을 지지하고 있는 것도 이유라 할 수 있지요. 근래의 여론 조사에 따르면 많은 시민이 한자 교육을 찬성하고 있어요. 한자 교육의 필요성이 이론상 타당하고 여론이 찬성하고 있으니 실시하지 않는 것이 오히려 이상한 일이지요. 게다가 앞으로 중국이 더욱 부상하고 한중 교류가 많아지면서 한자 사용의 경향은 자꾸만 강화될 것입니다. 이러한 추세를 감안해서라도 한자 교육은 수행되어야 마땅합니다.

언어의 내용뿐 아니라 형식에도 관심을 가져야

권창섭: 지금까지 말씀하신 대로 한국어의 문체 연구, 국어 교육학, 한국어 교육학 등 여러 분야에 깊고 넓은 업적을 남기셨는데요, 현재 후학들의

연구와 관련하여 제언해 주실 말씀이 있으면 부탁드립니다. 문체론 연구와 관련해 아쉬운 부분이나 격려하고 싶은 점 등을 먼저 말씀해 주십시오.

박갑수: 제가 문체론을 도입, 정착시켰다고는 하나 아직까지도 문체론 연구자가 많지 않습니다. 그것이 우선 안타깝습니다. 학점 제한으로 많은 대학교에서 과목 개설을 잘 하지 않기 때문입니다. 모든 사물은 형식과 내용이 있게 마련입니다. 언어문화도 마찬가지죠. 언어문화의 경우에도 내용과 주제가 있고, 표현 형식이 있습니다. 그런데 우리는 내용과 주제 연구에 주로 관심을 두고 표현 형식은 등한히 하는 것 같습니다. 그러나 형식이 없는 내용은 있을 수 없습니다. 노벨문학상을 받은 가와바타 야스나리(川端康成)도 일본의 문인들이 형식을 등한히 하는 것을 같은 맥락에서 안타까워했습니다. 우리도 언어문화의 내용과 주제뿐 아니라 표현 형식에 더욱 관심을 기울일 필요가 있습니다.

권창섭: 문체론이나 문장론은 확장성도 높은 분야일 것 같은데요. 글쓰기 교육이나 말하기 교육 영역으로 응용될 수 있는 중요한 교집합을 가지고 있는 연구 분야라 생각됩니다. 국어 교육학과 관련해서는 어떤 아쉬운 부분이나 격려하고 싶은 점이 있을까요?

박갑수: 국어 교육학은 그간 많은 발전을 했습니다. 국어 교육학의 1세대는 본격적으로 국어 교육을 연구한 사람이 아닙니다. 국어학을 하며 국어 교육은 덤으로 하였지요. 그런데 지금은 본격적으로 국어 교육을 전공한 학자들이 많이 배출되고 있습니다. 국어 교육의 내일을 위해 바람직한 현상입니다. 그런데 국어 교육계의 현실을 보면 실용 교육, 커뮤니케이션 교육이 제대로 되는 것 같지는 않습니다. 현재 국어 교과에서 '말하기, 듣기, 읽기, 쓰기'에 대한 교육이 있긴 하지만 커뮤니케이션은 또 다른

층위의 문제이거든요. 커뮤니케이션이 무엇입니까? 주고받는 것이잖아요. 그러므로 앞으로는 실용 교육, 커뮤니케이션 교육을 제대로 할 수 있도록 국어 교육이 발전해 나가야 합니다.

권창섭: 그 말씀을 듣고 과거를 돌아보니 저 역시도 말하기와 듣기, 읽기와 쓰기를 개별적으로 학습했다는 생각이 듭니다. 그 당시에도 말하기와 듣기가 아니라 왜 둘을 따로 떼어 놓고 공부를 해야 할까 하는 생각을 어렴풋이 한 것 같아요.

박갑수: 그럼요. 그렇게 고리를 지어 연계되어야 커뮤니케이션이고 국어 교육이죠. 어떤 자극이 있고 거기에 대해 반응하는 것이 대화 아니겠습니까? 지금의 국어 교육은 그 고리를 교육하지 않고 그저 말하기 기능, 듣기 기능, 읽기 기능, 쓰기 기능을 교육하고 있는 셈이죠. 더 나아가서는 이런 커뮤니케이션 속에서 비판적 사고와 논리적 사고가 발현됩니다. 그런데 비판적 사고, 논리적 사고 등 사고의 수준을 함양시키기 위한 교육 과정도 미진합니다.

권창섭: 주어진 내용을 얼마나 수용하고 이해했느냐 하는 것이 주된 평가의 기준이 되고 있으니까요. 이제 한국어 교육학과 관련된 얘기를 들어보겠습니다.

박갑수: 한국어 교육학은 역사는 짧지만, 빠르게 본궤도에 올라섰다고 생각합니다. 한류와 더불어 많은 발전을 하였지요. 언어 교육은 곧 문화교육입니다. 더구나 외국어 교육은 더더욱 그렇죠. 그래서 외국어 교육은 첫 시간부터 곧 문화 교육이기도 합니다. 언어는 '문화의 색인'이라는 말도 있듯, 언어가 문화를 반영하기 때문이지요. 문화를 모르고서는 진정한 언어를 이해할 수 없습니다. 앞으로 한국어 교육에서도 문화교육적 측면

이 많이 도입되기를 바라는 마음입니다. 그래야 한 개의 어휘를 배우더라도 문화적 배경과 함께 배움으로써 그 어휘의 의미를 제대로 이해할 수 있고 효과적으로 사용할 수도 있게 될 겁니다. 그렇다고 해서 언어문화 교육을 일방적인 형태로 추진한다면 오히려 역효과가 납니다. 상호 교류하는 교육이 되어야겠지요. 특히 다문화가정의 교육이 그렇습니다. 문화를 상호 교류할 때 서로 친근해지고, 이웃이 되고, 형제가 될 수 있는 것이지요. 인생은 홀로 사는 것이 아니고, 협동하며 사는 것이듯, 국가 간의 관계도 마찬가지입니다.

권창섭: 앞으로의 계획이나 목표에 대해 듣고 싶습니다.

박갑수: 건강이 허락된다면 앞으로 하고 싶은 일들이 몇 가지 있습니다. 첫째, 한국어 교육 총서로 3권을 이미 출간한 바 있고, 그보다 전에 한국어 교육 관련 서적을 1권 낸 바 있어 총 4권의 한국어 교육 관련 저서를 냈습니다. 거기에 『한국 언어문화와 한국어 교육』이라는 제목의 책을 내서 다섯 권으로 총서 시리즈를 마무리할까 싶습니다. 그리고 어느 출판사에서 전집을 내주겠다는 제의가 있었어요. 확실한 답변을 해 놓은 상태는 아니지만 그래도 그간 발표한 논문들을 묶는 작업을 차근차근 진행해 보려 합니다. 우선 내년에는 『국어 순화와 법률』이라는 제목의 책을 낼 수 있지 않을까 싶습니다.

셋째로는 제가 할 수 있는 한 꾸준히 하고 싶은 일인데요, 언어와 문화 사이의 관계, 특히 어휘에 반영된 문화를 고구하는 작업을 계속할 생각입니다. 마지막으로 1~2년 내에 『재미있는 곁말 기행』이란 책을 내려 합니다. '곁말'이란 우리 고유한 수사법인데 그동안 이를 연구 수집하여 잡지에 계속 발표해 왔습니다. 『월간 중앙』에 '곁말의 재미'라고 하여 연재한

적이 있고, 지금은 『한글+한자문화』에 '곁말 기행'이라고 하여 3년을 연재해 왔습니다. 곧 400~500여 쪽의 책으로 묶어 출판할 수 있을 것 같습니다.

권창섭: 꾸준한 연구 계획을 앞두고 계시네요. 존경스럽고 또한 부럽기도 한데요, 한편으로는 건강을 해치지는 않을까 염려됩니다. 좀 더 여유를 누리고 여가를 즐길 계획은 없으십니까?

박갑수: 제 아내도 이제 할 만큼 했으니 좀 쉬라는 이야기도 많이 합니다. 책 한 권 더 낸다고 얼마나 더 훌륭한 학자가 되겠냐고 하는데……. (웃음) 제가 하던 일이 이것밖에 없으니 앞으로도 이런 걸 계속할 수밖에 없지 않겠습니까? 물론 조금 쉬어 가면서 할 필요는 있겠죠.

권창섭: 원래 활동해 오시던 비정부 기구 활동도 계속할 예정이십니까?

박갑수: 고문으로 물러났으니 실질적인 활동은 이제 접었다고 봐야죠. 다음 세대가 실질적인 작업들을 하고 저는 가끔 필요할 때 조언하는 정도가 될 겁니다.

권창섭: 오랜 시간 흥미로운 말씀 잘 들었습니다. 감사합니다. 다시 한번 세종문화상 수상을 축하드립니다.

박갑수: 저도 즐거웠습니다. 오랜 시간 수고하셨습니다.

2부

남천南川의
큰 숲 이야기

남천南川 박갑수朴甲洙 교수님과의 반세기半世紀

이석주李奭周
한성대 한국어문학부 명예교수, 국어교육과 60학번(17회)

   모교 국어교육과 11회 선배이신 남천 박갑수 교수님은 1969년 3월에 모교에 교수로 부임하셨다.

   곧 일본 정부 초청으로 일본 텐리(天理)대학에서 문체론을 연구하시는 한편 조선어학과 학생에게 한국어 강의를 하셨다. 남천 선생님께서 문체론과 함께 한국어교육을 전공하시게 된 계기가 되었다고 하셨다.

   이후 남천 선생님께서는 모교에서 문체론과 한국어교육을 강의하시며 문체론과 한국어교육에 관한 독보적인 연구서를 저술하기 시작하셨다. 객원교수로서 일본 쓰쿠바(筑坡)대학, 텐리(天理)대학, 중국의 루오양(洛陽) 외국어대학에서 외국어로서의 한국어교육을 강의도 하셨다.

   한국어교육과 관련하여 특히 국어교육연구소가 독자적인 기관으로 설립하는 데에 주도적 역할을 하셨고 이에 못지 않은 큰 업적은 대학에 "외국인을 위한 한국어교육 지도자 과정"을 설치하게 하신 일이었다.

   "외국인을 위한 한국어교육 지도자 과정"의 설립이 필요한 것인지 설립이 되더라도 우수한 학생들이 지원할 지 의문이라며 부정적인 생각을 가진

2부 남천南川의 큰 숲 이야기 151

본부 심의위원들에게 남천 선생님께서는 설립 취지를 이해시키고 설득하여 이 과정을 통과시켜 1997년부터 신입생을 선발하기 시작하게 되었다.

2000년대에 들어오면서 지금까지 계속 전세계에는 한류가 불길처럼 번지며 우리나라의 영화, 드라마, 음악, 음식 등 대한민국의 모든 것에 대하여 세계가 관심을 가지게 되었다. 따라서 한국에 대해서 더 깊이 알려면 결국 한국어를 알아야 하니 당연히 한국어를 배우고자 하는 외국인이 폭발적으로 증가하게 되었다. 이들의 욕구를 충족시키기 위한 한국어 교육 지도자가 절실하게 필요해졌다.

바로 이 외국인을 위한 한국어교육 지도자 과정은 이를 선제적으로 해결해 준 가장 뛰어난 장치였다. 이는 닥쳐서 허둥대지 않고 여유 있게 문제를 해할 수 있게 한 남천 선생님의 앞을 내다보신 업적이다.

나는 1964년에 대학을 졸업한 후 공군에 입대하여 훈련 4개월, 임기 48개월, 연장 2개월(1968.1.21. 공비 김신조 청와대 습격 사건) 총 54개월을 복무하고 제대한 후 서울 영동고등학교에 근무 중 1973년에 대학원 석사 과정 입학했다. 이 시기에 선생님께서는 주로 일본을 오고 가시며 연구하고 계셨기에 대학원에서 강의를 들을 기회도 없을뿐더러 선생님을 뵈올 수도 없었다.

대학원에서 의미론에 목표를 두고 이용주 교수님의 지도를 받으며 공부를 하는 중 의미 분야 논문에서 남천 선생님께서 쓰신 글을 읽고 몇 가지 가르침을 받고자 뵌 적이 있었다. 이때 남천 선생님을 처음 뵈었는데 그게 1970년대 중반쯤이었던 걸로 생각이 든다.

온후하고 자상하신 성품과 깊이 있는 학문에 마음이 쏠려 그 후 중앙대 이주행 교수, 경찰대 박경현 교수, 모교 민현식 교수와 함께 선생님과의 빈번한 만남이 돌아가실 때까지 이어졌다.

  남천 선생님의 영향으로 문체론에 흥미를 갖게 되어 주로 선생님의 논문과 가르침으로 공부를 하면서 문체론 분야의 논문을 여러 편을 썼다. 그 후 우리나라 신문기사 문장의 변천을 통시적으로 연구하여 선생님과 "신문기사의 문체"(한국언론연구원)라는 연구서를 같이 내기도 하였다.

  30년은 지난 옛날 이야기이다. 한번은 남천 선생님과 모 방송국 중견 PD와 연결이 되어 남천 선생님을 모시고 그를 만난 적이 있었다. 그는 외국어로서의 한국어교육 및 그 지도자 양성이 필요하다는 남천 선생님의 글을 읽고 선생님과 그 양성 기관 설립을 의논하고 싶다고 했다. 그와 얘기를 해 본 결과 그는 방송 분야 일을 하면서 오랫동안 한국어교육 진흥에 관해 많은 연구를 해 왔고 한국어교육 발전을 위한 구상과 설계를 하고 있었다. 여러 번 만나면서 사업을 추진하기로 합의하고 대외적인 업무(방송, 교육장, 홍보)는 그분이 맡고 대내적인 업무(교육, 교원)은 남천 선생님께서 맡아 준비하기로 했다. 얼마 되지 않은 한 달쯤 후인가 충분히 준비되지도 않은 상태인데 준비회의에서 그는 사전에 상의도 없이 100명도 넘는 각계 인사들로 채워진 거창한 조직표를 작성하여 팸플릿을 만들어 왔고 남천 선생님도 모르게 입학 모집 공고를 내어 신청서를 접수하기까지 했다. 선생님과 우리는 어찌된 영문인지 어리둥절한 상태였다. 무엇이 잘못되어 가고 있다는 생각이 들어 상황을 파악해 본 결과 남천 선생님께서는 이 일을 통해 한국어의 교육과 보급을 하는 데에 중점을 둔 반면 그는 이 일을 통해서 자금을 확보하는 데에 중점을 두고자 했던 것이다. 이 사업은 이래서 주저 앉았고 입학 신청을 했던 학생들의 고소로 경찰 수사 결과 그가 저지른 일이고 남천 선생님 파트는 잘못이 없다고 결론이 났다. 남천 선생님께서는 한국어교육에 대한 열정으로 시작했는데 이를 제 잇속을 채우려는 사람이 이용하려고 해서 남천 선생님께서는 매우 속상해 하셨다.

남천 선생님은 학문의 넓이와 깊이에서도 견줄 수 없는 업적을 남기셨다. 단독 저서가 32종, 36권이고, 논문이 약 240여 편이 된다. 이 밖에 공저와 편저가 15종 약 30권이 있고, 중고 교재가 14종 20여 권이 있다.

2021년 9월에 남천 선생님께서 『우리말의 어원과 그 문화』를 보내주셨다. 제목에서 알 수 있듯이 어원과 그 말이 탄생한 문화적 배경에 대한 연구서이다. 남천 선생님의 넓고 깊은 평생 연구의 집약이라고 할 수 있다. 이제 이 책을 끝으로 남천 선생님의 66번째 단독 저서가 마감이 되었다.

선생님께 가르침을 받았던 오랜 시간들, 선생님과 산을 오르던 일. 선생님을 따라 국내외 학회에 참석했던 일, 따님이 서울대에 합격했다고 그토록 기뻐하시던 모습.

남천 선생님께서 떠나신 후 선생님과 같이 했던 시간이 새삼 그리워지며 뵈올 때면 빙긋이 미소지으시던 선생님의 다정하신 모습을 지금도 나는 잊지 못한다.

기회를 주신 朴甲洙 선생님

한철우 韓哲愚
한국교원대 국어교육과 명예교수, 국어교육과 67학번(24회)

작년 11월 중순에 추모문집을 위한 글을 청탁하는 요청을 받았다. 또 이 문집을 주관하는 민현식 교수께서도 글을 요청하는 메시지를 보냈기에 일단 "최대한 노력하겠습니다."라고 답을 보냈다. 그런데 내가 국어학을 전공한 사람도 아닌데 하는 망설임이 솔솔 일어났다. 전공이 국어학이 아니지만 그래도 선생님과의 인연이 없지 않아서 지난 일을 더듬어 짧은 글이라도 올려 선생님을 추모해야겠다 생각했다.

코로나 전에는 한동안 이충우 교수와 선생님을 모시고 서너 달에 한 번 점심 모임을 가졌었다. 선생님은 충청도 양반 스타일로 기억된다. 말씀도 그렇거니와 잘 생기신 외모에 소위 영국 신사의 단정한 모습이셨다. 퇴임 후이신데도 일 년에 한두 권의 책을 쓰셨고 그 책을 받을 때마다 나는 따라갈 수 없는 길이라 경외감도 느꼈었다.

학부 시절에는 사대부고에 근무하시면서 강사로서 강의하셨기에 가까이 모실 기회는 없었다. 그리고 나는 졸업을 하였고 오랫동안 세상을 여기저기 전전하고 헤매느라 선생님을 뵐 기회는 없었다. 학부 졸업 후 10여 년에 대학원을 다니면서 선생님의 강의를 들었으나 문학교육 전공이라 가까이 뵐 수는 없었다.

한국교원대학교에 재직하던 어느 날 새로 생긴 고등학교 '독서' 교과서를 같이 만들지 않겠느냐고 제안을 해오셨다. 내가 독서 교육 전공자였으나 내가 교과서를 개발한 적이 없었기에 어느 출판사에서도 나에게 먼저 제안한 적이 없었다. 더구나 그때만 해도 지학사(志學社)는 교과서 출판에서는 선두 주자였기에 박 교수님께서 중요 저자이셨었다. 그런데 나에게 같이 독서 교과서를 만들자고 하시면서 나는 잘 모르니 한 교수가 전적으로 알아서 개발하라고 하셨다. 한국교육개발원에서 교과서 개발 경험이 없는 것은 아니었지만, 그때는 교과서 체제를 내가 구상해 본 것은 아니어서 두려움이 없지 않았다. 1995년 초였을 것이다.

이때 제6차 교육과정의 독서 교과서 단원 체제는 당시의 국어교육 이론이면서 독서교육 이론이었던 과정 중심, 학습자 중심, 토의 중심 이론을 반영하여 만들었다. 그래서 읽기 전, 읽기 중, 읽기 후, 함께 생각하기의 기본 체제로 구체화하고 독서 교과서를 개발하였으며 제일 많이 채택되어 비교적 큰 성공을 거두었다.

이런 과정 중심 단원 체제는 새로운 것이었다. 그때까지 국어 교과서는 제3차 주제 중심, 제4차 장르 중심, 제5차 목표 중심 단원 구성이었고, 그러나 제5차 국어 교과서에서도 과정 중심 이론이 단원 체제로서 반영되지는 못하였다. 당시의 과정 중심, 학습자 중심 이론의 확산을 위해서는 교과서 개발의 혁신이 절실하였다.

그로부터 5년 후, 나는 한국교원대학교에서 제7차 중학교 국어 교과서도 개발하게 되었다. 이 국어 교과서는 교육부 공모제로 개발되었다. 나는 독서 교과서 단원 체제를 바탕으로 읽기 전중후의 과정 중심, 학습자 중심, 자기 점검, 사회구성주의와 토의·협동학습 등의 이론을 반영하여 공모 기획안을 만들고, 고려대 측에 함께 참여할 것을 제안하였다. 모교인 서울대 국어교육과에서도 응모할 계획이라는 얘기를 듣고는 다소 긴장하였기에 그리한 것이었다. 다행히 우리가 채택되어 공동 개발하게 되었다.

나는 사실 국어 혹은 독서와 문학 과목 등의 교과서 개발은, 국어교육 학습이론을 학교 현장에 확산하기 위해서 매우 중요하다고 생각하고 있었다. 대학에서 앞으로 교사가 될 학생들을 가르치고 그들이 학교 현장에 나가 언어 학습이론을 적용하여, 국어를 가르치기를 기다릴 수도 있다. 그러나 내가 가르치는 학생의 숫자는 극히 제한적일 뿐 아니라 세월이 많이 걸릴 것이다. 최신 언어 학습 이론을 반영하여 국어, 독서, 문학 교과서를 잘 만든다면, 일거에 국어교육의 혁신을 가져올 수 있다고 생각하였기에 국어 교과서 개발에 정성을 기울였다. 그 첫걸음의 기회를 박갑수 교수님께서 나에게 주신 것이다. 새삼 더욱 감사의 말씀을 드리고 싶다.

나는 그 후에도 비상(비유와 상징) 출판사에서도 고등학교 독서 교과서와 문학 교과서를 개발하였는데, 교과서 단원 체제는 앞의 교과서 체제를 그대로 따랐다.

박갑수 교수님은 일 년에 한 권씩 책을 내시곤 한 적이 있다. 아마도 퇴임하시고 몇 년 동안이었던 것으로 기억된다. 가끔 선생님과 오찬을 할 때 책을 주시곤 했다. 그때마다 나는 과연 책을 쓸 수 있을까 하는 생각도 하였고, 그냥 쉬고 싶다는 생각도 하곤 하였다. 정작 퇴임을 하고 나니 한동안은 무엇을 할지 몰라 방황하곤 하지 않았나 생각된다. 그러다가 고등학교 교과서 개발에 몇 년을 매달리게 되었고, 그 후 간간이 듣던 클래식 음악을 더욱 즐기게 되었고, 메이저 리그 야구와 미식축구 보는 데 재미를 붙이게 되었다. 책을 쓰는 일이 보통 일인가. 한때는 책을 써 볼까도 생각해 보았지만 아무나 되는 일이 아니었다.

　요즘 친구들을 만나는 모임에 가면 이런저런 얘기를 나누다가 마지막에는 큰 병으로 고생하지 않고 갑자기 저세상에 가고 싶다는 말을 많이 한다. 유명한 가정의학과 교수이면서 방송인으로 활동하는 윤방부 교수는 너무 오래 살 생각하지 말라, 건강하게 살다 점잖게 가라고 말을 한다. 그런데 그걸 바라지 않는 사람이 어디 있겠는가? 맘대로 안되니까 문제이지. 박갑수 선생님은 그야말로 소리소문 없이 저세상으로 가셨다. 90세를 넘으셨으나 선생님의 건강으로는 몇 년 더 사셨어야 하는 아쉬움이 크지만 그야말로 떠나실 때에도 모범을 보이신 것이 아닌가 한다. 나도 이제 80을 바라보니 어느 때 가더라도, 감히 바라건대 갈 때만이라도 선생님의 모습을 따르고 싶을 뿐이다. 끝으로 선생님의 영전에 모차르트의 레퀴엠(명복을 비는 挽歌)을 올리면서 선생님의 평화로운 영면을 기원한다.

아직 못 들은 노래
―남천 박갑수 선생을 기억하며―

우한용 禹漢鎔
서울대 국어교육과 명예교수, 국어교육과 68학번(28회)

남천 선생과 맺은 인연은 내 생애 이력에 점점이 흩어져 있다. 일관된 맥락이 서지 않기 때문에 기억에 명멸하는 대로 서술하고자 한다.

이런 표현은 어떠한가. (故)박갑수 선생님.
글을 쓸 때 모든 서술은 현재의 서술이다. 돌아가신 분을 이야기하면서 지금도 살아 있는 것처럼 쓰기는 불편했던 모양이다. 그래서 예스럽게 함자 앞에 고故자를 붙인다. 글의 앞머리에는 '故자'를 붙여 살아 있는 사람이 아니라는 것을 표시한다. 그런데 이를 반복하는 것은 과도히 형식적이다. 지금 내 기억에 살아 있어서 내 글에 현현하는 대상에 계속 고자를 붙이는 것은 번거롭다. 그리고 실감이 적다. 이 글에서는 한두 번만 고자를 붙이고 이하는 고자를 안 붙이기로 한다.

전에 친구 몇이서 남천 선생을 모시고 식사를 한 적이 있었다. 선생께서는 당신의 저서를 가지고 와서 서명을 해 주셨다. 선생은 글씨가 시원시원하고 약간 글자를 오른쪽으로 기울여 쓰곤 한다. 나는 선생께서 서명하는 모습을 찬찬히 쳐다보고 있었다. '우한용 교수'까지 쓰고는 아주 짧은 시간 멈칫하다가는 '쓰는 김에' 하는 표정과 태도로 '님'자를 붙여 주셨다. 제자에게도 님자를 안 붙이기가 망설여지는 것이다. '님'자는 호칭에 한하여 쓴다. 지칭에는 '님'자를 쓰지 않고 조사와 서술어미를 통해 존경을 표현하는 게 전통적인 어법이다. 요즈음은 전통적 어법이 오히려 어색하게 되었다. 여기서는 전통적인 방식으로 쓰고자 한다. 성함보다는 아호 남천에 선생을 붙여 쓰려 한다.

남천 선생께서는 내가 군대에 있는 동안 부임해 오셨다. 내가 군대를 마치고 복학해서는, 3년 후배들과 함께 공부하게 되었다. 복학생은 넷이었다. 얼굴 팔리지 않으려면 부지런히 공부하자고 결의를 했다. 당시 제효 이용주 선생께서는 중간 시험을 치고 시험지를 나눠주시면서 복학생들을 칭찬했다. 후배들에게 복학생 본받으라고 부추겨주셨다. 그 칭찬은 후배들에게 자존심을 상하게 했을 듯하다.

재학생들이 수학여행을 간다면서 복학생들에게 함께 가자고 권유해 왔다. 우리 복학생들은 아직 낯을 가리는 터라서 거절하고, 복학생만 따로 여행을 가기로 했다. 아뿔싸, 일정이 일치했는지 같은 기차를 타게 되었다. 재학생들이 모시고 가는 지도교수를 찾아가 인사를 할 때, 남천 선생께서는 빙긋이 웃으면서 잘 다녀오라고 간단히 인사를 받고는 입을 다물었다. 우리는 얼굴이 화끈해서 어떻게 돌아섰는지조차 기억하지 못한다.

남천 선생께서 나를 깊게 이해하신 계기는 내가 첫 창작집을 냈을 때였다. 창작집 제목이 <불바람>이었다. 당시 나는 환경 문제에 깊은 관심을 가지고 있었다. 대학에 교수로 자리잡은 지는 5년이 되는 시점이었다. 이러한 시점에서는 내가 어떻게 살아왔는가를 털어놓아도 좋겠다는 생각을 했다. 책 말미에다가 작가연보를 거의 소설 시놉시스에 가까운 서사로 풀어 놓았다. 첫 창작집이라 동료, 교분을 가지고 지내는 소설가들과 은사들께 책을 발송했다. 얼마 후 남천 선생을 뵈었을 때, 조용히 불러서 이야기를 했다.

"나는 우공 선생이 그렇게 어려운 환경을 극복하고 오늘에 이른 줄은 처음 알았소."

그 이후 남천 선생께서는 나를 '우공 선생'이라고 불러주었다. 겸연쩍기도 하고 한편으로는 고마웠다. 내가 배운 스승의 인정을 받는 일이 어떠하다는 것을 가슴 깊이 헤아리는 계기가 되었다. 우리 시대 고생 않고 성장한 이가 누가 있겠나, 그런 생각을 하기도 하면서였다.

서울대학교 사범대학 국어교육과에서 공부하는 동안 자주 흔들렸다. 하나는 서울대학교라는 틀과 사범대학이라는 틀 사이의 갈등이었다. 물론 그 갈등은 나 자신에 한정된 것일 터이다. 서울대학교는 이른바 연구중심 대학을 지향한다고 선언했다. 사범대학은 교사양성을 위한 목적대학이라고 성격이 규정되었다. 국어국문학과는 서울대학교 이념이 충실하다는 자평을 하고 지냈다. 사범대학은 서울대학교에서 분리해 나가야 한다는 목소리가 들리기도 했다. 이는 학문과 교육의 갈등이기도 했다. 나에게는 '학자'와 '선생'의 갈림에 서서 갈등해야 하는 국면이었다.

나는 사범대학에서 설강되는 과목들이 두루 흥미로웠다. 학과에서 설강하는 어학, 문학은 물론 교육학 분야의 강의도 호기심을 촉발했다. 학문은 어느 시대의 조류에서 자유롭지 못하다. 시대 조류는 일정한 시간 범위로 한정되지 않는다. 오래 지속하는 경우도 있고, 단기간에 끝나기도 한다. 내가 대학에서 공부할 때 언어학이나 문학이나 형식주의와 구조론이 주요 기조였다. 이런 경향을 아무런 전제 없이 수용하기 어려웠다. 문학은 인생을 이야기하고 언어에는 정신이 깃들어 있다고 배웠기 때문이다. 서구의 경우는 이념 중심의 학문에서 탈이념을 지향하는 조류를 탔다. 한국에서는 거꾸로 가는 조류가 형성되었다.

언어와 문학의 상호교섭에 대한 관심이 문체론으로 구체화되었다. 당시 운당 구인환 선생께서는 문학적 문체론에 관심을 가지고 추구해 나갔다. 남천 선생께서는 어학 중심의 문체론에서 출발해서, 어학과 문학을 넘나들며 연구를 지속해 나갔다. 서구에서 전개되는 문체론을 참고하기도 하고 두 분의 논문을 읽었다. 두 분이 그때그때 내놓는 글들은 내가 문체론과 수사학에 대해 관심을 가지게 했다. 거기서 배운 방법으로 논문을 몇 편 쓰기도 했다.

이는 고전문학과 현대문학을 아울러 다룰 수 있는 방법 가운데 나아가 넓은 의미의 수사학일 터이다. 문학의 언어적 조건이라는 공통항을 지니기 때문이다. 그런데 이런 방법론이 극단으로 가면 문학은 언어의 조직체일 뿐이라는 데 이르게 된다. 이러한 논의는 국어교육과의 교과 영역을 왜곡하게 할 우려를 만들어낸다. 국어 영역 안에서 문학을 배제하고 문학을 언어의 운용 방법의 하나로 다루자는 방향으로 나아가게 된다. 그렇게 되면 문학은 읽기 영역과 쓰기 영역으로 귀속된다. 작품에 몰입한 기회가 배제된다.

사범대학에서 공부하는 덕에 언어와 문학을 아울러 관심을 가질 수 있었다. 그 경험이 나의 공부 길을 이끌어 주었다. 언어와 문학의 관계에 대한 관심은 언어와 문학의 통합 논리를 지향했다. 이는 문학의 독자성을 그대로 유지한 채 논리를 구축하는 방법이다. 나는 러시아 형식주의 문학론을 거쳐 담론의 이론으로 방법론을 확대해 나아갔다. 그런데 언어의 구조를 논의의 중심에 둘 때, 문학의 정서, 이념 등에 대한 논의를 문학에 포함해 들이기가 쉽지 않다. 그리고 문학의 사회적 측면을 논의하기도 어렵게 된다.

이러한 정황에서 내가 지향한 것은 문학의 언어를 담론의 측면에서 보자는 것이었다. 이는 문학의 언어가 주체의 의식과 이념을 구체화하는 기능을 지닌다는 점을 상정한 관점이다. 문학을 문화기호론적 실천으로 보는 방향으로 정향하게 되었다. 이는 '문체의 사회시학'이라는 방법론으로 구체화되기도 하였다. 이러한 방법론은 나의 박사학위 논문으로 이어졌고, 그 이후 연구 방향을 마련해 주었다. 조금 확대해 보면 이는 남천 선생께서 실천해 보여주신 '문체론'의 방법에 끈을 대고 있는 것이다. 가르침은 이렇게 멀리서 다가오기도 한다.

남천 선생께서 쓰는 글은 길이가 길지 않고 간결한 언어로 서술되는 특징을 보여 준다. 어떤 경우는 좀 충분한 서술이 필요하지 않은가 하는 아쉬움이 남기도 한다. 요즈음 내가 쓰는 글의 길이가 길어지고 수사가 번거로워지는 경우, 남천 선생의 글쓰기는 하나의 모범을 제공해 준다. 이는 고전에 대한 소양이 글쓰기로 실현된 결과라고 생각된다. 최소한 조선시대까지 글들이 너무 길거나 번다하게 수식하는 경우는 거의 없다.

글쓰기를 욕망의 이론으로 설명하는 논리는 상당한 설득력을 얻고 있다. 나는 소설을 쓰는 틈틈에 시를 쓰곤 한다. 이는 내가 바라보고 감지하는 세계의 경이로움을 놓치지 않으려는 욕망의 발로다. 그런데 그 경이로운 사실들은 가뭇없이 망각되기도 한다. 망각에 던져두지 않기 위해서는 기록해 두어야 한다. 이는 어쩌면 국어교육과에서 근무했던 연포 이하윤 선생께서 끼친 덕이 아닐까 하는 생각도 든다. 내 연배들은 기억할 것이지만, 연포 선생의 '메모광'이란 글은 간단한 메모가 글 쓰는 데 어떤 소용이 닿는지를 일깨운다. 남천 선생께서는 당신의 관심사와 연관되는 이야기를 들으면 슬그머니 메모지에다가 기록해 둔다. 며칠이 지나면 글 한 편이 나오곤 했다. '뜬금없다'는 말이 경매장에서 오늘의 경매가를 띄워 주는 '암시행위'에 연원이 있다는 이야기를 한 적이 있다. 남천 선생께서는 메모지를 찾아 기록하고 며칠 뒤 글이 되어 나왔다. 새로 안 것에 대한 답례로 '어처구니'가 맷돌의 손잡이라는 걸 일러 주셨다.

대학에 입학한 이후 '소설'을 공부하고 소설을 쓰는 가운데 오늘에 이르렀다. 햇수로 따지자면 60년에 다가간다. 생각해 보면 국어교육과에서 공부한 저력이 이 길고 긴 여정을 버텨준 게 틀림없다. 언어와 문학과 인간의 성장을 함께 공부할 수 있던 환경이 세계를 복합적으로 구성하는 소설에 몰두할 수 있게 했던 게 아닌가 싶다. 그 여정 속에 남천 선생의 이미지가 여기저기 별자리처럼 흩어져 빛나는 게 아닌가, 그렇게 짚어 본다.

내가 소설집 뒤에 써놓은 이력을 읽은 이후 남천 선생께서는 나에게 자별한 정을 기울여 주셨다. 술자리도 챙겨 주셨고, 여흥 자리에도 함께 어울릴 수 있었다. 남천 선생께서는 주중에도 흔들림이 없어 군자다운 면모를 보이셨다. 흥이 도도해지면 파트너를 청해 춤을 추기도 하셨다. 그런데 남천 선생의 노래를 들은 기억은 없다. 하도 궁금해서 남천 선생의 동기생들이나,

선생 문하에서 같이 공부한 동학들에게 물어보면 역시 선생의 노래를 들은 기억이 없다고 했다.

　아직 못 들은 선생의 노래를 영영 들을 길이 없게 되었다. 백조의 노래를 어디서 혼자 부르고 계실까. 꿩털 장식이 아름답던 알프스 목동의 모자가 눈앞에 떠오른다. 남천 선생께서 애용하던 모자 가운데 하나다. *

선생님과 함께 갔던 길들

박인기朴寅基
경인교대 국어교육과 명예교수, 국어교육과 68학번(25회)

1.

1971년 9월 말경, 나를 포함한 국어과 68학번 20여 명은 졸업여행을 갔다. 인솔 교수는 박갑수 교수님이셨다. 그때 선생님은 우리 과의 전임교수로 오신지 그리 오래지 않았다. 우리들의 학기는 마지막 4학년 2학기에 들었고 용두동 사대 건물 뒤 청량대(淸凉臺) 언덕과 멀리 북한산 하늘 위로 추색이 감돌았다.

졸업여행은 경주와 양산, 그리고 부산을 거쳐 다시 서울로 오는 3박 4일의 여정이었다. 내가 처음으로 선생님의 인간적 분위기와 성품을 가까이서 느낄 수 있었던 시간이었다. 함께 걸어갔던 졸업 여행 나흘 동안 선생님은 별다른 말씀이 없으셨다. 그러나 표정은 아주 엷은 웃음기를 바탕으로 조용하면서도 부드러우셨다. 학생들이 정한 장소와 일정대로 별말씀 없이 함께 해 주셨다.

아무튼 선생님께서는 그런 분위기를 잔잔하게 유지하셨는데 매양 그렇지만은 않으셨다. 살짝살짝 파격의 분위기도 만드셨다. 경주에서 하룻밤 머무는 저녁에는 우리를 선생님 방으로 불러 경주 법주 한 잔씩을 나눌 수 있게 해 주셨다. 그 무렵은 우리 모두 철저히 가난한 대학생이었기에 명주인 법주를 맛본 적이 없었다. 물론 그 자리에는 소주나 막걸리도 보충이 되어서 몇몇 호기로운 주당 친구들은 선생님과 잔을 몇 번씩 맞들었다.

사제 간의 엄격한 예가 지켜지던 시절이어서 조심스러웠지만, 우리를 편하게 해주시는 선생님의 마음이 고맙게 전해졌다. 선생님이 마련해 주신 법주 자리는 두고두고 기억에 남았다. 그런데 젊은 우리가 살짝 놀란 것은 조용조용 드시는 선생님의 주량이 대단하다는 것이었다. 주량과 더불어 선생님의 말투나 기색도 시종여일 그대로였다. 생각해 보면 54년 전 옛날이다. 선생님이 만 37세 되시던 해였으니 말이다.

뒷날 나도 교수로서 졸업여행 인솔 교수가 되어보았지만, 인솔의 구체적 역할이 마땅히 없었다. 그래서 다녀온 뒤 누가 물으면, "학생들 졸업여행 따라갔다 왔다."라고 말하게 되는데, 따지기 좋아하는 동료 교수 중에는 "학생을 따라다니는 교수라는 게 말이 되느냐, 학생들을 데리고 갔었다고 말해야지."하곤 했다.

아무튼 학생들이 계획하고 준비하고 실행하는 여행인데 무어라고 간섭하듯 내 주문을 내어놓기도 적절치 않았다. 혹시라도 일정 중에 일어날 수 있는 사고에 대한 행정적 책임만 분명할 뿐이었다. 더불어, 여행 중인 학생들에게 교수가 심리적 부담이 되어서도 안 된다는 것도 분명하다. 나도 학생들 졸업여행을 인솔하고 다니면서 이런 원칙에 충실했던 것 같다. 아마도 이런 판단은 그때 선생님으로부터 은연중에 배운 지혜가 아닌가 한다.

우리들의 졸업여행은 그 짧은 3박 4일 중에도 우여(迂餘)와 곡절(曲折)이 있었다. 다음날은 양산 통도사를 찾아갔는데, 우리는 영취산(靈鷲山) 골짜기의 암자들을 찾아서 오래 걸었다. 저녁에는 노독도 풀 겸 술자리가 있었다. 살짝 술이 과하여 이런저런 실수들도 있었는데, 그 실수를 정리하는 끝자락에 복학생 선배 K와 과대표 S 사이에 언쟁이 있었다. 선생님이 아실까 해서 얼른 진정은 시켰으나 두 사람은 무언가 그럴듯한 담판 회담(?)을 했단다. 내용을 알아보니, 이따가 밤 11시에 사찰 옆 큰 내에 가서 맞짱 한판을 뜨는 걸로 했단다. 혈기 왕성하던 때였다.

선생님이 아시면 참 면목이 없는 일이다. 졸업여행 자체가 낭패를 면하기 어렵다. 나는 별채에 있는 선생님 방 쪽으로 가서 기척을 살폈으나 불은 꺼지고 조용하다. 선생님께 미안한 마음을 품고 두 당사자와 두셋 친구들이 달빛 부서지는 냇가로 갔다. 동글동글한 돌멩이들이 지천으로 있었다. 후일담으로 들으면 낭만의 멋이 있는 것 같지만, 그날 그 현장에서는 아무 일이 없기를 바라는 마음만 가득했다.

그날 냇가의 휘영청 밝은 달빛은 결투의 분위기를 고조하는 것인지 완화하는 것인지 판단하기가 쉽지 않았다. 맞짱 결투는 서로가 결투에 임하는 결기의 마음을 토로하고 누군가의 구령으로 시작되어야 하는데, 꼭 그렇게 되지는 않았다. 그런 격식을 차릴 사이도 없이 K가 S를 향하여 먼저 자신을 치라고 했다. 그랬더니 S가 똑같은 주문을 K에게 하는 것이다. 서로 상대에게 먼저 자신을 치라는 것이다. 기싸움 같기도 하고, 명예를 존중하는 싸움 같기도 했다. 결투는 여기서 한 발짝도 진전되지 못하였다. 교교한 달빛 아래서 그러기를 한 시간여, 이런 종류의 싸움은 지연이 약이고 시간이 해결사임을 배우며, 둘은 화해의 악수를 하고 여관으로 돌아왔다.

다음 날 아침, 이 일을 혹시 선생님은 아시면서도 모르시는 척하는 건 아닐까 그런 생각이 들었다. 우리는 그것이 몹시 궁금했다. 그런 넉넉함이 있는 분이라는 생각이 들었기 때문이었다. 그러나 여쭈어볼 수는 없었다. 그로부터 10여 년 뒤, 선생님을 가까이 모신 자리에서 나는 이 통도사 사건을 말씀드렸다. 그때 아셨는지를 여쭈었다. 선생님은 무언가 잠시 소란스러운 기색은 느꼈지만, 믿을 수 있는 제자들이라 별도의 염려는 하지 않았다고 하시면서도, 달밤에 나가서 결투까지 한 건 몰랐다고 하신다. 담담하고 조용한 어조이셨다. 선생님 말씀을 되짚어 보면 우리는 그때 우리를 인솔하신 선생님의 믿음을 살짝 비켜난 데에 이른 것이라 할 수 있다.

우리는 이 졸업여행에서 선생님과 많이 걸었다. 고속도로도 없고, 승용차도 없던 때이었으므로 누릴 수 있는 값진 보행의 추억이었다. 경주 남산으로 가는 코스모스 피어나던 신작로 길도 걸었고, 불국사 토함산 석굴암 가는 길도 걸었다. 통도사 대웅전과 경내의 넓고 긴 절 마당을 거닐고, 암자들 찾아가는 산길도 오르내렸다. 부산 범어사 오르고 내리는 길을 함께 걷고, 도중의 막걸리 주점에서 걸음은 쉬고 목은 축이는 시간 위를 함께 서 있기도 하였다. 요즘은 졸업여행이 없어진 지 오래지만, 설령 있다 한들 이렇게 제자들과 함께 걷는 사제동행(師弟同行)을 온전히 누리기는 기대조차 할 수 없는 세상이 되었다.

2.

1983년 1월 20일, 나는 박갑수 선생님을 모시고 1박 2일 일정으로 안동에 갔었다. 절후로 대한(大寒) 무렵이었는데, 엄청나게 혹독한 추위가 몰려온 날이었다. 영하 20도 가까운 혹한이었다. 나는 그때 한국교육개발원(KEDI) 연구원으로 근무하고 있었다. 그 전년도인 1982년에 박갑수 선생님을 연구·개발 책임자로 모시고 방송통신고등학교 교육과정 운영에 최적화된 국어과 모델 교과서 개발사업을 맡고 있었다.

  그렇게 개발한 국어과 모델 교과서를 시범학교가 되어서 적용·운영하고 있는 안동고등학교 부설 방송통신고등학교의 일요일 출석 수업 현장을 찾아가서 수업을 관찰하고, 개발 교과서의 적합성을 현장 선생님들과 협의하는 연구 출장이었다. 물론 이는 연구 사업의 한 과정이었고, 최종 연구 보고서 작성에 포함해야 할 필수 내용이었다. 조금은 불편하고 힘든 출장이었는데, 선생님은 직접 동행 참여를 약속해 주셨다. 다른 공동 연구원 누구에게 대신 참여를 부탁해 주셔도 되는 일이었지만, 직접 가겠다고 해 주셨다.

  방송통신고등학교 제도는 가정 사정 등으로 고등학교 교육을 받을 기회를 놓친 사람들에게 매일 새벽과 야간에 방송으로 강의를 제공하고 격주 일요일마다 출석 수업에 참석함으로써 정해진 교육과정을 이수하게 하여 고등학교 졸업 학력을 정부가 인정해 주는 제도였다. 라디오 방송강의와 특화된 교재 개발은 한국교육개발원이 담당하고 출석 수업은 전국의 40개 공립고등학교에 부설된 방송통신고등학교가 담당하게 해서 이 제도를 운영하였다. 당시는 한국교육개발원의 내부 조직으로 교육방송(EBS)이 운영되고 있었으므로 이 사업을 한국교육개발원이 맡고 있었는데, 전국에 모두 40여 개의 부설 방송통신고등학교가 있었고, 학생 수는 2만여 명에 달했던 것으로 기억한다.

  우리가 찾아간 안동고등학교 부설 방송통신고등학교는 안동 시내 외곽에 있었다. 일행은 모두 5명이었다. 연구·개발 책임을 맡으신 박갑수 선생님, EBS 방송통신고등학교 방송강의 담당 천한신 선생님(국어과 66학번), 한국교육개발원의 박태수 연구원, 안준국 EBS PD, 그리고 필자, 이렇게 모두 다섯이었다. 달리 이용할 승용차가 없었으므로 기차와 버스를 이용하여 다녀왔는데, 오가는 길이 불편하기 그지없었다. 이럴 때 선생님은 점잖고 넉넉한 어른스러움을 보여 주셨다. 선생님은 이런저런 불편함에 대해서 어떤 말씀도 하시지 않으셨다.

그해 겨울 안동 출장의 기억은 '혹독한 추위'로 수렴된다. 안동은 주변에 안동댐 공사를 하고 큰 인공 호수가 만들어지게 되자, 겨울 평균 기운이 다른 지역에 비해서 더 내려가는 지역이 되었다. 이렇다 할 호텔 시설이 없던 때인지라 우리는 학교 부근에 여관을 잡고 들어갔는데, 여관도 썰렁하고 추웠다. 이불을 뒤집어쓰고 있어도 방에 한기를 몰아내기 어려웠다. 나는 이 출장을 선생님께 청해 드린 것이 송구스러웠다. 하지만 선생님은 달리 어려움이나 불편을 말씀하지 않으셨다. 아마도 내 마음을 헤아려 주신 것이라 여겨진다. 저녁 어둠이 내리고 여관방 주위를 둘러싼 우리들의 썰렁함과 추위는 더해갔다.

선생님은 일행 중 이곳 안동 출신인 박태수 연구원을 불러서, 안동 지역의 대표적인 술이 무엇인지를 물어보신다. 그걸 구할 수 있으면 한 병 구해서 그걸로 추위도 이길 겸 팀워크도 살릴 겸 한 잔씩 나누자고 하신다. 주변 정황을 살펴보니, 이 추운 날 시골 저녁에 바깥 식당도 마땅한 곳이 없을뿐더러 있어도 일찍들 문을 닫았다. 여관 주방에 라면 찌개를 한 냄비 주문해서, 그냥 여관방에서 오붓이 간단한 회식을 하였는데, 이 회식이 오래도록 기억에 남는다.

다음 날 수업 관찰과 현장 협의는 앞으로 개발할 방송통신고등학교 국어과 교재의 내용과 수준을 각각 줄이고 낮추는 방안을 모색하는 데로 집중되었다. 학습자의 현실적 학습 능력과 여건을 더 많이 고려하자는 것이었다. 그러나 원칙적인 기준, 즉 고등학교 국어과 교육과정 수준을 유지해야 한다는 점 사이에서 더 깊은 고민과 탐구가 여전히 필요했다. 선생님은 현장 협의를 마치면서 이들 학생에게는 어휘력을 기반으로 국어사용의 실용적 측면을 더 강화하는 방향으로 교재가 개발되었으면 좋겠다고 말씀하셨다. 방송통신고등학교 방송강의나 출석 수업에서의 국어 수업 중점도 그런 점을 살렸으면 좋겠다는 방향 제시를 하셨다.

선생님을 모신 우리 일행은 오후에 안동댐과 저수지를 가 보기로 하였다. 보통 추위가 아니었으므로 바로 서울로 돌아갈 생각을 하였으나 선생님은 안동댐과 안동호를 보러 가는 것을 마다하지 않으셨다. 안동댐과 안동호는 1971년에서 1976년까지 국가 수준의 대 토목 사업으로 만들어져 그 당시로는 댐과 안동호 일대가 가 볼 만한 유명 관광지로 인정받던 때였다.

그러나 안동댐 행보를 시작하자마자 나는 금방 후회했다. 너무 추워서 고통스러웠기 때문이다. 일행은 웅크릴 대로 웅크리고 걸었다. 선생님과 주고받는 말들도 금방 얼음으로 얼어서 걸어가는 발자국 뒤로 뚝뚝 떨어지는 것 같았다. 나는 선생님께서, 날씨가 너무 추우니 이만 돌아가는 것이 좋겠다, 이렇게 말씀해 주기를 기다렸다. 그러나 선생님은 말씀 없이 묵묵히 걸어가셨다. 우리 일행은 안동댐 준공 기념탑 아래서 사진을 찍었다. 지금처럼 좋은 방한 패딩 같은 것이 없던 시절이었다. 얼마나 추웠는지, 모두 잔뜩 웅크린 자세로 모자를 눌러쓰고 코트와 점퍼의 옷깃을 한껏 올리고, 겨우 눈만 내놓고, 서로들 몸을 바짝 붙여서 찍었다. 사진 중앙에 선생님도 얼어붙은 듯 웅크려 서 계셨다. 나는 지금도 그 흑백 사진 한 장을 가지고 있다.

책갈피 속에 고이 간직한 엽서 한 장

박삼서朴三緒
전 영등포여고 교장, 국어교육과 69학번(29회)

1. 언제나 고향같이 다정하신 모습

고향(故鄕)은 항상 그리움의 대상이다. 전국이 일일생활권이요 도시화 되어 고향이란 개념이 좀 퇴색했지만, 그래도 고향으로 머리를 돌리는 사람은 아직도 많다.

고향 하면 먼저 높고 나지막한 산, 피라미·미꾸라지·모래무지와 술래잡기하며 물장난하던 개천[川]이 떠오른다. 골목길, 논두렁길, 아지랑이 어른거리는 들길, 오르내리던 언덕과 산등성이, 길섶의 할미꽃과 민들레꽃, 산마루에 흐드러지게 핀 진달래꽃 등 생각나는 것이 한둘이 아니다. 주름에 삶의 철학을 듬뿍 담고 지혜를 가르쳐 주시던 어르신, 십 환(원)짜리 지폐를 봉창에 살며시 넣어 주던 동네 누나, 무명 허리띠로 무릎 부분이 해어진 바지춤을 질끈 매고, 다툼도 하고 같이 뛰놀며 정을 나눴던 코찔찔이 동무들이 그립다.

남천(南川) 교수님을 떠올리면 이러한 정감 어린 고향을 생각나게 한다.

언제나 다정하신 모습에서, 온정 어린 말씀에서, 뒤돌아서도 다시 돌아보게 하는 여여(如如) 하심이 마냥 그대로 고향이시다. '남천'은 교수님 고향 마을을 감싸 흐르는 개천 이름에서 따온 호라고 한다. 고향을 애틋하게 생각하신 듯하다.

교수님의 고향은 옥천(沃川)이시다. 한참 열심히 공부 좀 해보겠다고 애쓰던 시절, 교수님께 '저는 옥천 옆 금산(錦山) 출신'이라고 밝힌다는 마음을 지니고만 있다가 끝내 말씀드리지 못했다. 그때는 이런 말씀을 꼭 드리고 싶었다. 교수님에게서 고향의 모습을 느껴서인지 모른다.

도연명(陶淵明)은 '사시(四時)'란 시에서 자연을 다음과 같이 노래했다.

봄에는 물이 모든 연못에 가득 넘치고	春水滿四澤
여름에는 구름이 기괴한 봉우리 감싸네	夏雲多奇峰
가을에는 달이 휘황하게 밝혀 비추고	秋月揚明輝
겨울 산마루에는 한그루 소나무 빼어나네	冬嶺秀孤松

고향의 정경(情景)을 한 폭의 그림에 옮겨놓은 듯하다. 여기에서 사계절은 세월, 인생살이다. 물, 구름, 달, 소나무는 자연의 향기다. 인생살이에서 자연의 향기는 사람에게 은은히 스며든다. 물의 더할 나위 없는 포용과 덕성, 무궁하게 조화 부리는 구름의 신묘함, 세상을 차별 없이 고루 비추는 달빛, 북풍한설(北風寒雪)에도 오롯이 견디고 서 있는 소나무의 고결함은 그대로 사람의 일부가 된다.

'남천' 교수님의 인품, 덕성을 사계절과 연결하고 싶다. 교수님은 다정·다감하시고, 학문과 교육에 신기하시며, 사람 구분을 하시지 않으며, 선비

정신을 고이 간직하셨다. 그래서 제자에게 소리 없이 실천으로 세상 사는 법, 학문하는 법을 가르치셨다. 항상 가득하시고[滿], 풍성하시며[多], 드날리시고[揚] 우뚝하셨다[秀]. 복잡하고 다원화된 요즘 세상에 사람들이 본받아야 하는 모습이셨다.

2. 줄탁동시(啐啄同時)를 실천하신 큰 은혜

'줄탁동시'란 성어(成語)가 있다. 사전에서는 "병아리가 알에서 깨어나기 위해서는 병아리는 안에서 쪼고[啐] 어미 닭이 밖에서 쪼아[啄] 서로 도와야 한다."라고 풀이하였다. 원래 불교에서의 원뜻은 "생명이라는 가치는 내부적 역량과 외부적 환경이 적절히 조화되어 창조된다."라는 깨달음과 관련한 말로, '사제지간(師弟之間)이 될 인연이 두터워지고 무르익음'을 비유하여 쓰였다. 즉, 가르치는 일과 배우는 일은 동떨어져 이루어지는 것이 아니라는 말이다. 뜻을 더 넓히면, 스승의 가르침에서 제자는 배우는 기법을 터득하고, 학문 연구의 방향을 찾는다는 연분(緣分)을 강조한 말이라고도 할 수 있다. 여기에는 반드시 '책'이라는 매개물이 개입한다.

박 교수님은 줄탁동시의 가르침을 분명하게 실천하셨다. 69년에 입학하여 '대학국어' 강의를 들었다. 박 교수님, 이상익 교수님, 위충량 선생님께서 분야를 나누어 가르치셨다. 희미한 기억이지만 박 교수님은 주로 국어학이나 국어문체 관련 글, 현대 문학작품, 학술적인 글 일부를 가르쳐 주셨다. 고등학교에서 배우는 것보다도 너무 상세히 설명해 주셔서 좀 부담스러웠다는 인상이 지금도 남아 있다. 매사 치밀하심이 교수님의 성품이신 것이다.

모교 은사님 글로는 '향찰·이두·구결'(김형규), '한국의 가면과 가면극'(이두현), '한국어의 특질'(이용주)이 실려있다. 부록으로 '화법의 기초', '예절과 인사', '속담'도 간단히 소개하고 있음이 특이하다.

지금도 69년도에 배운 『대학국어』를 버리지 않고 소장하고 있다. 보이지 않는 손이 56년이 넘는 세월을 간직하도록 도와주었다는 생각이 든다. 시간이 흘러 94년도에 발간한 『대학국어작문』을 자연계 입학생을 대상으로 가르쳤다. 분량도 많아지고 내용이 더 다양해졌다. 이 책도 지금 가지고 있다. 『대학국어』는 교수님을 처음 만나 강의를 듣고 기억하게 하는 남다른 인연의 징표이다.

교수님은 정규강의 시간 이외에 짬을 내서 의미론 특강을 하셨다. S.I.Hayakawa 『Language in thought and action』 원문을 강독하셨다. 칠판에 일일이 판서하면서 강의하시는 모습, 특히 나라마다 다른 비둘기 우는 소리 부분을 열강하시는 모습은 지금도 낭랑한 목소리와 함께 눈에 선하다. 가끔 학생이 자청하여 영문을 해석하도록 하셨는데, 충분히 할 수 있다고

자신하면서도 선뜻 나서지 못했다. 나이 든 복학생이라는 점도 작용했지만, 그보다 용기가 부족했다. 사춘기 이후엔 좀 철학자가 된 양 그 활발했던 리더십과 앞장서는 패기가 수그러들었기 때문이다.

　의미론은 고전문학 연구에도 도움이 되리라 생각하여 관심이 많았다. 교수님의 의미론 강의는 『국어학 신강』(이을환 외, 1973) 제5장 '의미론'에서 처음 접했다. 군을 제대하고 복학한 해이다. 책을 산 날짜(74.4.4.)가 적혀 있다. 이 밖에 외서의 번역본을 포함하여 의미론 관련 책도 많이 손에 넣었다. 우연히 서점에서 마주친 하야카와 책을 번역한 『의미론』(김영준, 1962) 책을 샀다. 행운이었다. 『일반의미론』(이을환, 1981), Stephen Ullmann의 『의미론의 원리』(1981)와 『의미론』(1988), 『국어 의미론』(남성우, 1985), Ruth M. Kempson 『의미론』(1989), F.R.Palmer 『의미론』(1989), 『국어 의미론』(이용주 외, 1990), C.K.Ogden & I.A.Richards 『의미의 의미』(1990), Eugene A. Nida 『의미 분석론』(1991) 등이다. 『개념학』(김봉주, 1988) 책도 놓칠 수 없었다. 학문의 길을 가겠다고 책을 사서 옆에 둔 만큼 공부는 심도 있게 하지 못했다. 지금 생각하면 아쉬울 뿐이다.

　학위 과정에서 '국어 발상과 표현 연구' 강의를 들었다. 당시에 귀가 솔깃하여 말씀 하나하나 빠뜨리지 않고 열심히 메모했다. 독일에서 레몬의 속성은 불량품을 뜻하는데, 벤츠 자동차 보닛에 레몬을 올려놓은 사진으로 판매 촉진 광고를 낸다고 한다. 이 자동차는 '불량품'이라는 메시지 전달처럼 보이지만, 실은 불량품이 하나도 없다는 뜻을 직접 어필하는 사진이라는 것이다. 광고 효과에 발상의 전환을 한 사례이다.

　까마귀에 대한 인식도 나라마다 다르다고 한다. 일본 도쿄 공원에는 까마귀가 천국을 이룬다. 무리 지어 날아다니고 까옥까옥 내는 소리도 음산하게 들리는 듯한데, 사람들이 대하는 모습이 너무나 자연스럽다. 일본인에겐 길조이기 때문이다. 그런데 한국에서는 일면 효도의 새[반포지효(反哺之孝)]라고도 하지만, "까마귀가 울면 사람이 죽는다."라고 하는 흉조다. 옛날 어른들 말씀에 귀가 익은 탓인지, 지금도 까마귀 울음소리를 들으면 싫지는 않지만 그렇다고 까치 울음처럼 반가운 것도 아니다.

색깔도 나라마다 인식과 태도가 다르다. 중국 사람은 붉은색을 좋아하지만, 한때 우리는 증오의 대상이 되었다. 시대가 변함에 따라 이젠 달라졌다. 대명사가 되어버린 '붉은 악마'는 붉은 티셔츠를 입는다. 흰색, 검은색을 보는 인식도 동서양이 다르다. 『삼국유사』에 '백룡(白龍)'과 '흑룡(黑龍)'이 나오는데 그 상징에 차이가 있다. 서양은 숫자 7을 좋아하고 13을 싫어한다고 한다. 우리는 3이나 9를 좋아하고 4를 싫어한다. 승강기도 4층을 F로 표시하는 건물도 많이 있다. 상식적으로 다 아는 사실이지만, 이러한 인식의 차이를 활용하여 발상을 선순환으로 전환하고 사유의 폭을 넓힐 수 있다.

특히, '일본 속담'과 '한국 속담'의 차이를 발상의 관점으로 설명하셨다. 그리하여 리포트 제목을 '동물 속담의 발상과 표현 교육의 원리'로 정하고 『일본속담사전』(若松實 편, 1988), 『속담사전』(이기문, 1989), 순오지(旬五志)(홍만종, 1974) 등에 나오는 속담을 대상으로 내용을 채웠다. 교수님의 '언어에 관한 속담고'를 많이 참고하여, 동물 속담의 발상적 특징과 표현의 유형을 찾아보고, 발상과 사고력·창의력 신장, 발상과 표현 교육의 실제가 무엇인지를 밝혀 보았다. 이후 이를 보완하여 논문으로 발표했다. 좀 아쉬웠지만, 발상 측면에서 일본 속담과의 비교는 다음 연구 과제로 남겼다.

후일 '용비어천가 문학사상의 발상과 교육'이란 논문도 발표하였다. 용비어천가에 담겨 있는 문학사상의 발상 양상과 층위 구조를 해명해 보았다.

먼저 훈민정음 창제의 철학적 배경과 연결해보고, 사상의 발상 양상을 '사상소(思想素)' 개념을 도입하여 분석하고, 철학적·창의적 시현 방법을 밝혀 보고자 했다.『원본 훈민정음 풀이』(유열, 조선어학회, 4280), 『고가요주석』(김형규, 1974)을 다시 펼쳐 보고, 『용비어천가』(허웅, 1986), 『용비어천가』(김상억, 1991), 『완역 용비어천가』(이윤석, 1992) 등을 서가(書架)에 꽂았다. 짬이 나는 대로 용비어천가 125장 모두를 컴퓨터에 입력했다. 이 무렵 발상과 관련하여 그 무엇을 찾으려고『한국 수수께끼 사전』(김성배, 1988)도 읽어 보았다. 서로 경쟁하듯 많이 맞춰 보려 했던 어린 시절이 생각났다.

'국어학과 국어교육 연구' 강의는 교수님의 학문적 폭의 일면을 증명해 주셨다. 국어교육을 "국어를 배우고 가르친다고 하는 일체적 사실"이라 정의하고 국어와 교육을 양분하는 태도를 배격하셨다. 그리하여 '언어교육-언어생활-언어 체계' 관련 양상을 도식화하여, 원활한 언어 사용 신장이 국어교육의 목표라고 강조하셨다. 이에 대해서는 더욱 논의할 과제를 안고 있지만, 이때에는 '감화적 표현'에 관심이 쏠렸다.

감화적 표현은 일상의 언어나 문학의 언어 모두에 해당하고 꾸준히 연구되어왔다. 그리하여 '용비어천가의 감화적 표현'이란 주제를 잡고 리포트를 작성했다. 교수님의 '국어의 감화적 표현고', '언어와 감화적 표현' 등 논문과 여타 글 내용을 기반으로 감화적 표현의 개념을 나름대로 살펴보고, 용비어천가의 감화적 표현의 제 양상을 체계를 세워 분류해 보았다. '수사법에 의한 감화적 표현'은 5개 항목으로, '일반 용법(의미요소)에 의한 감화적 표현'은 7개 항목으로 정리했다. 이때 용비어천가 탄생의 철학적 배경과 문학적 발상, 감화적 표현, 한글 문학의 가치 등을 중심으로 단일 논서 출간을 계획하였으나 이래저래 바빠서 출간하지는 못했다. 아직도 이 생각을 버리지 못하고 있다.

　교수님은 문체론에도 많은 업적을 남기셨다. 저서 『문체론의 이론과 실제』(1973) 머리말에서는 이 문체론서가 야구에서 4번 타자에 해당한다면서 문체론의 이론과 실제를 실증적으로 소개하셨다. 이 책이 한국 문체론의 본격적인 출발이라 하겠다. "문체는 곧 사람이다."라고 뷔퐁(Buffon)이 말한 것처럼 문체는 글에 인격, 생명력을 부여하는 중요한 기제다. 박지원의 『열하일기』 등과 연관하여 정조의 '문체반정' 정책도 제기된 바 있어, 문체론도 고전문학의 분석과 설명에서 학문적으로 필요한 분야라 생각했다. 그래서 J.M. Murry 『문체론 강의(The Problem of Style)』(1990) 번역본도 사서 책장에 꽂아 두었다.

3. 30년 만에 다시 만난 엽서 한 장

　동료, 후배, 제자들이 교수님의 회갑을 축하하기 위해 『국어문체론』(1994.10.)을 출간, 봉정(奉呈)하였다. 필진이 거의 교수분들로 구성되고, 본격적인 전공 분야도 아니어서 집필진에 끼지는 못했다. 책장에서 교수님 저서 및 강의 관련 책을 모두 꺼내다가 이 책 두 권을 발견했다. 한 권은 95년 1월 2일에 세배하려고 들렸을 때 손수 서명하여 주신 책이고, 또 한 권은 우편으로 받은 책이었다. 이 책을 펼치자 봉투가 책갈피에서 나왔다. 소박하게 제작한 근하신년(謹賀新年) 엽서가 동봉되어 있었다. 그림이나 채색도 없는 순수 그대로의 엽서였다.

> 朴 甲 洙
> 서울대학교 사범대학 국어교육과
> 서울특별시 관악구 신림동 산 56-1
> Tel : 880-7657, 7661
>
> 謹賀新年
>
> 올해년을 맞아 선생님과 선생님의 댁내에 행운이 같이 하시길 빕니다.
>
> 乙亥 元旦
>
> 朴甲洙 拜
>
> 붙임: 지난번 제가 논문을 받을 때에 따뜻한 사랑을 베풀어 주셔 감사합니다. 변변치 못한 책자 한 권을 감사의 뜻으로 올립니다.

　그동안 잊고 지내다가 엽서와 30년 만에 다시 만나는 순간이었다. 야릇한 감정이 가슴을 뭉클하게 했다. '붙임'에서 "지난번 제가 논문을 받을 때에 따뜻한 사랑을 베풀어 주셔 감사합니다. 변변치 못한 책자 한 권을 감사의 뜻으로 올립니다."라는 글귀가 선뜻 눈에 들어왔다. 교수님의 인품을 한 눈으로 보여 주시는 문장이었다. 언제나 겸손하시고 순수하시고 매사 감사하시는 모습이셨다.

　국어과 동문 가을 나들이에도 거의 빠짐없이 참석하셨다. 조그마한 용기에 양주를 담아 오셔서 식사 시간이면 돌려 마셔 단합의 분위기를 한껏 돋우셨다. 작은 배려가 큰 것이 되게 하는 교수님의 인정이셨다. 어느 해 문경 대승사(大乘寺)로 들어가는 길, 늦가을 단풍이 흩날려 떨어지며 그야말로 눈을 부시게 하는 배경으로 김은전 교수님과 함께 걸으시는 뒷모습, 학자의 고풍, 자연과 조화를 이루는 우아한 품격을 잊을 수가 없다. 정초 세배를 가면 포도주병 코르크 마개를 손수 따시고 일일이 따라 주셨다. 포도주 잔이 채워지는 시간은 마냥 어려운 마음인데, 슬기로운 관계의 매너도 가르침으로 함께 건네주셨다.

93년 2월 학위를 받고 졸업장 전수식을 했다. 성격이 좀 우직(愚直)하고 고지식해서, 학위 과정에 들어가는데 구전십기(九轉十起)로 너무나 고생을 많이 했다. 좀 부끄럽고 죄송하기도 하다. 그래서 그날의 감격과 기쁨은 비할 데 없이 컸다. 학과장으로서 교수님께서는 학위 취득을 진심으로 축하하면서, '박사학위는 공부의 끝이 아니라 시작을 의미한다. 국어교육학 박사는 우리나라가 최고의 권위로 유학 갈 필요가 없는 학위다.'라는 요지로 격려 말씀을 해 주셨다. 그 순간 관악산 높푸른 하늘을 향해 이 자리에 서게 해주신 모든 분께 '감사합니다'라고 마음과 몸으로 외쳤다. 그렇지만 그 고마움에 도리를 다하지는 못했다. 박 교수님하고는 배움에서 '대학국어'로 만남을 시작하여 '학위 전수식'으로 마무리해주신 남다른 인연이었다.

4. 하늘 아래 땅은 모두 다 고향

그동안 고향을 잊고 살았다. 다 이루지는 못했지만 공부하느라, 보다 큰 일 해 본다고 교육과 업무에 건강까지 해치면서 열정을 다하느라, 이래저래 고향의 온정과 향기를 생각하지 못하고 지냈다. 그러다 우연히 임희재 문학제(24.11.23.)로 '금산을 노래하다' 전국문학인 대회 프로그램의 하나인 '지역 문화예술 학술 세미나' 토론자로 참석하게 되었다. '금산의 문화와 향기를 찾아서'라는 제목으로 의견을 제시했다. 명당이 많은 길지(吉地)의 고장으로 '금삼인(錦蔘人)'과 같은 미래 지향적인 정체성을 찾아야 한다고 했다. 둘째 날에는 중학교 1학년 이후 62년여 만에 영규(靈圭) 대사 비, 보석사 부처님과 수령이 천백 년이 넘는다는 은행나무를 참배하고, 금강 쪽으로 이동하여 월영산(月迎山) 출렁다리를 건넜다. 출렁다리 중간에서 금강 짙푸른 강물이 월영산과 부엉산 사이를 용틀임하는 것처럼 굽이쳐 흐르는 장관(壯觀)을 내려다보았다. 그 물줄기를 따라 영동, 그리고 옥천 쪽으로 눈길을 돌렸다. 감개무량했다. 남천 박 교수님이 떠올랐다. 교수님과의 인연은 그 먼 옛날부터 시작되었나 보다. 금강은 본격적으로 금산에서 강의 형세를 이루어 영동, 옥천을 지나 대청댐, 공주, 부여에 이르고, 군산과 장항을 가르며 서해로 흘러간다.

눈이 시리게 푸르고 맑은 물이 굽이쳐 돌아 흐르는 금강 물줄기, 달을 맞이하는 산이라는 뜻을 담은 월영산/월영봉, 이날은 주위를 신묘하게 감싸고 도는 구름은 높푸르고 맑은 늦가을 하늘 뒤로 숨었다. 도도히 흐르는 물줄기가 산세를 갉아먹어 이룬 절경, 가파른 절벽에 굳은 의지로 자라는 소나무가 한눈에 들어왔다. 박 교수님의 학덕과 인품이 여기에 다 모였다. 남천의 맑은 물은 금강의 물줄기를 더욱 푸르고 맑게 했다.

소동파가 어느 스님이 고향으로 돌아가려 하자 써 준 송별 시에서, '동서남북 어디든 하나의 하늘 아래다(南北東西只一天).'라고 한 것처럼 '옥천과

금산은 하나의 하늘 아래 고향'이다. '대학국어'로 교육과 학문을 잇고, 금강의 맑은 물줄기가 '고향'을 이었다. 하늘이 작용한 인연(因緣)이라는 생각이 든다. 그래서 항상 고향이 그립다.

  박 교수님은 이상익 교수님하고는 학번 동기라고 하신다. 이상익 교수님께 학부 졸업 논문 제목으로 제출만 하고 다 해드리지 못한 『삼국유사 설화의 상징과 교육』, 박 교수님께 빚으로 남아 있는 『용비어천가의 감화적 표현과 가치』가 세상에 빛을 볼 수 있도록 정진해 보고자 한다. 세월이 하도 변화불측하고 무상(無常)해서 이루어질 수 있는지는 미지수다. 그러나 이것이 두 교수님과의 소중한 인연, 학자로서의 고결한 모습, 무한한 베풂을 고이 간직하며, 크나큰 은혜에 조금이나마 보답하는 길이라 생각한다.

국어교육에 독보적인 금자탑을 쌓으신
남천 선생님 연구실의 하루

장경희張京姬
한양대 국어교육과 명예교수, 국어교육과 70학번(27회)

　선생님께서는 사범대학의 국어교육을 실행, 연구하시면서, 언어 사용자 특성을 다루는 문체론 연구를 선도하셨고, 나아가 사회 영역별 특징을 지닌 언어(방송, 신문, 법률 등)를 대상으로도 많은 연구 업적을 쌓으셨다. 사범대학 국어교육에서 나아가, 거시적 안목으로 전 국민을 위한 국어(순화)교육, 세계의 한국어 사용자를 위한 언어 교육 영역을 개척, 포괄하셨다. 이 거대한 연구 영역에서 수행된 선생님의 연구 성과에 직면할 때, 우리는 놀라움을 금할 길이 없다.
　이에, 선생님 연구 활동의 단상이나마 접할 수 있었던 선생님 연구실의 일상을 적어보고자 한다. 연구실을 지켜볼 수 있게 된 계기를 적고, 선생님 연구실에서의 일상을 정리해 보면서 선생님 당시 모습들을 회상해 보려 한다.

1. 지도교수이신 선생님과의 첫 면담

　기대와 설레임 속에 1970년 3월 대학에 입학하였다. 대학 강의는 공릉동의 교양과정부와 용두동 사범대학, 두 곳에서 진행되었다. 교양국어, 철학, 화학, 외국어 등의 교양 과목은 교양과정부 건물에서, 문학개론, 국문학개론 등의 학과 전공과목은 용두동 사범대학에서 강의를 들었다. 분리된 두 캠퍼스를 오가는 대학생활은, 학과 소속감도 전공의식도 심어주지 못하였고 동기들과의 유대감도 형성되지 못하였다. 꿈에 부풀었던 대학생활은 이렇게 시작되었고 상당한 기간이 지나도록 이런 분위기는 지속되었다.

　2학년이 되어서도 더 나은 대학 생활은 펼쳐지지 않았다. 대학생들의 시위가 빈번하고 강력하여 대학가의 분위기는 어둡고 어수선하였다. 1971년 4월 우리 사범대학 학생들의 대통령 경호차량 투석 사건 발발은 관련 학생 연행, 학생들 수업 거부 등으로 이어지면서, 휴교령이 내려져 거의 1학기가 끝날 때까지 학교 교문은 통제되었다. 2학기에도 역시 학생들의 교련 반대에 대한 위수령 발동으로 휴교가 상당한 기간 지속되었고 수업 진행이 어려웠던 듯하다.

　이런 혼란스러운 분위기 속에서도 시간을 흐르고 2학년이 끝나가고 있었다. 학기말 시험을 보았는지, 과제물로 대체되었는지 분명히 기억되지 않으나 학과 친구들과 복도를 걸어 나오는데 문득, 내일부터 겨울 방학이라는 생각이 스쳐갔다. 그리고 내일은 광주 고향 집에 가야 하고, 겨울 동안 학교 캠퍼스에는 오는 일이 없을 것이라는 생각과 동시에 지도교수님께 인사를 드려야겠다는 생각을 하게 되었다. 함께 복도로 걸어 나오던 학과 친구에게 이야기 하니, 모두 그러자며 동의하였다. 우리는 각자 자신의 지도교수님께 인사를 드리기로 결정하고 헤어졌다. 나는 지도교수님의 존함은 알고 있었지만 아직 대면 인사도 드린 적이 없었다. 연구실 문 앞에 서니 좀 떨리기도 하고 어렵게만 생각되었으나, 지도교수님께 인사도 없이 고향으로 떠난다는 것은 큰 결례가 된다고 생각되어 용기를 내어 문을 노크하였다.

연구실에 들어가서 인사를 드렸다. 선생님께서는 누구이며 왜 왔는가를 물으셨다. 이름을 말씀드리고, 내일 고향집에 내려가게 되어 지도 교수님께 인사드리려고 왔다고 대답했던 것 같다. 그때 선생님께서는 "허, 집에 간다고 인사 오는 놈은 아직껏 못 봤는데…" 하시며, 의자에 앉으라고 권하셨다. 선생님께서는 질문을 이어 가셨고, 선생님 질문에 대답해 나가다가 나는 불현듯 용기가 나서 나의 현황을 털어놓게 되었다. 사실 학과 공부에 흥미가 일지 않는다. 적성에 맞지 않는 것 같아 어떻게 할 바를 모르겠고, 국어교육학과를 지속적으로 다닐 수 있을지 걱정이라는 나의 속마음까지 토로하고 말았다. 그 이유인 즉, 초, 중, 고 시절 모두 수학 과목에 흥미를 가졌는데, 고등학교 사춘기 시절 시를 좋아했고 이것을 나의 적성으로 파악하여 대학 진학 시에 국어교육학과에 응시한 결과, 입학 이후 부적응 문제가 발생한 것 같다는 설명까지 곁들여 외람되이 말씀드렸다.

나의 이야기를 들으시고 선생님께서는 전혀 놀라시는 표정도 없이 대처 방안을 말씀해 주셨다. 대학원에 진학을 하면 된다고 하시고, 국어 연구 영역에는 수학을 기반으로 하는 영역이 있다고 알려 주셨다. 그리고 문 옆의 작은 책상을 가리키시며 연구실에 나와 저기 앉아서 공부해 보라고 하셨다. 수학이 기반이 되는 언어 연구가 무엇인지 몰랐지만, 선생님 말씀에 나는 걱정이 걷히고 앞이 환해짐을 느꼈다. 즉시 나는 긍정적으로 대답하였고 가벼운 마음으로 연구실을 나왔다. 내가 남천 선생님의 연구실을 처음 방문한 일자가 1971년 12월 3일인지 4일인지 분명하지 않지만, 그날 나에게 해 주신 그 말씀은 지금도 생생한 선생님의 음성으로 가까이서 들리는 듯하다.

이렇게 첫 면담에서 부연의 설명도 전혀 없는 간단한 한 문장의 말씀으로 국어교육학과에 저를 붙들어 매어 주신 선생님! 감사드립니다!

2. 선생님 연구실의 하루 일상

새 학기가 시작되면서 나는 거의 빠짐없이 매일 남천 선생님 연구실에 출석(?)하였다. 연구실에는 책상이 2개 놓여 있었는데 안쪽 창문 가까이 상당히 큰 책상이 있었고, 드나드는 문 쪽으로도, 나에게 사용하라고 말씀하신 그 자그마한 책상이 동일한 방향으로 놓여 있었다. 그 책상 옆에 붙여 조그마한 찬장이 있었다. 남은 벽면에는 책이 가득한 서가가 빼곡히 세워져 있었다. 나는 선생님께서 제공해 주신 좋은 연구실 환경에서 열심히 공부하여 길을 찾아야 하는 학생인 동시에, 연구실 청소나 심부름 등 사소한 일을 하는 도우미 학생이기도 하였다. 그러나 언제 어떤 일이 발생할지 알 수 없으므로, 매일 나와서 자리를 지켜야 했다. 이때의 나의 역할을 '연구실 지킴이'로 칭할 수 있을 듯하다.

교수님들은 연구실에서 많은 시간을 보내신다. 이제 선생님께서 연구실에서 행하시던 일들을 기억해 보면서 선생님 연구실의 하루 하루의 일상을 그려보기로 한다.

선생님께서는 외부 출강이나 특별한 행사를 제외하고는 거의 매일 9시경에 연구실에 나오셨다. 남천 선생님의 학교 연구실 활동은, 대략 다음과 같이 구분하여 볼 수 있다.

(가) 연구실에서 거의 매일 수행하시는 활동
- (아침과 점심 시간에) 녹차를 드시며, 점심 식사는 연구실 밖에서 드심.
- 차를 드신 이후 원고지에 글/논문을 쓰시거나, 강의하러 가심.

(나) 연구실에서 가끔 수행하시는 활동
- 학과 교수님이나 학과 사무실에 전화하심.
- 드물게 외부인과 전화로 담소하심.
- 원고 관련 등 전화 통화 있으심.
- 지도학생 상담 요청에 응대하심.

(다) 연구실에서 수행하신 것을 본 적이 없는 활동
- 연구실에서 강의 준비를 하지 않으심.
- 방 지킴이가 수행하는 일에 관여하지 않으심.
- 개인적인 담소 없으심.
- 사모님 또는 자녀분들과 통화하시는 일도 기억에 없음.

이상과 같이 기억되는 연구실에서의 선생님의 활동은, 내가 학부 3학년(1972년 3월)에서 4학년 졸업 때까지 동일하게 진행되었다. 점심식사와 차를 드시는 것을 제외한 대부분의 시간에 선생님은 글을 쓰셨다. 연구실에서 입실하셔 의자에 앉으시면서 바로 글 쓰실 준비를 하셨다. 매일 차이는 있었겠지만, 하루에 30매 정도를 쓰시는 일도 있었다. 가끔은 쓰신 부분을 줄로 긋고 그 위에 다시 고쳐 적으시는 경우도 보았지만, 대부분은 막힘없이 주~욱 적어 나가시면서 한편의 글을 완성하시는 경우도 있었다.

그리고 1975년에서 1978년까지 국어교육학과의 조교로 근무할 때에도, 연구실에서의 선생님의 활동은 동일한 경향으로 관찰되었고, 그 이후 사범대학, 인문대학 등에서 시간 강의를 담당하던 1982년까지도, 가끔 연구실로 선생님을 찾아뵈올 때면 선생님께서는 글을 쓰고 계신 적이 많았다. 이를 토대로 본다면, 선생님께서 가장 적극적으로 수행하시는 연구실의 활동은 연구와, 논문 및 저술 작업이었다고 하겠다.

당시에는 끊임없이 원고를 써내려 가시는 선생님의 작업 과정이, 자연스럽고 당연한 것으로 생각되었다. 글은 그렇게 쉽게 쓸 수 있는 것으로 알았다. 그러나 내가 대학원에 입학하여 과제물을 작성하면서 글쓰기가 얼마나 어려운 것인가를 알게 되었다. 아무리 애를 써 보아도 한 줄의 글이 만들어지지 않았다. 한 달 내내 궁리하여도 나는 과제물 하나도 작성하기 어려웠다. 석사학위 논문을 쓸 때에도 첫 문장을 구성하는 데 며칠이 걸렸다. 이런 어려운 글쓰기를 체험하면서 나는 비로소 남천 선생님의 매일 매일의 글쓰기가 얼마나 대단한 오랜 노력 끝에 얻어진 정수인가를 인식하고 또 인식하였다. 훗날 교수가 되어서도 나는 적어도 몇 십번 고쳐 쓴 다음에야 원고가 겨우 완성되었다. 100번이 넘게 고쳐 쓴 논문도 있었다. 곁에서 컴퓨터로 제자들이 수정 작업을 도와주는 경우에도, 20~30번 교정을 반복하고야 겨우 논문이 완성되었다.

선생님께서는 원고지에 직접 글을 써내려 가시면서도, 내가 언뜻 보기에는, 단 한번으로 글을 마감하시는 일도 있으시고, 훗날 인쇄된 글을 보아도 글의 구조가 물이 흐르듯 쉽게 이해되는 구성으로 되어 있었다. 이해가 쉽고 논리성이 분명한 선생님의 수많은 논저를 읽으면서 나는 늘 놀라움을 체험한다. 나의 글쓰기 과정이 그렇게 험난함을 선생님께서 미리 짐작하셨더라면, 첫 면접에서 나를 국어교육학과에 붙잡아 두지 않으셨을지도 모른다는 생각도 해 보았다.

선생님의 글/논문 작성 활동은 이미 지니고 계신 풍부한 전공 연구 역량과 탁월한 글쓰기 능력의 관점에서 어느 정도 이해되고 수용될 수 있다. 그런데 선생님의 연구실에서 관찰되는 더 특이한 활동은, 선생님은 연구실에서 강의 준비를 하시지 않는다는 것이다. 내가 연구실 지킴이로 있는 동안 선생님께서 강의를 위하여 참고 서적을 뒤적이시거나 하는 등의 강의를 준비하시는 모습을 목격한 기억이 없다. 강의 교재를 들춰 보시는 일이 없으셨으니, 이를 어떻게 해석해야 할지 지금도 이해가 어려운 선생님 연구실의 일상이기도 하다.

나는 선생님께서 출근하시기 이전에 먼저 도착하여 연구실 문을 열어 두었고, 선생님이 나오시지 않는 날에도 연구실에 있었다. 연구실에서 내가 하는 일들은 차를 끓여 드리거나 행정실에서 선생님의 우편물을 찾아오는 일, 가끔 연구실 바닥을 대걸레로 닦는 것 등이었다. 선생님께서 출근하시면 전기포트에 미리 준비해 둔 물을 끓여 녹차를 우려 드렸다. 점심 도시락을 준비해 오신 경우는 기억에 없다. 늘 연구실 밖에서 점심을 드시고 오셨다. 점심 식사 후에도 차를 드셨다. 점심을 함께 하신 것인지 때로는 이용주 교수님과 함께 연구실에 들어 오셔서 차를 드시기도 하셨다. 선생님은 5시쯤 퇴근을 하셨고, 나는 선생님 보다 늦은 시각, 5시 5분에서 5시 30분 사이에 연구실 문을 잠그고 나왔다. 변함없이 늘 같은 방식으로 시간은 흘러갔다.

우리 국어교육학과 교수님들 연구실에는 대부분 나와 같은 연구실 지킴이들이 있었다. 대부분 1년 선배이신 69학번의 선배님들이셨고, 김형규 선생님 연구실에는 61학번의 김대행 선배님, 이응백 선생님 연구실에도 61학번(?)의 선배님이 계셨다. 김은전 선생님과 이상익 선생님 연구실에는 연구실 지킴이가 없었다. 김은전 선생님께서는 스스로 그것도 매우 자주 대걸레로 연구실을 청소하셨고, 연구실은 늘 깨끗하고 잘 정돈되어 있었다.

지금 생각하여 보니, 연구실 지킴이로의 나의 성적은 잘 받아야 D정도였다. 선생님께서는 F로 평가하셨을 수도 있다. 나는 차를 끓이는 일도 잘 하지 못하였다. 연구실 청소는 한다고 했지만 연구실 바닥은 늘 지저분했고 서가에도 먼지가 끼어 있곤 하였다. 행정실에 가서 우편물 찾아오는 것이나 사소한 일상적인 일들은 그럭저럭 행하여 잘못이 드러나지 않았지만, 제일 미진한 부분이 청소였다. 긴 막대가 매달린 대걸레로 바닥을 닦는 일은 늘 낯설었다. 차를 끓여 드리는 것도, 향기로운 차를 우려내는 방법도 있을 터인데, 나는 전기포트로 끓인 물을 찻잔에 붓는 정도로 차를 우려 드렸다. 선생님께 좀 더 잘 보살펴 드려야겠다는 마음가짐을 지녔어야 했는데, 당시 나에게는 미처 여기까지 생각이 미치지 못하였다. 선생님께서 가져 오신 차만 끓이고 있을 것이 아니고, 내가 스스로 다른 차를 준비할 수도 있었을 것이고 차 이외에 과자나 과일이라도 준비하여 가끔 선생님께 드렸어야 했다. 아! 그런데 나는 왜 그런 생각이 한 번도 떠오르지 않았던 것일까? 지금도 참으로 한심하게만 여겨진다.

또 다른 특징적인 현상은, 선생님의 연구실에는 사람은 있었지만 말소리는 거의 없다는 것이다. 선생님께서도 별 말씀이 없으셨고 나 또한 선생님께 말씀드릴 만한 일들이 거의 없었다. 학과 선생님들에 관한 이야기, 학과 동기들에 관한 일들, 수업시간에 발생한 사건 등, 그 어떤 것을 주제로도 나는 선생님과 대화를 진행해 본 적이 전무했다. 그러려고 의도한 것이 아니었지만, 결과적으로 그리 되었다.

어느 날 선생님께서는 나에게, "너는 입이 있니?" 하시는 것이었다. "하루 종일 먹지도 않고, 말 한마디를 하지 않으니, 입이 있는 거냐? 없는 거냐?" 하셨다. 사실, 선생님도 하루 종일 거의 말씀이 없으셨다. 선생님께서는 연구실에 들어서시면, 의자에서 반쯤 일어나 허리는 굽히는 나의 간단한 인사를 목례로 답하시고, 차를 드시고 곧 바로 원고를 작성하시는 날들이 대부분이었다. 눈이 많이 내리는 날, 비가 오는 날, 꽃이 화사하게 피는 날이라면, 이와 관련하여 "눈이 많이 오던데, 미끄럽지 않았어?"와 같은 염려의 말씀을 하실 수도 있으실 터인데, 선생님께서는 단순한 인사치례의 말씀을 하시는 일이 없으셨다. 연구실 지킴이로 있는 나의 개인 신상에 대해서도 단 한 마디의 말씀이 없으셨다. "지금도 아르바이트 하니?", "넌 뭘 가르치니?" 또는 "중간고사는 다 끝났니?" 같은 간단한 질문도 없으셨다.

선생님께서 말씀이 없으시면서 나에게 말을 하지 않는다는 지적을 하시는 것을 듣고, 나는 반성해야 했다. 그러나 너무도 어렸던 나는, 단순히 실제의 정황을 언급하시는 지나가는 말씀 정도로 생각하고, 그에 대응하여 어떠한 반성도 하지 않았고 그저 기존 방식을 계속하였다. 가끔 강의실이나 학과 동기들의 이런 저런 이야기를 전달한다든가 하는 일은 머리에 떠오르지도 않았다. 그건 잘한 일일 수도 있지만, 왜 선생님께 과일도 사다 드리고 맛있는 과자도 사다 드리지 못했는지 지금도 전혀 이해하기가 어렵다. 그런 어리숙한 연구실 지킴이를 쫓아내지 않고 놓아두신 선생님은 어떤 심정이셨을지 궁금하다.

3. 선생님의 독보적인 거대한 연구 성과와 그 미래

선생님께서 매일 쓰신 원고는 오래지 않아 글이나 저서로 간행되었다. 현재로, 선생님의 연구 업적은 저서가 66권, 논문이 245편으로 정리되어 있다. 이러한 연구 성과에 접하게 되면, 제자나 동료는 물론 그 밖의 사람들도 놀라움을 금치 못한다. 처음 대학 강의를 담당하셨던 1965년에서 소천하신 2024년 2월까지 59년 동안에 이루어 내신 연구 성과이다. 저서에 한정한다 하여도, 59년 동안 66권의 업적을 내셨으니, 1년에 1권 이상을 쓰신 셈이고 동시에 논문도 1년마다 4편 이상을 쓰신 것이다. 따져 볼수록, 한 개인이 이루어낸 연구 성과로는 거대한 분량이다. 선생님께서는 어떻게 이러한 거대한 연구 성과를 이룰 수 있으셨을까? 선생님의 연구실에서의 하루 일과에 근거하여 보면, 전혀 어려운 일이 아니다. 당연한 결과로 이해될 수도 있을 것이다 하루 30매 정도 원고를 쓰시곤 하시는 선생님으로서는 59년에 저서 66권, 논문 245편이라는 연구 업적은 충분히 가능한 것이다.

그러나 현실에서 그러한 업적을 이루어낸 교수들을 주위에서 찾기는 쉽지 않다. 연구실 책상에 앉아 매일 글을 쓴다는 것 자체가 많은 교수들에게는 어려운 일이다. 나는 집에서 강의 준비를 해 가더라도, 학교에 도착하여 강의 시작 이전에 다시 점검하곤 하였다. 그러다 보면, 남은 짧은 시간에 연구실 의자에 앉아서 논문을 작성하는 작업까지는 접근이 어려워진다.

퇴근 이후 댁에서도, 선생님은 글쓰기나 저술 활동을 끊임없이 지속하신 것으로 짐작된다. 어느 해 연초에 선생님댁에 세배를 갔을 때, 사모님께서 선생님 건강을 위하여 경희대 한방병원에서 진행하는 반찬 영양에 관한 강좌에 등록하셨다는 말씀을 하셨다. 당시로는 사모님께서 선생님의 건강을 많이 살피시는구나 하는 생각에 그치고 말았다. 지금 반추하여 보면, 선생님께서는 댁에서도 오직 연구 활동에만 몰두하신 것으로 추정되고 선생님 건강을 염려하신 사모님께서 영양 관련 강좌에 관심을 가지셨던 것 같다.

선생님께서는 국어교육을 학교 교육에서 나아가 거시적인 관점에서 접근하셨고, 많은 논문과, 저서를 저술하시어 국어교육학을 굳건히 세우셨다. 국어교육 연구 영역에 독보적인 금자탑을 쌓아올리신 것이다. 선생님께서 출발점을 이루신 연구 영역들은 한계 지워진 폐쇄 공간이 아니고, 제자, 후속 연구로 이어지며 앞으로도 끊임없는 확장을 이어갈 것이다. 선생님의 논문, 저서들은 이러한 확장의 중심에서 국어교육 연구의 핵을 이루며, 영원한 빛을 발할 것이다.

선생님, 이제는 하늘나라에서 지켜봐 주시고 늘 편안하시기를 기원드립니다.

바른말 고운말의 '국민 스승',
응용국어학의 선구자

민현식 閔賢植
서울대 국어교육과 명예교수, 국어교육과 73학번(30회)

1. 영원한 청년

　남천(南川) 박갑수(朴甲洙) 교수님을 처음 뵌 것은 1973년, 73학번들이 대학 입학 후 당시 불암산 밑 공릉동의 서울공대 캠퍼스 안에 있던 교양과정부 생활을 시작하면서 1주일에 한 번 전공 수업을 위해 용두동에 있던 사범대학 캠퍼스에 갔는데, 신입생 환영 행사에서 학과 여덟 분 교수님을 소개하는 자리였던 것으로 기억한다. 갑술년(甲戌年) 1934년 8월생이신 선생님께서 서울대에 35세 때인 1969년 부임하신 후 4년 차 되시던 39세 때이셨다.

　어릴 적 초중고고 때 뵌 20, 30, 40대 은사님들의 모습이 평생 그대로 남아 있듯이, 대부분 대학 신입생의 눈에는 대학 입학 후 처음 뵌 은사님들의 모습도 첫인상이 그대로 "우리 선생님"으로 평생 간다. 하늘같이 높게 보인 선생님들의 연세가 30, 40대였어도 50대 이상으로 노숙한 분들로 기억하는 것은 선생님들께서 스승으로서 첫인상의 풍모가 평생의 인상이 되어 그 뒤 몇십 년이 지나 은퇴하실 때까지 전혀 변한 모습이 아닌 것으로 생각하기 때문인데 선생님들의 원숙한 권위와 풍모에서 우러나온 결과라 생각한다.

그래서 은사님들은 연세가 들어도, 주름이 늘고 흰 머리가 보여도 늘 젊게 보이고 첫인상이 평생 그대로라고 착각하게 된다. 박갑수 교수님은 타고난 풍채가 건강하신 모습이셨고 밝고 환한 미소로 청년기 약관(弱冠)의 모습을 간직하셨기에 더욱 얼굴의 변화가 없으셨고 39세 때 뵌 모습이 평생 그대로라는 생각을 갖게 하였다.

특히 환갑이 넘으면 흰 머리가 보이는 것이 교수님들의 모습인데 박갑수 교수님은 고희(古稀) 때도 검은 머리가 여전하셨고 팔순(八旬)이 가까우시면서 흰 머리가 좀 늘어나신 것으로 기억한다. 국어과 졸업생이라면 누구나, 선생님을 심정이 온유하시고 언행이 신중하신 성품의 인자하신 교수님으로 기억하고 있기에, 평생 본받고 싶은 교육자로, 영원한 청년의 모습으로 기억하리라 생각한다.

2. 남천 냇가, 학문의 숲에서 성장한 제자들

남천(南川)은 선생님의 고향인 충북 옥천을 흐르는 냇물에서 따온 자호(自號)로 알고 있는데 남천은 금강으로 흘러간다고 한다. 선생님의 학부, 석사, 박사, 한국어교육지도자과정 제자들은 남천 박갑수 선생님의 학문의 원천 샘물이 흐르는 냇가에서 지혜의 샘물을 마시며, 남천 냇가 큰 숲에서 학문적 영감과 자양분을 받아 숨 쉬어 왔다고 생각한다.

남천께서 1969년 사대 국어과에 부임하신 후 1999년 8월 은퇴하셨으니

어림짐작으로 64학번들부터 군대 3년 다녀온 복학생으로 선생님 수업을 들었다고 보면 64학번(현재 80세)부터 99학번(현재 45세)까지 35년간 선생님께서 가르치고 논문지도를 하신 학부생이나, 교육대학원 제자는 무수하다.

더욱이 선생님의 국어순화 관련 저서와 1985년 KBS-1TV '바른말 고운말' 방송 등 여러 라디오, TV 강의, 그리고 국어순화 관련 신문 연재, 특별강연 등은 언론인과 언론고시생들에게 필독서의 저자, 명강연의 강사로 인식되어 왔고, 국민 대중에게도 '박갑수' 교수님의 함자는 낯익어 우리말의 "국민 스승"으로 기억되고 있다. 그러하기에 2024년 2월 23일 선생님께서 별세하셨다는 소식이 유언에 따라 한 달 뒤 3월 25일(월)에 알려지면서 제자들은 물론 학계와 언론계에 큰 울림으로 남아 여러 언론이 선생님의 생애를 자세히 밝히며 추모의 기사를 실었다.

선생님은 국어순화론자로서 1970~80년대에 각종 신문, 방송, 및 월간지를 통해 국어순화 및 우리말 바로쓰기 운동을 전개하셨다. 그 결실로 『우리말의 허상과 실상』, 『국어의 오용과 순화』, 『우리말 바로 써야 한다, 1, 2, 3』이 나왔고, 『국어의 표현과 순화론』, 『국어순화와 법률문장의 순화』가 국어순화의 이론서로 나올 수 있었다. 이를 계기로 난해한 일본식 한자어를 개선하여 민사소송법 등의 법률문장 순화를 이루셨고 법제처(法制處)의 정책자문위원으로 법률문장의 순화에 크게 기여하셨다.

바른말 고운말의 국민 실천을 위해 교양도서로 제1 논설집 『국어의 표현과 순화론』을 비롯하여, 제2 논설집 『우리말 사랑 이야기』, 제3 논설집 『올바른 언어생활』, 제4 논설집 『아름다운 우리말 가꾸기』, 제5 논설집 『교양인을 위한 언어·문학·문화, 그리고 교육 이야기』를 내셨다. 또한 『재미있는 인생과 속담』, 『우리말, 우리 문화(전2권)』, 『재미있는 곁말 기행(전2

권)』과 같은 국어문화의 읽을거리들도 발간하셨으니 선생님은 국어생활을 위한 '국민 스승'으로서의 사명을 다하셨다고 하겠다.

3. 국어교육의 정체성 확립을 위한 응용국어학의 개척

여기서 잠시 해방 후 대학에서 국어교육학이란 학문의 역사를 생각해 본다. 국립사범대는 1960년대 말까지만 해도 서울사대, 공주사대, 경북사대 셋밖에 없었던 시절이라 사범대는 교사 양성대학으로서 학부과정이 대부분이고 교육대학원 석사과정도 이들 대학에 국한되었다. 서울대 사범대는 1986년 국어교육과 박사과정이 주간 대학원 체제로 세워지기 전에는 한성사범, 경성사범으로 이어져 온 학부의 역사가 있었다. 교육대학원은 야간제 전문대학원으로 1963년 설립되었고, 1975년 관악캠퍼스 종합화로 교육대학원은 주간제 일반대학원인 "서울대 대학원" 석사과정(1975~현재)으로 전환하였다. 사범대 학부 졸업 시 2급 정교사 자격증이 나오고, 교사 임용 후 4~5년 근무하고 자격연수를 받으면 1급 자격증이 나와 승급되었는데 교육대학원이나 일반대학원 과정은 교사 재연수과정으로 인식되어 석사를 마치면 1급 정교사 자격증이 나왔다.

국어교육학이라는 전공과정이 "국어국문학 + 교직과정"의 내용으로 구성되었고 국어국문학과 학생들도 교직과정만 이수하면 1980년대만 해도 학과 졸업생의 절반이 교사가 될 수 있어서 문리과대학(후에 인문대학, 사회대학, 자연대학으로 분화)과 사범대학의 교육과정의 차이를 구별하기가 어려웠다. 해방 후 6.25를 거치면서 전국에 사범대가 서울사대, 공주사대, 경북

사대 셋뿐이어서 1950년대부터 인구 폭증으로 60, 70년대에 교사가 부족해지자 문리과대학 국문과, 영문과… 수학과, 물리학과… 등에서 교직과정만 이수하면 교사 자격증을 주는 효과적 제도가 있었으므로 사범대를 따로 세우지 않고도 교사 양성이 가능하였기에, 국어과 교직과정은 "국어국문학+교육학"의 과정으로 교사 양성이 가능하여서 현재와 같은 교과교육학이 아직 정립되거나 발달할 수 없었다.

그래서 서울사대만 해도 1961년 5.16 혁명이 나고서 서울대 문리과대학을 유지한다면 사범대는 폐지해도 된다는 발상으로 1962년(서울사대 19회에 해당)에 1년간 신입생을 뽑지 않은 해가 있었다. 그래서 국어교육과 19회는 신입생을 안 뽑아 62학번 신입생은 없고 그 이전 학번 입학생의 복학생 몇 명으로 신입생 역할을 하였다. 그러다 1년 만에 1963년(20회)부터 다시 정상화하여 신입생을 뽑았다.

사범대의 위기는 이러한 문리대 학과들과의 차별성이 없어 그러하였으니 1975년에도 관악캠퍼스로 종합화하여, 계열별 모집을 하면서 사범대 소속 교수들이 한때 인문대에 합쳐지기도 하였다. 1990년 10월에는 국립사범대 졸업생 우선채용제도(자동발령제도)가 헌법재판소에서 위헌으로 판정되어 1991년부터 현재와 같은 교원임용고시로 바뀌게 되었고 이런 때마다 국립사범대들의 정체성 확립과 존립이 문제되었다. 사범대 교수님들은 이러한 위기를 몸소 겪어 오셨고 박갑수 교수님도 그런 위기 상황 속에서 "언어교육 곧 응용언어학"으로 인식되는 서구의 학문 동향을 고려하여 응용국어학 분야를 개척하면서 응용국어학으로서 국어교육학의 정체성을 확립하기 위해 고심하였던 것으로 생각한다.

1970년대까지는 사범대 국어교육과 졸업생은 서울사대, 공주사대, 경북

사대의 독점 배출 시대라 할 수 있다. 당시 서울사대는 졸업생들이 졸업 후 전국으로 배정되어 갔기에 우리 73학번만 해도 40명 중에 서울지역 공립학교 배정은 서너 명 정도였고 대부분 지방 발령을 받았고 지방학교에서 4년 의무 복무를 채우면 서울지역 사립학교로 많이 이동하였다. 국립사대생들은 수업료(당시 학비 10만 원 수준에서 5만 원 정도가 수업료)에 대하여 4년 면제 혜택을 받아서 졸업하면 국공립학교를 배정받아 4년 의무 복무를 하여야 했다. 이를 이행하지 않으면 2급 정교사 자격증을 박탈하였다. 실제로 우리 졸업생 절반은 전국 공립학교로 갔고, 나처럼 일부는 제대 후에 대학원 진학을 하면서도 사립학교 전임교원 근무에 의한 복무 대체가 허용되기도 하였으며, 일부는 교사 자격증을 포기하고 행정고시에 합격해 관료로 나아가거나, 언론계(PD, 기자), 기업 등으로 진출해 각자의 자리에서 역할을 하였다.

사범대학과 별도로 문리과대학의 교직과정이 병존하였던 시기라 교과교육학으로서 국어교육학의 학문적 정체성은 심각하게 고민하지 않아도 되는 시기이었다. 중고교 교사를 일반 문리과대학(70년대에 인문대, 사회대, 자연대로 분화) 국문과, 영문과... 물리과, 화학과 등에서 전공을 배우고 교육과 교수님들께 교직과목을 이수하면 전국 각급 중고교에 교사로 취업하였기에 국어교육학 전공의 학문적 정체성은 '인문과학 + 교육학' 정도의 복합학문으로 이해되었다. 따라서 160학점 시대인 1970년대만 해도 국어국문학과나 국어교육과의 교육과정이 별 차이가 없었다.

1970년대 서울사대 국어교육과 교육과정은 문학개론(4학점, 1-1학기), 국문학개론(4학점, 1-2학기), 한국문학사(3학점씩, 2-1, 2학기), 국어학개론(2학점씩, 2-1, 2학기), 한국문학론(3학점 3-1학기), 국어사(3학점, 3-2학기), 국어음운론(3학점, 3-2학기), 현대시문학(3학점, 3-1학기), 언어학개론(3학점, 4-1학기), 국어형태론(3학점, 4-2학기), 국어통사론(3학점, 4-2학기), 고전문법(3학점, 4-2학기)을 배웠고, '세계문예사조, 훈민정음강독, 고문진보강독, 문체론, 비교문학' 등을 배웠다. 국어교육과만의 고유 과목으로는 '국어화법 1, 2'가 따로 개설되었던 것이 기능교육을 고려한 강좌이었을 뿐이라 오늘날 "문학교육, 문법교육, 독서교육, 화법교육, 작문교육"의 분립 체계가 아직 확립되지 않았던 것이고 강좌명도 1986년 서울대 국어교육과에 박사과정이 인가되고 90년대에 국어교육학 박사가 배출되면서 점차 교육과정 교과목 명칭이 "○○교육론"처럼 변화하게 되어 2000년 이후로는 점차 모든 사대 국어교육과 강좌가 "문학교육론, 시교육론, 문법교육론, 국어사교육론…" 등과 같이 "○○교육론"이란 명칭으로 일반화하였고 이런 흐름이 전국 사범대로 확산되어 국어국문학과와의 구별이 강화되었다.

이런 "○○교육론"과 같은 강좌 명칭의 전환은 어문계인 서울대 국어교육과가 선도한 측면이 크고, 같은 어문계라도 영어교육과, 독어교육과가 국어교육과처럼 "○○교육론"으로 모두 변화한 것은 아니다. 사회교육과, 과학교육과, 체육교육과 등의 학과들도 모두 "○○교육론"으로 전환할 수 없는 것이 각과의 현실이었다. 즉 사범대학 각 학과의 교육과정 내용은 "내용학 + 교육학"의 복합학문의 성격을 띨 수밖에 없어 내용학에서는 국어국문학과, 영어영문학과… 물리학과, 화학과… 등의 내용학을 가르칠 수밖에 없지만 학과의 정체성을 정립하는 양상은 학과마다 차이가 있는 것이 현실이다. 지금도 서울사대의 자연계인 이학(理學)계열은 교과교육 전공을 하는 교육학박사를 주로 배출하지만 서울대 자연대학의 협조 아래 자연대학처럼 내용학만을 연구하는 이학박사도 10% 정도 배출하는 것이 제도적으로 허용되어 있다.

따라서 서울사대는 학과에 따라 국어교육과처럼 인문대 국문과와의 차별성이 명료하게 정착한 학과가 있는가 하면 같은 어문계는 물론 다른 교과교육학과조차 그 교육과정과 학과 정체성의 확립 방식이나 정도가 차이가 있는 것이 현실이다. 그럼에도 분명한 것은 사범대 각과는 내용학을 익히고 이를 어떻게 잘 가르칠 것인가를 덧붙여 고뇌하는 학과라서 그 점을 특화하여 교과교육학의 정체성을 세우는 노력을 쉬지 않고 추구해야 하는 사명이 분명하여 사범대학생은 인문대, 사회대, 자연대 학생들처럼 내용학을 기본적으로 공부하면서 각과교육에 적합한 교육학을 추가로 연구해야 하므로 복합적, 융합적 사고가 더 요구되며, 더 많이 더 널리 배우고 더 깊이 생각하여야 하는 책임과 사명이 따른다고 하겠다.

위와 같이 초기에 사범대학의 학문적 정체성이 미약하다 보니 대학원도 서울사대는 1963년 야간 전문대학원 형태의 "교육대학원 국어교육 전공 석사과정"으로 출범하였다가 1975년 관악캠퍼스로 종합화한 뒤부터는 야간 전문대학원의 틀에서 벗어나 주간 일반대학원 체제인 "대학원 국어교육 전공 석사과정"으로 전환하게 되었다. 그러나 여전히 교사들이 자격연수를 겸하여 오는 것을 배려하다 보니 야간 강의도 가능한 운영을 하였다.

1986년에는 비로소 일반대학원 국어교육 전공 박사과정이 출범하게 되었으니 이때부터 국어교육학의 학문적 정체성이 본격적으로 논의되기 시작하였다. 사범대에서 석사과정을 마치고 박사과정을 진학하여 박사논문을 제출하고 학위를 받은 사람들도 1990년대 초부터는 '교육학박사' 학위로 배출되기 시작하였다.

그리하여 1990년대 중반부터는 박갑수 교수님의 박사과정 제자도 배출

되어 1호 박사로 심영택(1996), 2호 송현정(1998), 3호 이도영(1998) 교수님이 배출되었다. 물론 석사과정을 다니던 제자들은 더 많았고 박사과정에 진학하기도 하였으나 1999년 8월 선생님께서 은퇴하시어 끝까지 지도를 받을 수 없었다. 그러나 사범대 주간 석박사과정이 생기기 전이나 후나 은퇴하신 후에나 선생님의 학문은 제자의 제자로 이어져 가고 있다고 하겠다. 사실 선생님의 연구목록을 정리, 검토하면서 선생님의 줄기찬 연구업적에 경탄하지 않을 수 없었고 우리는 아직도 선생님의 학문 세계를 다 섭렵하지 못하였고 다 이해하지도 못하고 있는 것이 우리의 모습이라 하겠다. 분명한 것은 지난 60여 년 동안, 사범대학의 위기 시대를 겪으면서 선생님께서는 국어교육의 정체성 확립의 방향을 응용국어학 개척으로 돌파해 오신 것이라 할 수 있겠다.

4. 남천의 학문 세계

선생님의 전공은 국어학, 국어교육, 한국어교육의 영역을 아우르고 있는데 세부적으로는 국어문체론, 국어정책, 국어규범론(표기법론), 국어순화론, 언론언어론, 법률언어론, 광고언어론 등의 분야를 개척해 오셨다. 전형적인 응용국어학의 영역이다.

특히 문체론은 문학 작품의 문체를 다루면서 국어학과 국문학을 아우르는 융합 학문의 영역으로 볼 수도 있어 어문학을 융합하는 노력도 지속적으로 해 오신 것이며 문체를 다루시면서 "국어의 발상과 표현"이라는 문제를 천착하시어 국어교육에서 화법과 작문 영역을 아우르는 "국어 표현론"의 영역도 개척해 오셨으니 국어교육을 위해 응용국어학의 여러 영역을 종횡무진으로 일구어 오신 것이다.

2024년 2월 별세하시기까지 66권의 저서와 245편의 논문 그리고 언어수필(칼럼) 200여 편을 남기신 것은 국어교육학계에서는 전무후무한 업적이라 해도 과언이 아니니 일평생 박 교수님은 연구, 저술 작업만 하신 것이다. 저서로는 1973년 『국어학신강』(공저)을 내신 이래 1999년 8월 은퇴까지 26년 동안 40권(1년 평균 1.5권)을 출판하시고, 1999년 8월 은퇴하시고 2024년 별세 후 유작 『우리말의 어원과 그 문화(하)』까지 25년간 26권(1년 평균 1권)을 출판하셨다.

논문도 1965년 첫 논문부터 1999년 8월 은퇴하실 때까지 34년간 논문 130편을 쓰시고(평균 1년 3.8편), 은퇴 이후 19년째 되는 2018년까지 115편(6편)을 쓰셔서 연(年)평균 논문은 오히려 은퇴 이후 매년 재직 시의 2배 가까운 논문을 쓰셨으니 놀라울 정도로 왕성한 연구 집필 활동을 하셨다. 오직 외길 우리 말글 연구에 일생을 바치신 삶으로 학자의 전형 그 자체이셨다.

5. 선생님의 학문을 따라가며

나는 학부 때 문법론과 어휘의미론에 관심을 가져서 이들 강의를 학부 지도교수이신 이용주 교수님께 배우면서 국어학 공부를 시작하였다. 1979년 제대 후 9월 학기부터 다닌 인문대 대학원에서는 이익섭 교수님을 지도교수로 모시면서 문법론에 집중하여 석사논문으로 현대국어의 조사 생략 현상을 다루었다. 1984년 3월 강릉대 국문과에 부임하였는데 동시에 매주

목요일에는 상경하여 박사과정도 시작하면서 박사논문의 주제로 '시제(時制, tense)와 상(相, aspect)'의 문제를 다루었다. 시제와 상의 문제를 시상(時相) 형태소에만 초점을 맞춘 기존의 형태론적 연구의 한계를 넘어 시상(時相) 어휘인 시간부사의 시상 개념을 통해 어휘의미론적 시상 연구를 규명하고 형태의미론적 연구와 통합해야 한다는 지론을 갖고 '중세국어 시간부사' 연구로 박사논문을 쓰게 되었다.

돌아보면 박갑수 교수님을 학위 지도교수로 모시지는 못하였으나 학부 때 선생님을 강의로나 저서로 배웠고, 1979년 여름 전역 후 9월부터 대학원에 다니면서 국어과 동문 어학 모임인 <한국어연구회>에도 나가게 되어 이 모임을 회장으로 이끄셨던 선생님을 지속적으로 모실 수 있었기에 학위 지도교수로 모신 것과 아무런 차이를 느낄 것이 없었다. 그리고 결과적으로는 박갑수 교수님의 학문 영역인 응용국어학 부문이 국민의 언어생활에 매우 긴요하고 유용하다고 절대적으로 공감하고 있었기에 어문규범, 바른말 고운말, 국어순화 등과 관련된 선생님의 실용적 논저는 재미도 있었고 학문적 보람도 커서 자연스레 뒤따르게 되었다.

이런 변화는 1984년 강릉대 국문과에 부임하면서 학문의 여정이 외적 요인에 의해 변화되었던 것에서도 원인을 찾을 수 있다. 당시 1980년대는 1970년부터 시작된 정부의 어문규범 4대 표기법(한글 맞춤법, 표준어 규정, 외래어 표기법, 국어의 로마자 표기법)의 제정과 개정이 표류하던 시기라 이 분야에 대한 논쟁도 많았던 시기이었다.

'한글 맞춤법'은 조선어학회라는 민간 학회에서 1933년 제정한 '한글 맞춤법 통일안'이 나오고 1946년 용어를 일부 고친 수정본이 나와 80년대까지 40년 가까이 묵수(墨守)되어 오던 상황이었으니 대한민국 건국 정부 수립(1948) 후 정부의 공식적인 한글 맞춤법은 아직 제정된 것이 없는 상황이었다. 따라서 '습니다, –읍니다', '-리오, –리요' 등의 표기 혼란이 있어도 공적 권위를 가지고 답해 주는 기관이 없던 시기이었다. 또한 정부 수립 후 정부가 제정한 어문규정이 있었던 '들온말 적는 법'(1948)과 이것의 개정판인 '로마자의 한글화 표기법'(1958)과 같은 외래어 표기법과 '한글의 로마자 표기법'(1959)과 같은 로마자 표기법에 대해서도 개정 요구가 있던 상황이었다. 특히 1986년 아시아경기대회, 1988년 서울올림픽을 앞두고 도로 안내용 로마자 표기법의 개정이 시급하였다.

그리하여 일찍이 1970년부터 정부 차원의 위원회가 학술원 산하에 구성되어 어문규정 정비작업을 시작하여 10년 만에 완성되어 1979년 3월에는 공청회도 하였는데 1979년 10.26 사태로 박정희 대통령이 시해(弑害)되는 사건이 발생하여 정국이 혼란 상태로 빠지고 어문규범 정비작업은 보류되었다. 1980년 7월 제5공화국으로 전두환 대통령 정부가 출범하면서 다시 어문규범 정비를 재추진하게 되었고 1984년 문교부 산하 연구기관으로 '국어연구소'가 설립되면서 80년대는 어문규범 정비에 학계의 많은 관심이 쏠렸고 1984년 '국어의 로마자 표기법', 1986년 '외래어 표기법', 1988년 '한글 맞춤법'과 '표준어 규정'이 공포되기에 이르렀으니 1970년 시작 이래 18년 만에 4대 어문규범 정비가 완료되었다.

이런 분위기에서 많은 국어학자들이 어문규범 정비에 관심을 표하였고 나도 국민생활에 절실한 표기법 문제에 관심을 갖고 역사적 변천부터 공부하게 되었다. 마침 "중세국어 시간부사"로 박사논문을 쓰면서 15세기부터의 표기법 변천도 자연스레 공부하게 되었다. 석박사 지도교수님이신 인문대 이익섭 교수님께서 표기법과 방언의 대가이셔서 그 영향도 크게 받게 되었다.

특히 1984년 강릉대에 가서는 내가 주전공으로 하겠다는 문법론, 의미론 강의는 선임자인 김일병, 김광해 교수님께서 주전공자로 가르치시므로 나는 다른 과목을 배정받아 가르치게 되어 국어학사, 국어사, 국어학강독, 국어규범 등을 가르치게 되었고 이들을 가르치다 보니 자연스레 부전공이 주전공처럼 되었다. 문법론, 의미론을 가르치지 않고 기타 과목을 가르친 것이 오히려 학문의 지평을 넓히는 유익한 계기가 된 것이다. 그리하여 강릉대에서는 문법론, 의미론을 가르치지 못하고 1991년 9월 숙명여대로 부임하면서 비로소 가르치게 되었다. 숙명여대로 온 뒤에도 국어 표기법 분야 논문을 쓰거나, 여성어, 국어문화론, 어휘론, 담화론, 한국어교육론 등의 논문도 쓰게 되어, 『국어 정서법 연구』, 『(국어교육을 위한) 응용국어학 연구』라는 책으로 묶을 수 있었다.

결과적으로 1980년대 어문규범 정비의 시대에 강릉대 부임 후 한글 표기법 강의를 하게 되고, 중세국어 시간부사 논문을 쓰고 국어사를 가르치면서 학부 때 박 교수님께 배웠던 영역과 가까워지게 되었다. 2000년 9월 모교에 박갑수 교수님의 후임으로 부임하기 전에는 선생님의 학문을 잇는다는 생각을 감히 생각하지도 못하였으나 부임하게 되니 선생님의 학문을 우러러 볼수록 내 학문의 짧고 좁고 얕음만 절감할 뿐이다.

6. '국어학신강'과 '국어학강독' 이야기

1973년 1학년 1학기에 문학개론, 2학기에 국문학개론을 전공필수로 배우고, 국어학개론은 2학년 1학기에 김형규 교수님의 저서 『증보 국어학개론』(1965, 1974, 일조각)으로 배웠다. 마침 그 당시 새로운 내용으로 잘 정리된 최신 국어학 개론서로 이용주, 박갑수, 이을환, 이길록, 이인섭, 성기철 교수님 등 6인이 쓰신 『국어학신강』(1973, 개문사)이 나왔다. 오늘날은 국어학 개론서가 많아졌지만 70년대 초만 해도 국어학 개론서로는 이희승 교수님의 『국어학개설』(1955, 민중서관), 어문학연구회 편 『국어학개론』(1965, 수도출판사), 김형규 교수님의 『증보 국어학개론』 정도가 있었을 뿐이었다.

당시 국어학 개론서조차 몇 권 안 될 정도이므로 분야별 전공서로는 음운론, 형태론, 통사론, 의미론 등의 개론서가 더욱 희귀할 때였다. 그래서 분야별 개론서로 마땅한 교재가 없다 보니 이용주 교수님은 4학년 1학기에 개설된 언어학개론 강의에서 소쉬르의 '일반언어학강의' 원서를 공부하게 하셨고, 4학년 2학기 통사론 강의 교재로는 당시 유행하던 변형생성언어학 원서를 입문시켜 주셨다.

그런데 '국어학신강'은 다음 목차를 보면 요즘 국어학개론서와 달리 단원 수가 적어서 각 단원은 독립개론서 수준이라 하여도 과언이 아닐 만큼 내용이 알차고 깊었다. 당시로서는 최신 국어학 지식을 상세히 잘 정리하였고 입문자들에게는 충실한 안내자 역할을 하여 국어학도들에게는 훌륭한 기초 안내서가 되었다. 당시는 국한혼용체 시대라 교재가 한자투성이인데 목차와 단원별 집필자는 다음과 같았다. 박갑수 교수님은 의미론 단원을 집필하셨는데 독립된 의미론 개론서라 할 만큼 수준 높은 내용이었다.

第1章 總說 / 이을환(李乙煥)
第2章 音聲學 및 音韻論 / 이용주(李庸周)

第3章 形態論 / 성기철(成耆徹)

第4章 統辭論 / 이길록(李吉鹿)

第5章 意味論 / 박갑수(朴甲洙)

第6章 方言論 / 이인섭(李仁燮)

이제 위 책은 절판되고 존속되지 못해 아쉽지만 요즘의 국어학개론서들과 비교해도 손색없을 만큼 구조주의 관점의 개론서로는 알찬 내용이라 이따금 꺼내 뒤적거릴 때가 있기에 나의 추억과 함께 내 책장에서 여전히 숨 쉬고 있다.

다음으로 박갑수 교수님께서는 3학년 1, 2학기에 <중세국어강독>, <근대국어강독>, 4학년 1학기에 <문체론>을 수강하였다. 그중에 중세, 근대의 국어 강독 시간이 재미있었는데, <근대국어강독> 시간에는 '동국신속삼강행실도'를 강독하면서 한자, 한문 공부는 물론 국어사 공부에 큰 도움이 되었다. 특히 '동국신속삼강행실도'에 나오는 조상들의 충신, 열녀, 효자들의 이야기는 계승해야 할 우리의 전통이요 인간의 도리에 충실했던 조상들의 이야기라 큰 감동이 되었고 오래도록 기억에 남는 내용이었다.

2001년 국어교육연구소가 국정교과서로 <고교 국어> 교과서 개발을 맡게 되면서 근대국어 부분의 자료를 선택해야 할 상황이었는데 나는 선생님께 배운 '동국신속삼강행실도' 자료를 떠올리게 되었고 좋은 충신, 효자의 사례를 찾아 새 교과서에 수록하였고, 개화기 자료로는 '독립신문 창간사'를 수록하게 되었다. 이는 이 자료들을 선생님께 배운 덕분이었기에, 사실상 선생님의 가르침을 반영한 결과이었다.

7. 80년대 <한국어연구회>를 90년대 <국어교육학회>로 키우시다

　전술한 대로 1979년 여름 전역하고 8월부터 창문여고 교사로 첫발을 디디고 겸하여 학교의 배려로 매주 화요일, 목요일 이틀 오후에는 관악으로 이동해 대학원 석사과정을 시작하였다. 이때 국어과 어학 동문 연구모임으로 <한국어연구회>가 매월 한 번 광화문 사거리 조선일보 옆에 있던 사대 동창회관 5층에 모여서 연구발표회를 하였는데 주로 언어학 분야 원서 강독을 하게 되었고 나는 간사를 맡게 되었다. 당시 모임은 박갑수 교수님께서 회장으로 이끌어 주셨다. 회원으로는 국어과 동문 중에 국어학 연구를 하는 분들이었으니, 이인섭, 김승렬, 홍종림, 김성렬, 이광정, 이주행, 박경현, 김일병, 왕문용, 김광해, 이필영 선생님이 주로 참여하였다.

　1986년 국어교육과에 주간 대학원 박사과정이 생기면서 80년대 말에는 이삼형 선생님 등 국어교육 전공자들도 참여하게 되었다. 이 <한국어연구회>는 80년대 내내 계속되었다. 나는 82년 2월 석사를 마치고 84년부터 강릉대로 자리를 옮기고 동시에 서울을 오가면서 박사과정도 시작하여 84, 85년 박사과정을 수료하고 86년부터는 논문 준비를 하게 되면서 <한국어연구회> 간사를 계속 맡기는 어려워서 80년대 말에는 이삼형 선생님께 인계하게 되었다.

　1990년 2월 <중세국어 시간부사 연구>로 박사논문을 마치고 91년 9월 학기부터 숙명여대로 옮기게 되었다. <한국어연구회>는 국어학 전공자와 문법교육 중심 연구자와 기능교육(독서, 작문, 화법 교육) 연구자로 분화하게 되었다. 그리고 86년 국어교육과 박사과정에 진학한 동문들은 국어교육학에 대한 학문적 정체성 문제를 고민하면서 국어교육학 전공을 심화 발전시키는 데 큰 기여를 하였다. 그 결과 <한국어연구회>는 현재의 <국어교육학회>로 발전하였고 '국어교육학연구'를 학회지로 발간하여 한국어교육학회의 '국어교육'과 함께 국어교육학의 대표적 학술지로 자리 잡게 되었다. 이렇게 학회가 자리 잡도록 박갑수 선생님께서는 울타리가 되어 주셨고 마음껏 뻗어가도록 젊은 제자들을 격려해 주셨다. 이삼형 선생님은 그 후 1990년 국어교육학회 초대 회장으로 학회의 기초를 놓았다.

서울에 와서는 선생님을 자주 뵐 수 있었다. 국어과 학생들은 70년대만 해도 학부 4학년 때부터 설날 세배 인사를 다니던 풍습이 있어 80년대 강릉에 살 때나 90년대 서울에 와서나 매년 설날을 학과 은사님들 댁을 방문하는 새해 인사로 시작하였다. 설날 연휴에는 서울 시내 동쪽에서 서쪽으로, 때로는 서쪽에서 동쪽으로 세배를 다니면서 은사님들 댁에 가서 차나 떡국을 들던 것도 즐거운 추억으로 남아 있다. 그러나 은사님들 사모님과 가족한테는 설마다 제자들이 세배하러 밀려들어 왔으니 민폐(?)가 아니었나 싶기도 하다.

서초동의 선생님 댁은 중간 지역이라 여러 제자 팀이 만나 북적거리곤 하였다. 설날은 선생님의 서실(書室)에서 특히 일본어 원서가 가지런히 꽂힌 책장 앞에서 둘러앉아 선생님의 말씀을 듣는 시간이었다. 돌아보니 선생님을 모시고 이숭원, 윤여탁 선생님 등과 북한산 원효봉 가파른 산을 올라갔던 기억, 이석주, 이주행, 박경현 선생님과 함께 박갑수 교수님을 모셨던 시간 등 선생님과의 추억은 계속되었는데 이제는 아득한 옛 시간이 되었다.

8. 국어교육 발전 공로로 <세종문화상 학술상>을 수상하시다

　박 교수님의 연구는 전술한 대로 응용국어학 분야를 개척해 오신 길이라 하겠다. 이론언어학(순수언어학)과 구별하는 응용언어학의 핵심은 모어교육으로서의 국어교육과 외국인을 위한 한국어교육이다. 서구에서는 흔히 언어교육을 전공한다고 하면 응용언어학을 전공하는 것으로도 표현한다. 국어교육이나 한국어교육학이나 언어교육을 전공한다는 것은 곧 응용언어학 전공을 하는 것이다. 그 밖에 실용적인 언어정책론, 국어표기법(어문규범), 법률언어학, 국어순화론, 한자교육론, 문체론, 국어문화론, 번역학, 사회언어학, 전산언어학, 매체언어학 등이 모두 응용언어학에 속하는 것으로 선생님께서 대부분 펼쳐 오신 응용국어학 영역이다.

　선생님은 1969~1971년 일본에 문부성 초청으로 가셨을 때, 일본의 학문인 '문장심리학'을 연구하시면서 그 시절에 작가의 작품에 나오는 단어 빈도 조사를 수작업으로 어휘통계 방법론을 사용해 작가와 사용 어휘의 상관성을 통계적으로 분석하여 국어문체론 분야를 개척하시고 계속하여 한국인의 속담과 곁말 등을 통하여 국어의 발상과 표현의 원리를 탐구하시어 국어교육에서 중요한 축인 "국어 표현론" 분야를 공시적, 통시적으로 엮어 실증적으로 개척하셨다. 『현대문학의 문체와 표현』, 『고전문학의 문체와 표현』, 『신문·광고의 문체와 표현』, 『일반국어의 문체와 표현』, 『한국인과 한국어의 발상과 표현』이란 저서들이 평생의 연구로 열매를 맺고 나왔다.

　선생님은 일찍이 일본의 학문을 익히고 국어교육에 응용하는 것 외에 외국인을 위한 한국어교육 분야에 대해서도 일본의 재일동포교육 및 일본인의 한국어교육에 관심을 갖기 시작하여 미국, 중국, 러시아 등 5대양 6대주의 한국어교육의 발전을 위해 논저와 강연 등으로 크게 기여하셨다. 주요 선진국이 미국문화원(American Center), 영국문화원(British Council), 독일문화원(Goethe Institute), 프랑스문화원(Academie Française)과 같은 기관을 전 세계에 설치하여 자국어의 언어문화 보급을 위해 노력하듯이 우리가 선진국이 되고 세계문화 발전에 기여하려면 자국어(自國語)의 보급, 세계화가 필수 불가결하다고 보신 선생님은 한국어의 세계화라는 원대한 희망을 바라보고 최선을 다해 헌신하셨다.

또한 일본의 축파(筑波, 쓰쿠바)대학과 천리(天理, 덴리)대학, 중국의 군관양성학교인 '낙양(洛陽, 뤄양) 중국인민해방군 외국어학원'에서 초빙교수로 직접 한국어교육을 수행하시어 현장에 기반한 한국어교육을 앞서 실천하셨다. 특히 88 올림픽 이후 소련과 동구권의 공산체제가 무너지고 92년 한중 수교로 외국인 근로자와 유학생이 대거 입국하고 한국어교육이 국가적 지원사업으로 추진되면서, 일본에서의 "한국어능력시험"을 실시하기 위한 작업을 수행하시어, 1996년 사상 처음으로 일본에서 "한국어 능력검정시험"을 보게 역할을 하셨고, 우리나라에서도 한국어 학습자를 위한 국가 차원의 "한국어능력시험"(TOPIK) 제도가 확립되는 역할의 자문에 응하셨으니 1996~2004년의 8년 동안 이 기구의 자문위원장으로서 제도 정착을 위해 노력하셨다. 아울러 한국의 언어문화교육의 발전과 세계화를 위해 이중언어학회 회장, 한국언어문화교육학회(KLACES) 창립회장, 재외동포교육진흥재단 상임대표, 한국국제교류운동본부 이사장 등의 직책을 맡아 왕성하게 활동하셨으니 한국어교육의 대부로 불리시는 것이 당연하였다.

선생님은 은퇴하시기 2년 전인 1997년에 서울사대에 <한국어교육 지도자과정>을 만드시고 기관지인 '한국어교육연구'를 발간하여 창간 이래 지금까지 매년 한국어교육 관련 옥고를 보내주셨으니 같은 논문집에 동일한 주제로 20여 년을 기고하심은 기네스북에 오를 기록이 아닐까 한다. 2005년 '한국어교육능력검정시험'이 생기고 한국어교원 단기양성과정이 법제화하면서 전국에 수많은 양성과정이 생기게 되는데 서울사대의 한국어교육 지도자과정은 선구적 역할을 하였다.

선생님께서는 2012년~2019년에 걸쳐 <한국어교육학총서(韓國語敎育學叢書)> 전5권을 필생의 연구논저로 마무리하셨다. 제1권 『한국어교육의 원리와 방법』(학술원 우수도서), 제2권 『한국어교육과 언어문화 교육』, 제3권 『재외동포 교육과 한국어교육』(학술원 우수도서), 제4권 『언어·문화, 그리고 한국어교육』, 제5권 『통일 대비 국어교육과 한국어교육』을 발간하셨으니 이는 한국어교육 전반을 다룬 이론 연구서로 필생의 역저로 기억될 것이다.

2015년 선생님의 세종문화상 학술부문 신청을 추진하면서 학회 추천서, 공적조서 등을 작성할 때 특히 선생님께서 손수 작성해 주신 연구목록을 훑어보면서 다시 한번 일평생 연구와 집필만 해 오신 선생님의 학문의 세계가 넓고도 깊고 높았음을 깨달을 수 있었다. 드디어 이상과 같은 국어교육과 한국어교육 및 응용언어학의 연구 공로가 인정되어 2015년 5월 제34회 세종문화상 학술 부문 연구자로 선정되는 영예를 얻으셨으니 개인은 물론 학과와 사범대와 서울대의 영광이요, 제자들 모두의 자랑이 아닐 수 없었다.

9. 진정한 추모의 길

1934년 갑술년생인 선생님께서는 평생 연구 저술에 전념해 오셨다. 일제

강점기에 태어나 소학교에서 일본어를 국어로 배운 세대이시다. 해방 후 1세대 학자를 이어 2세대 학자로서 척박한 학문 풍토에서 무에서 유를 창조하신 세대로서, 정체성도 제대로 잡히지 않은 국어교육을 위해 척박한 연구 환경의 시대에 학문 개척이라는 외로운 학자의 길을 걸어오셨다. 특히 국어문체론, 국어표기법, 국어순화론, 국어정책론, 매체언어론(신문언어, 방송언어), 법률언어론 등 응용언어학 분야를 외롭게 개척해 오신 것이다.

이처럼 학문의 길을 외롭게 걸어오셨지만 교수님은 원만하신 성품이라 학계 인사들과 두루 교유(交遊)하시고 여러 학회장, 이사장 등의 직분을 감당하실 수 있었다. 1980년대 사대 국어과 어학 연구자 모임인 <한국어연구회>가 1990년 <국어교육학회>로 창립 출범할 때도 선생님께서 모임의 울타리가 되어 주셨기에 가능하였으니 후학들의 연구를 격려하고 진작시키면서 학회가 끝나면 후학들과 격의 없이 대해 주시고 잘 어울려 주셨던 것이다. 이 모두 베풀기 좋아하시는 후덕하신 인품 때문이었다.

1997년 <한국어교육 지도자과정> 창립 이래 매년 개강식에 나오셔서 격려사를 해 주시고 매년 동문회 신년하례회에 나오셔서 덕담도 들려주셨다. 코로나 시기인 2021년, 2022년 1월 동문회 신년하례회에도 댁 근처 교대역 남촌 식당에서 하례회를 소수만이 모여 줌(zoom)으로 할 때도 나오셨는데 2022년 1월 신년하례회 참석이 마지막이셨다.

2022년 가을에 갑자기 낙상하신 후 칩거하시게 되면서, 구순(九旬)을 맞으시던 2023년 8월 제자들이 모시려던 구순 잔치는 결국 이루어지지 못하였다. 2024년 봄에는 좋아질 것이란 말씀을 하셔서 희망을 갖고 해를 넘겼다. 그러나 선생님은 "본인의 소천 사실은 번거로움을 피하기 위해 한 달 뒤에 사회에 알리기로 한다"라는 유언을 23년 10월 30일 미리 남기시고, 4개월

후 24년 2월 22일 저녁, 댁에서 갑자기 위독하시어 성모병원으로 옮기셨고 23일 아침 6시 45분 하늘나라로 떠나셨다. 장례는 선생님 유언대로 가족장으로 조용히 치르셨다.

성경 말씀, "내가 선한 싸움을 싸우고 나의 달려갈 길을 마치고 믿음을 지켰으니 이제 후로는 나를 위하여 의의 면류관이 예비되었으므로 주 곧 의로우신 재판장이 그날에 내게 주실 것이니 내게만 아니라 주의 나타나심을 사모하는 모든 자에게니라."(디모데후서 4장 7~8절)라는 말씀이 생각나는 삶이셨다.

제자들은 3월 25일에서야 별세 소식을 듣게 되었으니 모두 충격으로 먹먹한 심정이었다. 언론에서 부고와 상세한 생애 기사를 많이 내 드렸다. 학과 교수님과 은퇴 교수님들은 4월 2일 분당 봉안당으로 가 뵙고 참배하였다. 이날 가지 못한 분들을 위해 국어과 동문회 주관으로 5월 15일 스승의 날에 추모공원에서 추모의 시간도 이어졌다. 따님께서 추모 블로그를 만드셨는데 이렇게 깔끔하게 잘 정리된 추모 블로그는 처음 보았다. 선생님 생전의 모습 그대로를 느낄 수 있었다. 덕분에 많은 동문들이 블로그로 선생님을 찾아뵙고 추모할 수 있었다.

선생님께서는 늘 미소 지으며 인자하신 모습이었다. 찌푸리시는 모습을 뵌 적이 없다. 원만한 성품이셨기에 남에 대한 비방이나 비판을 하시는 것을 뵌 적이 없다. '바른말 고운말'의 국민 스승이셨기에 흐트러지거나 거친 말을 하시는 것도 기억에 없다. 제자나 사람을 공평하게 대하고 배려하시는 원만한 성품은 우리 모두 본받아야 할 성품일 것이다.

선생님께서는 세상과 이별하시는 준비를 오랫동안 조용히 하셨다. 연구 총서를 내신 후, 마지막 저서 『우리말의 어원과 그 문화』(상권)를 2021년

내시고 이어서 하권을 탈고하시고 출판사에 보내시고 별세하셨다. 다행히 하권은 선생님 별세 1주기에 맞추어 2025년 2월 21일 저녁 호암교수회관에서 1주기 추모식을 거행하면서 헌정할 수 있게 되었다. 또한 마지막 책을 내시고 연구논저 목록까지 총정리해 놓으셨으니 생의 마무리는 어떠해야 하는지 무언의 가르침을 주셨다.

"인생은 꾸준한 노력의 결정체(結晶体)다. 노력만큼 귀중한 것은 없다." 선생님께서 좌우명처럼 남겨 주신 말씀이다. 이 말씀처럼 우리 제자들 모두는, 아! 선생님의 삶과 학문의 여정은 "노력의 결정체"이었구나, 이 평범한 진리를 다시금 깨닫는다. 그러나 선생님의 그 '노력'은 결코 '평범한 노력'이 아니고 도무지 흉내 내기조차 어려운, 선생님만이 하실 수 있는, '비범한 노력'이었구나 깨닫는다.

이제 우리가 해야 할 진정한 추모의 길은 무엇일까? 우리 마음에 인자하신 미소의 선생님을 길이 기억하며, 남천 냇가의 학문의 숲에서 보여주신 학문적 열정과 인품을 되새기면서, 국어학계와 (한)국어교육계에 일구어 놓으신 선생님의 학문을 제자의 제자로 이어가 창조적으로 계승하는 일이 진정한 추모의 길이 되어야 할 것이라 믿는다. 일락서산(日落西山), 서산에 해는 지고 있지만, 남은 시간 그래도 짧지 않다고 믿고, 마음을 여미며, 발걸음을 재촉한다.

― 예수께서 가라사대 나는 부활이요 생명이니 나를 믿는 자는 죽어도 살겠고, 무릇 살아서 나를 믿는 자는 영원히 죽지 아니하리니 이것을 네가 믿느냐?

(요한복음 11장 25~26절)

고고한 견인堅忍의 정신

이숭원李崇源
서울여대 국어국문학과 명예교수, 국어교육과 73학번(30회)

    박갑수 선생님을 처음 뵌 것은 1974년 봄으로 기억된다. 서울대학교 사범대학 국어교육과에 입학해서 1학년 때는 공릉동 교양과정부에서 보내고, 2학년 1학기 때 용두동 캠퍼스로 와서 전공 수업을 들을 때 국어학개론 강의를 담당하셨다. 그때 선생님 연세가 41세다. 교수로서는 젊은 나이고 워낙 젊어 보이는 스타일이라 참신한 인상을 풍겼다.

    국어학 강의라 수업은 원칙대로 진행되었다. 칠판에 주요 내용을 빠르게 판서하고 세부적인 사항을 설명하신 다음 칠판을 지우고 다시 판서를 하고 다음 내용을 설명하셨다. 국어학 지식만 설명하실 뿐 그 외에 잡담은 한마디도 하지 않으셨다. 문학에 빠져 있던 나는 그러한 규격적인 국어학 이론 수업에 별 흥미를 느끼지 못했다. 그래도 충실히 출석해서 내용을 받아 적고 보통 수준으로 공부한 덕에 B+ 학점을 받았다. 오래전 성적증명서를 떼어 보니 그렇게 되어 있었다. 수업받을 때 동기 이종덕 군을 불러 무어라 말씀하셨다. 이종덕 군이 학과 수석 입학생인 걸 아시고 격려의 말씀을 해 주셨다고 나중에 종덕에게 들었다. 평소 무심한 듯하시면서도 학생들에게 관심이 크신 것을 그 일로 알 수 있게 되었다. 3학년 때 근세어강독을 강의하셨는데 그때도 B+ 학점을 받았다. 졸업할 때까지 선생님과 사적인 대화는 거의 나누지 않았던 것 같다.

    졸업 후 대학원에 진학해서 문학을 전공했기 때문에 선생님을 뵐 기회는 더 적어졌다. 신년 하례식이나 명절 인사 때 형식적인 인사를 드리는 정도였을 것이다. 1991년 서울여대에 부임한 후 얼마 지나서 김진영 선배로부터 연락이 왔다. 지학사에서 문학 교과서를 만드는 데 같이 참여하자는 말씀이었다. 불감청(不敢請)이언정 고소원(固所願)이로소이다 하고 모임에 나갔더니 박갑수 선생님께서 앉아 계셨다. 대표 필자가 박갑수 선생님이었다. 나중에 알아보니 박갑수 선생님께서 지학사 사장과 친분이 깊어서 대표 필자를 맡으셨고 집필자 인선은 직접 하셨다고 했다. 평소 교분이 없었는데도 현대문학 집필자로 나를 천거해 주신 선생님께 고마운 마음이 들었다. 은혜에 보답하기 위해 열심히 노력해서 좋은 성과를 거두었다.

    문학 교과서 집필에 관여하면서 선생님이 주도하는 등산 모임에 참여하게 되었다. 서울 근교의 산을 가볍게 등정하는 모임인데 사대 젊은 동문들이 주축이 되었다. 등산반 출신인 윤여탁 동문이 리더 역할을 하면서 어학 중심의 젊은 선후배가 참여했다. 나는 원래 동작이 느리고 운동을 멀리해서 등산에 뜻이 없었는데, 선생님이 선도하는 모임이라 비둔해지는 몸도 가다듬을 겸 참여하게 되었다. 처음에는 숨이 턱에 차고 땀이 비 오듯 했다. 몇 번 거듭하니 익숙해져서 어느 정도 오를 수 있게 되었다. 나중에는 지방의 명산으로 진출해서 겨울에 소백산 등정을 한 일이 기억에 남는다. 석보상절 판본으로 알려진 희방사 쪽에서 출발해서 정상에 오르고 어디론가 내려왔는데 자세한 일정은 기억나지 않는다. 겨울의 눈 덮인 설산과 고사목

지대, 흰 자작나무 벌판이 영화 장면처럼 기억에 남아 있다.

그때 선생님 연세가 60 전후였는데 체력은 우리들과 별 차이가 나지 않았다. 비교적 가볍게 산에 오르셨고 하산 후에는 약주도 잘 드셨다. 지방에 산행하러 갔을 때는 일박을 하게 되니까 저녁에 상당한 음주를 했다. 그때도 술잔을 마다하지 않으시고 집배하시고 반배도 하셨다. 등산 때만이 아니고 문학 교과서 집필 전후에도 날 좋은 때를 잡아 따로 저녁 식사를 내셨다. 그때는 김진영 선배와 송진섭 선배가 동참했다. 장소는 서초동의 고급 보신탕집이었다. 체력이 좋으신 것이 그 음식 덕분이라도 된다는 듯이 수육을 즐겨 드셨는데 그때는 고급 양주를 따로 준비하시어 얼큰하게 취하도록 드셨다. 나는 그 분위기가 좋아서 양주에 취해서 선생님 앞에서도 경박하게 큰 소리로 떠들었는데 그런 나를 나무라신 적은 한 번도 없었다.

문학 교과서도 작업이 종료되고 선생님의 정년을 전후해서 등산 모임도 흩어지면서 선생님을 자주 뵐 기회는 눈에 띄게 줄었다. 그래도 일 년에 몇 번 예의 그 서초동 고깃집으로 불러 양주 잔치를 베푸셨다. 음주의 양은 줄었지만, 거동과 말씨는 전과 다름이 없으셨다. 그런 자리에 꼭 당신의 저서를 몇 권 들고 오셔서 나누어 주셨는데 정년퇴직 후에도 저서 출간을 늦추지 않으신 점이 무엇보다 놀라웠다. 그때 받은 책이 열 권이 넘는 것 같은데, 그때마다 선생님의 탐구력과 필력에 감탄하곤 했다. 국립중앙도서관 도서 목록의 도움을 받아 그때 받은 책의 제목을 찾아보니, 『국어문체론』(1994), 『올바른 언어생활』(1994), 『우리말 사랑 이야기』(1995), 『우리말, 바로 써야 한다』(1995), 『한국방송언어론』(1996), 『현대문학의 문체와 표현』(1998), 『신문·광고의 문체와 표현』(1998), 『일반국어의 문체와 표현』(1998), 『국어 표현·이해 교육』(2000), 『고전문학의 문체와 표현』(2005), 『국어교육과 한국어교육의 성찰』(2005) 등이다. 이 분야에서 가장 많은 저서를 내신 분으로 꼽힐 것이다.

칠십을 넘기시면서 저서 출간이 줄어들고 우리를 부르시는 일도 줄었다. 그러나 다시 팔십 연치를 넘기시면서 역락출판사에서 중요 저서를 연이어 내셔서 세상을 놀라게 했다. 노년의 리듬을 회복하자 전에 하시던 대로 자료 수집과 원고 집필을 재개하신 것이다. 역락출판사에서 낸 선생님의 마지막 노작은 『우리말의 어원과 그 문화: 우리말의 어원사전』(2021)에 이어진 『우리말의 어원과 그 문화: 우리말의 어원사전(하)』(2024)다. 선생님은 타계하시기 직전까지 연구와 집필을 멈추지 않은 것이다.

이러한 불굴의 탐구력은 우리 주위에서 흔히 보기 어려운 사례다. 그런데도 이 드문 사례가 널리 알려지지 않은 것은 선생님의 연구 분야가 생활 국어 영역이어서 조명을 덜 받은 데 이유가 있을 것이다. 문학 연구나 순수 어학 연구가 아니라 생활 국어 영역이다 보니 학문적 순수성의 지평에서 소외되고 첨단 문화의 대중적 시야에서 소외되어서 연구의 열정과 성과가 제대로 조명받지 못한 것이다. 타인의 관심을 끌려고 업적을 남기는 것은 아니지만, 선생님의 뜨거운 연구가 정당한 대우를 받지 못한 것이 제자로서는 참으로 서운하다. 그런데도 선생님께서는 그런 부분에 대해 일언반구도 서운함을 내비치신 적이 없다. 참으로 놀라운 견인의 자세요 존경스러운 덕인(德人)의 태도라 할 것이다.

전해 들으니, 선생님께서는 당신의 사후 조치에 대해서도 정갈하고 고결한 당부를 해 놓으셨다고 한다. 장례 이후 한 달 지나서 타인에게 사실을 알리도록 유서로 친필 문서를 남기셨다는 말을 듣고, 그 놀라운 자제의 금욕적 정신에 가만히 눈을 감고 선생님의 검은 눈썹과 굳은 입술을 떠올렸다. 세상을 하직할 때는 누구나 미련이 남는 법인데, 선생님께서는 아쉬움과 서운함을 다 거두시고 묵언, 무행(無行)의 작별을 택하셨다. 어떤 수행으로 그 고고한 견인의 자리에 이르신 것인지 미리 알아두지 못한 일이 평생의 한으로 남을 것 같다. 가고 옴에 흔적이 없으니, 영전에 분향 올리지 못한 일이 아쉬울 것 없다. 대신 이 짧은 글로 선생님 정신의 무궁함을 기리고자 한다.

남천 박갑수 선생님과 나

윤여탁 尹汝卓
서울대 국어교육과 명예교수, 국어교육과 74학번(33회)

요즘 같은 가을에 아파트 정원이나 길가에서 빨간 열매가 주렁주렁 매달린 남천(南天)이라는 나무를 많이 볼 수 있다. 내가 집으로 들어오는 아파트 정원의 길목에도 이 나무가 여러 그루 있는데, 이 나무의 이름을 알려주기 위해 작은 이름표를 붙여놓았다. 나는 이 나무 옆을 지날 때마다 한글 표기가 같다는 이유로 지난 2월 23일 소천(召天)하신 남천(南川) 선생님을 떠올리곤 한다.

이런 중에 2025년 2월 선생님의 기일을 즈음하여 발간하려는 추모문집에 수록할 원고를 청탁받았다. 그런데 내가 쓸 수 있는 글이 그리 많지 않아서 확답은 하지 못하고 노력해보겠다는 답을 줄 수밖에 없었다. 나와는 전공이나 공부한 방향과 결이 많이 다른 선생님의 뛰어난 학문적 업적을 이야기할 수 없다고 생각했다. 더구나 전공이 다르다 보니 논문 지도나 논문 심사의 기억도 별로 없었다. 그래서 이 추모의 자리를 빌려, 아주 사적인 나 개인의 선생님에 대한 기억과 인연을 이야기하고자 한다.

이 글을 준비하면서, 박갑수 선생님과 전공이 다름에도 불구하고 내가 선생님으로부터 학덕(學德)을 많이 입었다는 사실을 새삼스럽게 깨달았다. 한국 현대문학을 그것도 외국어로서의 한국어교육에서는 교수도 학습도 어렵다고 하는 현대시를 전공한 나를 한국어교육이라는 새로운 학문 영역으로 인도해주신 분이 선생님이셨다. 선생님께서 평생을 연구하신 문체론이나 국어순화 등은 내게는 너무 먼, 범접하기 어려운 공부였기에 나와는 인연을 맺지 못한 학문 영역이었지만 말이다.

나의 한국어교육과의 인연은 우연한 기회에 시작되었다. 1999년 7월 선생님께서 이중언어학회를 맡고 계실 때, 현재는 튀르키예(Türkiye)라고 부르는 터키의 앙카라(Ankara)대학에서 개최된 이중언어학회 국제학술대회에 참가할 수 있었다. 옛날에도 그랬고 지금도 그렇지만, 이처럼 먼 곳에서 열리는 학회에 가는 목적은 제사보다 젯밥이라고 이 기회에 낯선 나라 여행이라도 가자는 마음이었다. 그래서 대학교수가 되어 처음으로 국제학회에 가려고 하니 아무 논문이나 제출할 수 없어서 '문학을 활용한 한국어 교육

방법'이라는, 지금 생각하면 부끄럽기 짝이 없는 글을 작성하면서 한국어교육이라는 영역에 발을 담그게 되었다.

1997년에는 선생님께서 주도하셔서 서울대학교 사범대학에 '외국인을 위한 한국어지도자과정'이라는 비학위과정을 개설하였다. 이러한 학문적 추세에 발맞추어 내가 학과장을 하고 있던 2002년에, 우리 학과도 여러 사람의 도움을 받아서 '한국어교육 전공'이라는 대학원과정을 최초로 개설하였다. 이렇게 시작된 나와 한국어교육의 인연 때문에, 나는 "문학을 하는 사람이 한국어교육학회에는 뭐 하려고 오느냐?"라는 한국어교육계 몇몇 선배학자들의 핀잔을 듣기도 했다. 어떻든지 이런 일들을 계기로 해서 나도 한국어교육에서 문학 작품을 활용하는 한국어 문학교육이라는 학문 분야를 연구하기 시작하여, 지금까지 나의 학문적 여정(旅程)을 이어오고 있다. 그리고 그 덕분에 세계 각국을 다닐 수 있었고, 자신들의 나라에서 한국어를 열심히 가르치고 있는 훌륭한 제자들도 만날 수 있었다. 진심으로 선생님 덕분에 미지의 학문 영역을 개척할 수 있었다고 말씀드리고 싶다.

다음으로 생각해보니 박갑수 선생님과 나는 오랫동안 같은 취미(趣味) 생활을 했다는 공통점이 있다. 나를 아는 사람은 다 알고 있는 바이지만, 나는 예나 지금이나 등산(登山)이라는 취미 활동에 진심인 사람이다. 이 자리에서 고백하건대 학과의 선생님이나 제자들뿐만 아니라 가까운 사람들은 아는 사실이지만, 나는 학과에 현직으로 재직할 때 수요일에는 학교에 가지 않았다. 그리고 학교 밖에서 아는 사람을 혹시나 만날까 해서, 학교로부터 좀 거리가 있는 산을 헤매고 있었다. 때로는 몇몇 사람과 어울려서 지방에 있는 명산이나 명소를 방문하기도 했다.

박갑수 선생님께서도 평소에 등산을 즐겨 하셨다. 그래서 선생님께서 학과에 재직 중에 '산수회(山水會)'라는 모임을 만들어 등산이나 낚시를 할 기회가 많이 있었다. 멀리는 전남 영암 월출산에 갔다가 선생님의 동기분을 찾아서 순천에도 갔고, 폭설이 내린 어느 겨울날 강원도 오대산을 갔다가 눈포래를 뚫고 동문들을 만나러 강릉에 가기도 했다. 가까이는 경기도 광주 천진암 뒷산인 앵자산에 올라 막걸리로 목을 축이기도 했으며, 학교 뒷산인 관악산과 서울을 대표하는 북한산을 여러 차례 등산을 같이했다. 그리고 내가 알고 있거나 풍문으로 들은 바로, 선생님께서는 매일 댁 주변에 있는 '서리풀공원'이라는 야산(이 산은 우리 집 주변이기도 해서 나도 1주일에 한 번쯤은 가는 산책길이기도 하다.)을 등산이나 다름없는 산책을 하셨고, 매주 토요일에는 고등학교 동창인 친구분과 서울 근교에 있는 산을 등산하고서 같이 점심을 했다고 한다.

박갑수 선생님과의 등산 중에 잊지 못할, 지금 생각하면 무모하기만 산행이 있었다. 나는 서울의 명산 중에 으뜸은 삼각산(三角山)이라고도 불리는 북한산이라고 생각한다. 그래서 요즘도 암벽을 등반하거나 조금 긴 등산을 하려고 북한산을 자주 찾는다. 이 북한산의 최고봉은 높이가 836M인 백운대(白雲臺)이다. 이 백운대를 오르는 방법은 다양한데, 선생님을 모시고 간 등산로는 원효능선으로, 원효봉, 염초봉이라는 바위 봉우리를 거쳐 백운대로 가는 암릉(巖陵)

이었다. 이 암릉길은 전문적인 암벽등반 기술뿐만 아니라 자일과 보호장비를 갖추어야 해서, 요즘은 북문이라는 곳에서 국립공원관리공단 직원들이 장비를 제대로 갖추지 않은 일반인의 입산을 통제하는 등산로이다. 그런데 나는 자일 정도의 기본 장비만 챙겨서 무모한 산행을 추진하였고, 우리 일행은 염초봉을 지나 백운대 직전에 있는 '개구멍바위'라고 불리는 좁은 바위틈을 위험과 공포를 무릅쓰고 기어 넘어야 했다. 이 자리에서 이미 고인이 되신 선생님과 당시 같이 등산을 했던 몇몇 분들께 진심으로 사과드립니다.

이 외에도 박갑수 선생님과는 낚시도 몇 번 간 적이 있다. 나는 선생님의 선배이시고, 유일한(?) 취미가 낚시였던 고(故) 이용주 선생님의 지도와 가르침을 받아서 낚시에 입문하였고, 내 마음속에 여전히 애틋한 사람으로 남아 있는 고 김광해 선생님과 자주 낚시를 다녔다.(그가 우리 곁을 떠난 후 나는 낚시와의 인연도 끊었다.) 이제는 오래되어 기억도 가물가물하지만 선생님과 함께 금강과 대청댐 등에 갔으며, 이런 기회에 선생님의 고향인 충청북도 옥천군 청산면에 갔던 적도 있다. 이 옥천 청산에서 남행(南行)하여 금강으로 흘러 들어가는 개천이 있는데, 이 개천의 이름이 남천(南川)으로 선생님의 호(號)이기도 하다.

박갑수 선생님과 나와의 또 다른 인연을 섭생(攝生, 적절한 단어는 아닌 듯하지만)으로 정리할 수 있다. 금강의 지류인 남천이라는 개울가에서 태어나신 선생님께서는 어린 시절에 많이 접했을 것 같은, 흙냄새가 난다는 이유로 피하셨던 민물고기 요리 외에는 별로 음식을 가리지는 않으셨던 것 같다. 이런 중에도 선생님께서 진심으로 좋아하셨던 음식이 있다. 그래서 서울에 있는 이 음식 맛집을 찾아 대치동, 서초동, 과천 등에 있는 '밤나무집', '감나무집'과 같은 이름을 가진 식당을 찾았다. 중국 연길(Yanji)에 있는 '매화집'에도 갔다. 물론 나 역시 이 음식을 좋아했기에 여러 차례 선생님의 미식(美食) 여행에 동참했었다. 요즘은 여러 이유로 거리를 두고 있는, 이 음식을 같이 했던 기억들이 새록새록 떠오른다.

선생님과 나의 섭생에서 또 다른 공통점을 찾는다면 음주(飮酒)를 빼놓을 수 없다. 나도 나름 술을 즐긴다는 이야기를 듣고 있지만, 나는 평소에 나보다 선배님 중에 술을 잘 드시는 분으로 박갑수 선생님을 항상 꼽았다. 지난 50년 가까이 제자로, 동료로, 후학의 자리에서 지켜본 결론이었다. 내가 본 기억이나 내가 들은 풍문을 종합하더라도 선생님께서는 술자리에서는 항상 최후까지 자리를 지키셨다고 한다. 내가 기억하기에 선생님의 불그스레한 얼굴도 딱 한 번 본 것 같으니 말이다.

이 글을 맺으면서 지난 2월에 소천하셨지만, 뒤늦게 소식을 접해서 달포나 지난 후에야 추모관을 찾을 수 있었다. 이때 황망함에 제대로 선생님의 영면(永眠)을 기원하지 못한 부족함도 새삼스럽게 떠오른다. 돌이켜 생각해 보니, 박갑수 선생님은 내게 오랫동안 스승이셨으며, 동료이셨고, 훌륭한 선학(先學)이셨다. 이렇게 글을 쓰고 보니, 새삼스럽게 추모의 글이라기보다는 선생님에 대한 나의 왜곡된 기억의 편린(片鱗)을 주저리주저리 나열하지 않았나 염려도 된다.

선생님!

이제는 부디 하늘나라에서 편히 쉬시고, 그동안의 저의 부족함도 널리 헤아려 주시기 바랍니다.

남천 선생님의 술 창고

이삼형 李三炯
한양대 국어교육과 명예교수, 국어교육과 74학번(31회)

애주가들에게는 술 창고가 있기 마련이다. 좋은 술을 보면 눈길이 가서 사두기도 하고, 술을 좋아한다는 소문이 나면 누군가로부터 선물을 받기도 한다. 이렇게 생긴 술은 가족의 특별한 날을 위해 남겨두기도 하고, 좋은 사람들과 함께 하는 자리에 화기애애한 분위기에 쓸 것을 생각하며 보관하기도 한다. 이렇게 애주가들에게는 이런저런 사연을 가지고 있는 술들이 한 병 한 병 쌓이게 된다.

애주가이셨던 남천 선생님 댁에도 술 창고가 있었던 것은 분명하다. 그것도 제법 큰 술 창고가 있었을 것이다. 내가 이렇게 확신하는 데에는 충분한 이유가 있다. 어느 때인가 선생님과 함께 하는 자리에 댁에 있는 술을 갖고 나오셨다. 처음 본 술이었지만 목 넘김도 부드럽고 특유의 향도 있어서 좋은 술임에 틀림없었다. 우리가 술에 대해 찬사를 하자 미소를 지으시며 그 술이 어떻게 생겼는지 말씀해 주셨다. 선생님은 해외에 나가시면 기념으로 그 나라의 술을 사서 들고 오신다면서, 그 술은 그리스 여행을 하시고 돌아오는 길에 공항에서 사신 술이라고 하셨다. 우리가 쉽게 접할 수 있는 위스키나 브랜디 종류가 아니었는데, 그 술을 사신 선생님도 그 술에 대해서 자세한 것은 모르셨다. 술에 대해 이런저런 것을 따져서 소장하는 현학적인 취미가 아니라 애주가들이면 흔히 갖고 있는 소박한 술 소장 취미를 갖고 계셨던 것이다. 여행이나 학회 참석으로 해외에 많이 다니신 선생님이셨기에 선생님의 술 창고는 여러 나라 술들로 가득 차 있었을 것이다.

남천 선생님은 술이 강하신 것으로 널리 알려져 있다. 술을 먹는 사람들이라면 어제 집에 어떻게 왔는지 기억이 안 나는 경험을 한두 번쯤은 갖고 있는 것이 보통인데, 선생님은 그런 경험을 한 번도 해 보신 적이 없다고 하셨다. 술이 들어가면 얼굴이 붉어진다거나 말수가 많아지는 등 취기가 돌면 변화가 있는 것이 보통인데 선생님은 술을 시작하실 때나 술자리가 파할 때나 조금도 변화가 없으셨다. 선생님은 '주당', '말술', '술꾼' 등과는 차원이 다르셨다. 술을 즐기시면서 천천히 드시며 다른 사람들의 이야기를 들어주시는 주선의 경지셨다.

지금까지 써 놓고 보니 남천 선생님을 자주 모셔서 술자리를 한 것처럼 되었다. 그러나 솔직하게 고백하건대 선생님을 모시고 술자리를 같이 한 것은 아쉽게도 그리 많지 않다. 선생님과 함께 한 사적인 술자리는 선생님과 배재대 최정순 교수 그리고 나 이렇게 세 명을 기본으로 했고 가끔 기회가 되는 한두 명 더 참여하기도 했다. 어떻게 그런 자리가 처음 시작되었는지는 명확하게 기억나지 않지만 아마 중국과 관련이 있을 것이다. 2000년대 중반부터 2010년대 중국에서 한국어교육이 한창 붐을 이루었다. 그 당시 중국 한국어교육학회에서 보게 되는 한국 학자들 사이의 인사가 "서울에서는 못 보고 중국에서 보네."였다. 선생님을 한국에서는 뵙지 못하고 매번 중국에서 뵙게 되니 죄송한 마음에 서울에서 한 번 모시자는 이야기가 자연스럽게 나왔을 것이다.

선생님과 만나는 장소는 쉽게 정해졌다. 전부터 선생님이 좋아하시는 고기를 알았고, 교대역 근처에 그것을 잘 하는 집-고기 맛이 좋고 장소가 깨끗한 집은 '향림' 하나였기 때문이었다. 장소를 정하면서 선생님이 알고 있는 장소일까 아니면 모르시는 장소일까 궁금했다. 워낙 좋아하시는 고기이고 그것을 취급하는 곳이 많지 않아서 분명히 알고 계실 것이라 생각했지만, 은근히 모르시면 좋겠다는 생각을 갖고 선생님을 모시고 가게에 들어섰다. 그 순간 나의 바람은 여지없이 깨졌다. 그야말로 버선발로 마중 나온다는 말이 실감나듯 주인 여사장님이 선생님을 반기지 않는가! 나도 가끔 가는 곳이라 주인장과 안면을 틀 정도는 되었었는데 선생님은 단골 중의 단골이셨던 것이다. 친구분들과 관악산을 등산하시고 점심은 이곳에서 드신다고 하는 말씀으로 그 상황을 설명해 주셨다. 나긋나긋하지는 않지만 시원한 성격의 여사장님은 선생님을 모시고 가면 좋은 부위의 질 좋은 고기를 손으로 먹기 좋게 나누면서 선생님께 드셔보시라고 직접 건네기도 했다. 어색해 하시면서 싫어하지 않으며 드시던 선생님의 모습이 눈에 선하다. 여사장님의 센스 있는 서비스는 술자리를 활기가 넘치게 했다.

세월 앞에 장사가 없다고 했던가. 여러 해 선생님을 모시면서 선생님의 술 드시는 양이 변화하는 것을 느낄 수 있었다. 서초동 향림 모임이 시작하였을 때만 해도 선생님은 2차까지 선도하셨다. 교대역과 서초역 사이 법원 쪽 블록에는 지금도 그렇지만 맥주집이 없었다. 그래서 처음에는 맥주집을 찾아 헤매기도 했다. 겨우 찾아간 교대역 가까운 건물 지하 1층 맥주집은 썩 마음에 드는 집은 아니었다. 조명도 어두웠고 시설도 많이 낡아 있었다. 깨끗한 집으로 모시지 못해 죄송했지만 선생님은 즐겁게 맥주를 드시는 것으로 우리를 안심시켜 주셨다. 11시 언저리까지 계속된 술자리가 끝나면 댁까지 모시고 가겠다는 제안을 한사코 뿌리치시고 언덕을 넘어 댁까지 걸어가셨다. 그만큼 건강하셨던 것이다. 그러던 선생님이 2차를 사양하시더니 1차에서도 한두 잔만으로 자제하시는 모습을 보이셨다.

　선생님은 비교적 건강하실 때부터 당신의 삶을 정리하셔야겠다고 생각하신 것 같다. 서초동 모임을 통해서 두 가지 점에서 그것을 느낄 수 있었다. 언제부턴가 선생님이 출판하신 책을 갖고 나오셔서 주셨는데, 오랜만에 뵙게 될 때는 두 권을 주신 적도 있었다. 새로 집필하신 것은 아니고 지금까지 신문, 잡지 등에 기고했던 글들을 정리하여 출판하신다고 하셨다. 기존에 원고들이 있다고 해도 그걸 읽고 비슷한 주제들끼리 모으고 정리하고 수정하는 일은 보통 일이 아니다. 선생님 건강도 걱정이 되었고, 매번 책을 받아드는 손이 부끄러워 이제는 웬만큼 정리가 되셨느냐 여쭈었더니 아직도 정리할 것이 많이 있다는 말씀을 하셨다. 문체론, 한국어교육, 국어사용 등 다양한 방면에 관심을 갖고 계셨으니 정리해야 할 원고의 양이 어느 정도인지 짐작이 갔다. 선생님은 밤늦게까지 작업하시는 날도 많다고 하셨으니 이 일에 보통 열정이 아니라 매달리다시피 하셨던 것 같다. 우리로서는 선생님 건강이 걱정이라는 말씀만 드릴 수밖에 없었다. 선생님은 아무리 바쁘시더라도 서리풀 공원 산책은 게을리하지 않으신다고 우리의 염려를 누그러트리려 하셨다.

　선생님의 정리 작업은 술 창고에도 이루어졌다. 서초동 모임에 선생님은 대개 술 한 병을 들고 나오셨다. 당연히 우리도 술을 갖고 나가게 되고 다음부터는 갖고 나오시지 말라 말씀을 드려도 그 말을 받아들이지 않으셨다. 들고 온 술이 두 병이 되면 우리가 갖고 나간 술은 제쳐두고 선생님이 갖고 오신 술로 먼저 시작했다. 선생님이 술을 갖고 나가시는 것이 어디 서초동 모임만이었을까. 친구분들과 만나는 자리에 술을 갖고 나갔더니 그렇게 좋아들 하더라는 말씀도 있으셨다. 그렇게 좋아들 하니 앞으로는 꼭 술을 갖고 나가서야겠다는 말씀도 덧붙이셨다. 이렇게 선생님은 나가시는 자리를 즐겁게 하면서 선생님의 술 창고를 비워나가셨다. 그러고 보니 서초동 모임에서 선생님의 술을 여러 병 비웠으니 선생님이 술 창고를 비우시는 데 일조를 한 셈이라고나 할까.

  원고를 정리하고 술 창고를 비우시는 일은 전혀 다른 일이지만 선생님의 삶에는 하나의 의미로 통했던 것 같다. 선생님은 인생이란 정리하고 비우고 떠나야 한다고 생각하셨고 그것을 실천하고 계셨던 것이었다. 특히 술 창고를 비우는 일은 좋은 것을 함께 나누면 그 기쁨이 배가 된다는 진리를 실천하신 것이다. 한 병 한 병이 즐거운 자리를 만들면서 비워지는 선생님의 술 창고는 선생님의 삶의 자세였다는 것을 이제 새삼 느끼게 한다. 더 자주 뵙고 가르침을 받아야 했는데 그렇게 하지 못한 아쉬움과 후회가 남는다. 선생님이 떠나신 지금, 선생님의 술 창고가 다 비워졌고 홀가분하게 먼 길을 떠나셨기를 바라는 마음이다.

특별전담 지도교수 남천南川 선생님

김종철金鍾澈
서울대 국어교육과 명예교수, 국어교육과 75학번(36회)

남천(南川) 선생님께서 별세하셨다는 소식이 뒤늦게 알려지고, 학과에서 전·현직 교수들이 함께 추모하러 간다고 연락이 왔을 때 나는 속으로 망설였다. 당연히 함께 가야 했지만 선생님께서는 내가 학부생이었을 때 몇 달 동안 나의 특별전담 지도교수셨기에 따로 뵙고 싶은 마음이 생겼다. 이미 돌아가셨지만 마지막 특별지도를 받고 싶었던 것이다.

나를 포함한 국어과 75학번은 서울대가 관악으로 옮겨온 뒤 첫 입학생들이다. 계열별로 입학하여 1년 반의 교양과정을 끝내고 전공을 선택하는 체제인지라 2학년 2학기에 전공 과정에 들어갔다. 학과 동기와 선배들도 이때부터 알게 되었고, 학과 선생님들도 마찬가지였다. 전공 과정에 들어왔으나 강의실이 아닌 곳에서 학과 선생님들을 가까이 뵐 기회는 별로 없었다. 학과사무실과 강의실은 11동에 있고, 선생님들 연구실은 대부분 1동에 있은 것도 한 이유였을 것이다. 내 기억으로는 구인환 선생님께서 종로 청진동에서 베푸신 술자리 외에는 강의실 밖에서 선생님을 만나 뵌 적이 없었다.

3학년이 되어서 우리 75학번들은 남천 선생님과 각별한 인연을 맺게 되었다. 3학년 MT 때 함께 하셨고, 4학년 졸업여행도 함께 하셨으니 그 인연이 특별하다고 할 수 있다.

1978년 봄 국어과 75학번 졸업여행 때. 서울에서 밤 기차 타고 아침에 도착한 여수역에서. 왼쪽 끝에 서 계신 분이 남천 선생님. 나는 이 여행을 함께 하지 못했다. (75학번 김영권 제공)

지금도 우리는 동기회를 하면서 남천 선생님 이야기가 나오면 선생님의 한없는 주량(酒量)을 겪은 일부터 말한다, 우리는 1977년 4월에 원주 치악산의 구룡사 근처 산장으로 MT를 갔을 때 선생님의 주량이 끝이 없음을 처음으로 알게 되었다. 아니 엄밀히 말하면 선생님의 주량을 헤아리지 못하고 도전했다가 단체로 항복하고 말았던 적이 있다.

MT 당일 저녁 식사를 끝내고 야외에서 술판이 벌어져 한참이나 지나고,

또 밤은 깊어가는데도 선생님께서 주무시러 들어가시지 않고 계속 함께하셨다. 선생님께서 계셔서 우리끼리 신나게 떠들고 놀 수 없으니 무슨 수가 있어야겠다는 쑥덕공론이 돈 뒤에 선생님을 먼저 취하시게 하여 주무시도록 하자는 그럴듯한 안이 나왔다.

그리하여 나를 포함하여 술 좀 한다고 자처한 네댓 놈들이 선생님 곁으로 옮겨가 연신 술을 드렸는데, 선생님께서는 요지부동, 도대체 취할 기미조차 보이지 않으셨다. 도리어 선생님께서 빛의 속도로 돌려주시는 잔을 연속 받아 마시다 보니 우리가 먼저 드러누울 판이 되어버렸다. 선생님을 얌전한 샌님으로만 알았던 우리는 그만 항복하고 말았다.

다들 술이 어지간히 취하게 되니 선생님이 계셔도 아무렇지 않게 되었고, 이윽고 술판이 춤판으로 바뀌었는데, 선생님께서는 기다리셨다는 듯이 우리와 어깨동무하시고 새벽까지 춤추고 노셨다. MT 지도교수로 오신 게 아니라 사제동락(師弟同樂)을 위해 오셨음을 우리는 그제야 깨달았다.

나는 작취미성(昨醉未醒)이었던 모양으로 MT를 끝내고 돌아오는 이튿날의 기억이 전혀 없는데, 며칠 전에 동기 서인석 교수가 그날의 일기를 찾아보고 알려준 바에 따르면, 원주역으로 나와서 중국집에서 식사하면서 선생님께서 가져오신 나폴레옹 코냑에다 고량주와 오가피주를 마시고는 모두 술에 절어서 서울로 돌아왔다고 한다.

내가 선생님과 특별한 인연을 맺게 된 때는 치악산 MT 이후이다. 나는 3학년이 되면서 사범대 학보인 『청량원(清凉苑)』의 편집장이 되었다. 당시 유신 체제하에서 서울대에는 학생들이 자발적으로 조직한 학생회가 없는 대신 강제로 조직된 학도호국단이 있었고, 학생들이 인정하는 학생들의 공식 조직은 각 단과대학의 편집실뿐이었다. 게다가 우리가 입학하던 해인 1975년 5월에 선포된 긴급조치 9호로 국민의 핵심적인 기본권들이 제약된 억압적 상황이 지속되고 있었고 학내도 마찬가지였다. 이에 1977년 5월에 관악캠퍼스의 6개 단과대학(가정대, 법대, 사대, 사회대, 인문대, 자연대) 편집장들이 학내 민주화를 요구하는 문건을 만들어 들고는 총장실로 가서 총장 면담을 요청하였다. 그때 총장은 부재중이어서 학생처장과 사무국장과 논쟁을 벌이다가 문건을 전달하였다.

이 일이 있고 나서 다른 단과대 편집장들과 함께 나는 학내 요주의 학생 리스트에 오르게 되었는데, 그 여파가 남천 선생님께 미칠 줄은 전혀 예상하지 못했다. 어느 날 학과로부터 연락이 오기를, 남천 선생님께서 나의 특별 전담 지도교수가 되셨으니 한 달에 한 번씩 반드시 찾아뵙고 면담을 해야 하며, 남천 선생님께서도 나를 면담한 결과 보고서를 대학본부에 반드시 제출해야만 하게 되었다는 것이다.

치악산 MT 이후 선생님과 가깝게 되었다고 생각하고 있는데, 이 일로 선생님의 심기를 편찮게 하게 되니 마음이 무겁기 짝이 없었다. 그러나 내가 연구실로 찾아뵙고 심려를 끼쳐 송구하다고 말씀드리자 선생님은 전혀 개의치 않으셨다. 평소의 표정과 어조 그대로 담담하게 나의 근황을 물어보시고는 대학 당국이나 유신정권 쪽의 요구와 관련된 말씀은 일절 하지 않으셨다. 내 나름으로는 시국과 관련된 말씀을 하시면 답변 드릴 준비를 해갔는데, 그냥 인사드리러 온 학과 학생처럼 대하시니 나는 말문이 막히고 말았다. 그러면 선생님께서 다른 말씀이라도 하시면 좋은데 평온한 표정으로 가만히 계셨다. 그래서 면담 시간의 대부분이 침묵으로 채워졌고, 그리 길지 않은 면담 시간이었지만 나로서는 매우 긴 시간으로 느껴졌다.

이렇게 첫 번째 특별면담을 끝내고 난 뒤 먼저 떠오른 생각은 엉뚱하게도 선생님께서 본부에 보낼 면담보고서에 쓰실 내용이 없을 터인데 어떻게 하실까 하는 것이었다. 시국과 관련하여 자중하라는 말씀이라도 하셨다면 본부나 유신정권이 원하는 바대로 하신 것이 되지만 선생님은 일절 그런 지도를 하지 않으셨으니 보고서를 무엇으로 채우시나 궁금하지 않을 수 없었다.

그러자 문득 이두현 선생님의 시국 관련 지도면담이 떠올랐다. 76년 9월 국어과 학생이 된 지 얼마 되지 않아 학과에서 지도교수 면담을 하라는 연락이 왔었다. 몇 명이 함께 이두현 선생님 연구실로 찾아뵈었더니, 선생님께서는 문 주변에 엉거주춤 서 있는 우리에게 들어오라든가 앉으라는 말씀도 없이 거두절미, "대학본부에서 너희들 데모하지 못하게 지도하라고 하니, 나는 그걸 너희들에게 전달하는 것이야. 끝났으니 가봐." 하셨다. 이러한 이두현 선생님의 소통방식은 메시지를 전달하는 메신저의 흥미로운 사례로서 의사소통 연구의 대상이 될 만하다고 나는 늘 생각해 오고 있는데, 당시에 우리는 복도를 걸어 나오면서 모두 직감적으로 이두현 선생님께서 세상이나 대학이 이 모양 이 꼴이니 데모를 해도 좋다고 말씀하신 것으로 해석하였다.

이에 비해 남천 선생님의 시국 관련 특별면담 지도는 정권이나 대학 당국의 메신저 역할을 아예 안 하시는 것이었다. 메신저로 지명된 분이 전달하라고 한 메시지를 무시해 버리시니 수신자로 지명된 내가 그 메시지에 대해 언급할 수도 없었다. 지도를 받아야 할 나로서는 편하게 되었지만, 문제는 그다음에 일어났다. 내가 예상했던 면담의 중심 화제가 애당초 존재하지 않게 되니, 짧은 면담 시간이라도 선생님과의 대화를 이어나가는 것이 내게 새로운 과제가 되었다. 침묵의 시간이 길어져도 선생님께서는 평온한 표정과 따뜻한 시선으로 나를 보고 계실 뿐 무슨 말씀을 먼저 하시지 않으셨다. 차라리 시국 문제를 말씀하셨으면 좋겠다는 생각이 들 지경으로 그 침묵의 시간은 견디기 어려웠다.

이렇게 되니 첫 번째 면담을 끝내고 나오면서, 선생님께서 면담보고서에 무얼 쓰실까 하는 생각과 함께 다음 면담은 어떻게 하나 고민이 되기 시작했다. 다음 면담은 잊어버린 척하고 회피하면 어떨까 생각해 보았다. 선생님 성품에 내가 면담을 빼먹는다고 해서 나더러 오라고 챙기지 않으시리라는 생각도 들었다. 그렇지만 면담 결과 보고서는 대학본부에 내셔야 할 터인데 어쩌나 하는 생각이 드니 좋은 방법이 아니었다. 더구나 다른 단과대 편집장을 비롯하여 상당수 학내 요주의 학생들도 함께 대학 당국의 특별 관리 대상이 되었고, 심지어 유신정권은 유정회 국회의원들까지 요주의 학생 관리에 동원한 판이라 내가 면담을 회피하는 것은 상책이 아니었다.

그래서 생각해 낸 방안이 전공 학업에 대해 여쭈어보는 것이었다. 나는 1학년 때부터 문학 공부에 관심이 있어서 당시 국문과와 영문과에서 영인해서 팔던 신비평 계통의 책들을 비롯해서 이런저런 문학 연구 분야의 책들을 구해서 읽어오던 중이었다. 마침 남천 선생님께서는 문체론 연구와 강의를 하시니 이에 대한 가르침을 받을 수 있으면 좋겠다 싶었다. 여기에는 선생님께서 요주의 학생이 마음을 잡고 학업에 열중한다는 보고서를 쓰실 수 있는 근거도 될 수 있겠다는 얄팍한 계산도 없지 않았다. 물론 이 얄팍한 계산을 선생님께서 모르실 리 없다고도 생각하였다. 그렇지만 나에 대한 선생님의 심려도 좀 덜어드리고, 무엇보다 면담 과정 중의 침묵의 시간이 이어지지 않게 하는 미봉책은 되겠다 싶었다.

지금 돌이켜 보면, 내가 좀 조급했다고 생각한다. 저를 걱정하지 않으셔도 됩니다는 의사를 표현하는 방법으로, 아울러 선생님께서 평온한 표정으로 이어가는 침묵—여기에 진정한 가르침이 함축되어 있었을 터인데—을 끊는 수단으로서 전공 관련 질문거리를 장만해 가지 않았더라면 더 좋았지 않았을까. 선생님께서 정권과 대학 당국의 시국 관련 메시지를 지도면담에서 배제해 버리셨으니 나도 전공 지식에 관한 질문 따위는 준비하지 말고 그냥 선생님 연구실에 가서, 온화한 표정으로 지속하는 선생님의 침묵에 나도 잠자코 있으면서 무언의 대화를 하거나, 아니면 생각나는 대로 무슨 말씀이든 드려 자유로운 대화를 했더라면 더 좋은 특별지도 면담이 되지 않았을까. 선가(禪家)에서 '이 문에 들어오는 사람은 알음알이를 버리라(入此門來 莫存知解).'고 한 것처럼 그때 나의 분별심을 버렸더라면 좋았을 것이다.

하여튼 나는 두 번째 면담부터 선생님의 시국 관련 지도를 대체한, 온화한 표정의 침묵의 지도에 대한 미봉책으로 전공과 관련한 질문을 드렸고, 문체론에 대해서도 여쭈어보았다. 한번은 문체론 분야의 좋은 참고서를 여쭈었더니 연구실 도서목록함의 도서카드들을 살펴보시고는 Graham Hough의 *Style and Stylistics* (Routledge & Kegan Paul, 1969)를 보라고 카드에 적어주셨다. 나는 이 책을 광화문 네거리 근처에 있던 외국 서적 전문의 범한서적에서 샀다. 이 글을 쓰면서 내 서가에서 이 책을 꺼내 보니 1977년 8월 12일에 샀다고 기록해 놓았고, 그때 몇 페이지 밑줄 쳐 가며 읽은 흔적도 남아 있다. 이제 이 책은 47년 전 선생님의 특별 지도면담의 유물이 되었다.

한 달에 한 번씩 선생님의 특별 지도면담은 이런 식으로 서너 번 이어졌지만 내가 1977년 10월 하순의 학내 민주화 시위에 관련되어 관악경찰서에

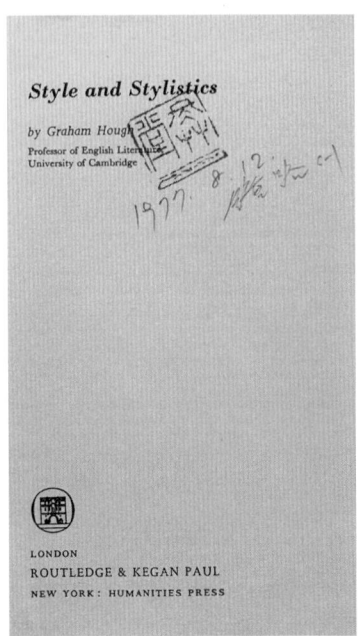

남천 선생님께서 특별지도 면담에서 소개해 주신 문체론 책

연행되고, 그 결과 무기정학을 당하면서 끝나고 말았다. 무기정학 이름값을 했는지 이듬해 78년 1학기에 복학하지 못했고, 게다가 1978년 8월 전북 전주에서의 민주화 시위에 참가했다가 또 연행되어 경찰 조사를 받은 바람에 78년 2학기 복학도 물 건너가고 말았다. 그야말로 '무기(無期)' 정학이 되고, 그 뒤에 징집 영장이 나와 78년 11월 하순에 군에 입대하게 되었다.

  1979년 가을에 첫 휴가를 받아 학교로 선생님을 찾아뵈었더니 반갑게 맞아주시고, 또 세상에 가장 재미없다는 군대 이야기를 한참이나 들어주셨다. 마침 그때 선생님 연구실에 장경희 선생님이 계셨는데, 내가 물러 나오자 나를 데리고 사범대 깡통식당에서 짜장면을 사주셨다. 학과 동기들만이 아니라 대학 입학 동기들도 다 졸업하거나 군에 입대하여서, 선생님을 뵙고 나면 학교 내에 딱히 갈 데도 없는 상황이었는데 장 선생님께서 그걸 짐작하셨던 모양이다. 그날의 짜장면은 지금도 잊지 못한다.

학교를 떠난 지 4년 만인 1981년 9월에 3학년 2학기로 복학하자, 이제는 특별지도 학생이 아니라 일반(?) 학생이었다. 물론 정보 당국의 감시는 계속되었지만 특별 지도면담과 같은 조치는 없었다. 남천 선생님께서는 문체론 강의를 들었는데, 여느 학생과 다름없이 대하셨고, 나도 따로 선생님을 찾아뵌 적이 없다. 80년대 전반 역시 유신체제의 연장이나 다름없었으니 그 이전의 특별지도 면담이 특별한 일로 반추될 수 없는 상황이었기도 했다.

입학한 지 8년 만에 학부를 졸업하면서 대학원 진학을 하여 1동 3층에 있는 국문과 대학원 문학연구실에서 공부를 했는데, 같은 층에 남천 선생님 연구실이 있어서 특별히 선생님을 자주 뵈었다고 할 수는 없지만 그래도 오다가다 뵙고 지냈다. 박사과정을 수료하고 강릉대 국문과에 재직할 때에 동문 선배들이 선생님을 모시고 왔기에 학과의 동문 선배 교수들과 함께 선생님을 모시고 강릉 바닷가에서 낚시도 하며 유람한 일, 아주대 국문과 재직 중에는 선후배들과 선생님을 모시고 북한산, 인왕산 나들이를 한 적도 있다. 또 새해에 선후배들과 선생님 댁에 세배를 다닌 적도 있는데, 마주앙을 박스째로 장만해 놓으시고 술이 떨어질 때마다 가져오시는 것을 보고 이전에 치악산에서 보여주신 선생님의 무한 주량을 떠올리기도 했다.

마음속에서 남천 선생님께서 한때 나의 특별지도교수였다는 점은 잊은 적은 없었지만 그렇다고 그것을 선생님과의 관계에서 표나게 의식하지 않고 지내오다가 선생님의 특별지도 면담을 선생님을 뵐 때마다 의식하게 된 것은 내가 모교에 근무하면서부터다. 내가 부임했을 때는 선생님께서는

1992년 3월 22일 동문 선후배들과 함께 이용주 선생님과 박갑수 선생님을 모시고 북한산에서

정년퇴임을 하신 뒤였지만 선생님께서 주도하여 창설하신 '외국인을 위한 한국어교육 지도자 과정'에 강의를 계속 나오셨고, 또 다른 학과행사로도 나오셔서 내가 모교에 오기 전보다는 훨씬 자주 뵙게 되었다. 뵐 때마다 옛날의 특별지도 면담을 떠올리게 된 데에는 여러 요인이 작용했다고 생각한다. 하나는 공간일 것이다. 모교에서 선생님을 뵈니 자연스럽게 옛날에 같은 공간에서 선생님께 지도받던 일이 떠올랐지 않았을까. 또 하나는 그동안 세월이 많이 흘러 옛날을 되돌아보아도 될 만한 시점이 되었기 때문일 것이다. 다른 또 하나는 내가 학부 전공 과정일 때에는 지도교수가 학년마다 바뀌어서 남천 선생님의 특별지도 면담만큼 기억에 남을 만한 일이 별로 없었던 탓도 있었을 것이다.

학부 시절의 인연이 떠올렸다고 해서 내가 모교에 와서 선생님을 따로 모신 적은 없다. 그때와 똑같이 언제나 평온한 미소와 시선으로 나를 대하시는 선생님께 그 일을 특별한 일로 되새기는 것 자체가 선생님 성품에 맞지 않으리라고 생각했기 때문이다. 지금 돌이켜 보면 내가 모교에 온 뒤 선생님께서 학교에 나오셔서 나를 두어 번 찾으신 적이 있는데, 그것은 <춘향전> 자료 때문이었다. 그러고 보니 내가 선생님께 해드린 일은 말씀하신 자료들을 찾아드린 것 외에는 아무것도 없는 셈이다.

선생님께서는 정년 이후에도 연구를 많이 하셨는데, 이전부터 해 오시던 <춘향전> 연구도 계속하셨다. 사실 <춘향전>에 대한 선생님의 변함 없는 열정은 나와 같은 고전소설 연구자들에게 못지않았다. 선생님께서 <춘향전>의 문체와 표현에 대해 오랫동안 각별하게 관심을 경주하신 것은 널리 알려져 있지만, 일본에 있는 <춘향전> 자료들을 발굴하고 소개하신 업적은 이쪽 분야 전문가 아니면 모를 터이므로 이 자리에서 간단히 언급해두는 것이 좋을 것 같다.

<춘향전>의 수많은 이본 중에서 내용의 풍부함, 분량의 방대함, 그리고 표현의 다채로움으로 손꼽히는 것이 <남원고사>(프랑스 파리 동양어학교 소장) 계열인데, 일본에 있는 이 계열의 두 작품(동양문고본 <춘향전>과 동경대학본 <춘향전>)을 발굴하여 학계에 소개하신 분이 남천 선생님이다. 동양문고본 <춘향전>은 선생님께서 연구자들이 쉽게 이용할 수 있도록 주석 작업까지 하셨으며, 동경대본은 일본에서 발간되는 『조선학보(朝鮮學報)』(126집, 1988)에 해제와 함께 영인본을 내셨다. 내가 한동안 <춘향전> 연구를 할 때 한번은 선생님께 일본에 있는 자료에 대해 말씀을 드렸더니 『조선학보(朝鮮學報)』 별쇄본으로 나온 동경대본을 주시면서 동양문고본은 규장각 참

고서실에 가보라고 하셨다. 가서 보았더니 동양문고본 복사본이 있었는데, 선생님께서 일본에서 복사해 오신 것을 다시 복사한 것이었다. 선생님의 문체와 표현 중심의 <춘향전> 연구 업적들과 함께 <남원고사> 계열의 계통 연구, 즉 <남원고사>, <고본 춘향전>(최남선이 신문관에서 발간한 것), <동양문고본 춘향전>, 그리고 <동경대본 춘향전>의 선후 관계를 체계적으로 밝히신 것은 <춘향전> 연구사에 기록될 업적이다.

학과의 전·현직 교수들의 추모 행사가 있은 지 한참 지나서 나는 선생님을 모신 곳을 찾아갔다. 선생님 장례에 참석하지 못했으니 영결의 절을 올리고, 또 추모를 하기 위해서지만 또 한편으로는 마지막 특별지도 면담을 하러 가는 마음이기도 했다. 가면서 나는 줄곧 이 마지막 지도면담에서 예의 그 온화한 미소와 따뜻한 시선과 함께 이어지는 선생님의 침묵에서 나는 무엇을 읽고, 무슨 말씀을 드려야 할까 생각해 보았다.

한적하고도 정갈하게 조성된 추모관의 선생님을 모신 곳을 찾아 절을 올리고 묵념을 한 다음 선생님 영정사진을 바라보았다. 선생님을 직접 대한 듯한 느낌과 함께 선생님 특유의 '침묵'이 느껴지기 시작했다. 그런데 눈길을 정면 가운데에 모셔진 성경 뒤에 있는 사진을 보는 순간, 나는 옛날 첫 번째 특별지도 면담 때와 같이 또다시 말문이 막히고 말았다. 사진 속에서 선생님께서는 백두산 천지로 보이는 곳에 들어가셔서는 '만세'를 부르고 계시지 않은가!

아, 선생님께서는 또다시 면담의 예상 화제를 뛰어넘어 버리셨다. 선생님께서는 해탈(解脫)하셔서 '만세'를 부르고 계셨는데, 나는 여전히 선생님의 '침묵'을 해독하려는 48년 전 대학 3학년 학생이었다. 나에 대한 남천 선생님의 특별지도 면담은 이렇게 다시 끝났다. 면담은 끝났지만 역시 어리석은 제자답게 나는 돌아오면서 나중에 나도 선생님처럼 '만세'를 부를 수 있을까 생각하기 시작했다.

생활의 학문화, 학문의 생활화

김중신金仲臣
수원대 국어국문학과 명예교수, 국어교육과 77학번(34회)

도대체가 박사과정에서 학점을 C+ 받는다는 게 말이나 되는 일인가? … 불행히도 말이 된다.

77학번인 필자는 학부를 4년 만에 끝내고 바로 대학원 석사 과정에 진학했다. 당시 사범대에는 박사과정이 없었기 때문에 진학을 한다는 것은 인문대 대학원에 들어간다는 것을 말한다. 석사를 무난히 마친 나는 곧바로 박사과정에 진학을 시도, 하지만 5년 연속 낙방.

공부가 모자란 탓도 있지만, 굳이 타 학과생의 진학을 탐탁지 않게 생각하는 분위기가 나의 진학을 가로 막았다… 고 나는 생각했다.

하지만 어쩌겠는가? 사범대를 나왔으니 교단으로 나아갈밖에.

행당여중의 5년과 서초고등학교 5년은 그야말로 황금 같은 젊은 시절이었다. 여중 1학년 담임부터 공포의 강남 8학군 고3 담임까지 맡았으니 교직의 알파와 오메가를 다 겪어 보았다는 자부심으로 뿜뿜하였다.

마침 은사님이셨던 운당 구인환 선생님으로부터 연락이 왔다.

"사범대에 박사과정이 신설됐으니 들어오게."

국어교육의 학문적 근간을 살펴야 한다는 생각에, 박사과정 진학을 결심했다.

1991년, 박사과정을 시작하던 해.

대학 캠퍼스는 최루탄 가스로 뒤덮여 있었다. 강경대, 김귀정 … 신문 지면에는 이런 이름들이 오르내리고 있었다.

박사과정 2년간 연봉은 0원.

잘 나가던 강남 8학군 교사의 단맛은 순식간에 사라졌다. 그래도 모교 대학원에서의 생활은 행복했고 야심에 차 있었다.

국어교육과에 박사과정이 생긴 만큼, 국어교육학이 국어국문학을 넘어 세계 최고의 학문으로 자리잡게 하겠다는 각오는 더욱 굳어졌다.

나는 오직 공부에, 학문에만 전념하기로 굳게 결심하였 … 지만, 그게 그렇게 쉽지는 않았다. 밤의 낙성대는 불야성이었으니깐.

박갑수 교수님 강의를 수강했다. "Cognitive Discourse Analysis"라는 제목으로 기억이 남아 있는 영어 원서의 강독이었다. 서혁, 심영택, 박수자, 이은희, 위호정 선생 등등 쟁쟁한 후배들이 수강생이었다. 모두 언어 교육을 전공하는 사람들이었다.

나는 문학을 전공하였지만, 그래도 담화를 분석한다고 하니깐, 그래도 후배들과 함께라니깐, 그래도 박갑수 교수님 수업이니깐… 수강 신청을 하였다.

매주마다 한 챕터씩 맡아서 번역 및 요약을 하고, 그것에 대한 코멘트를 하는 식으로 진행되었다. 수업이 끝나면 교수님과 동학들이 모여 맥주잔을 기울이는 게 관례였다. 술자리는 제2의 강의실이니깐.

3월에서 4월로 넘어가던 즈음, 캠퍼스에는 벚꽃이 한창이었다.

마침 발표가 내일이었던 나는 열심히 영어 원서를 읽느라 정신이 없었다.

그때 연락이 왔다. 박 교수님께서 대학원생들과 맥주 한잔을 하신다는 거였다. 함께 하자고. 나는 점잖게 거절하였다. 발표가 바로 내일이지 않은가? 게다가 아직 영어 원서는 까막눈인 처지였다.

복도에서 마주친 박 교수님께서 넌지시 한 말씀 던지신다.

"김 선생. 오늘 안 간다고? 생활의 학문화가 되어야지, 책만 붙잡고 있다고 해서 공부가 되남?"

"아, 예~~??!!"

나는 영어 원서 책을 주섬주섬 접어 들고 대학원생 연구실 문을 나섰다.

역시 그날도 담화와 담론의 차이, cohesion과 coherence의 번역어 문제, 국어교육과 국어국문학의 방법론적 차이, 4장 콤플렉스, 국어교육과 문학교육의 위상… 등등은 커녕, 부어라, 마셔라, … 얌마~!! 짜샤~!! 너는 애가 왜 그 모양 그 꼴이냐?… 형님! 공부 좀 하슈~~!! ♩띵가♪띵가♬. 등으로 밤을 밝혔다.

다음 날, 얄짤없이(?) 수업은 진행되었다.

맡은 원서 분량의 반의 반도 못 읽었다. 그래도 발표는 할 수밖에 없었다.

"에~또… 그래서, 디스코수를 어날리시를 하려면 코히전과 코히런스를 어날리시스를 해갖고 설랑은…"

중언부언, 횡설수설이었다.

한참이나 듣고 있던 박 교수님께서 한 말씀 툭 던지신다.

"으음~~!! 김 선생, 수고했네. 이 대목을 누가 좀 대신 설명해 주지."

학기말 성적표를 굳이 펼쳐 보았다. 박 교수님 수강 과목은 C+…!! 참담하였다. 이럴 줄은 알았지만 이럴 수가 있나?

성적표를 꼬깃꼬깃 꾸겨 놓은 채로 방문을 나서는데 박 교수님이 부르셨다.

"이봐! 김 선생. 자네는 학문의 생활화가 안 되어 있더군."

'생활의 학문화와 학문의 생활화'
―그 어중간한 위치에 서 있던 나에게 따끔한 일침이었다.

<중세 국어 강독>과 <곁말의 재미>
—남천 선생님의 두 모습—

심영택沈寧澤
청주교대 국어교육과 교수, 국어교육과 82학번(39회)

○ <중세 국어 강독> 수업에서 만남

　남천 선생님과의 첫 만남은 대학 3학년 <중세 국어 강독> 시간이었다. 15세기와 16세기에 간행된 문헌 『용비어천가』, 『훈민정음 언해본』, 『석보상절』, 『월인천강지곡』 등을 강독하면서, 중세 국어의 언어 체계와 현상을 이해하고, 문헌 자료를 분석하는 능력을 기르고자 하는 수업이었다. '나'는 시대에 따라 변화하는 국어의 모습을 발견하고, 국어사에 대한 안목을 기를 수 있을 것으로 기대했었다.

　하지만 '강독'(講讀)이라는 단어 그 자체가 주는 심적 부담은 '나'를 유난히 주눅 들게 하였다. 남천 선생님이 중세 국어라는 바다를 유유히 즐기는 거대한 고래 한 마리라면, 학부생으로 '나'는 처음 맛본 바닷물이 그저 짜기만 했던 피라미 한 마리였다. 그러하기에 강의 시간에 주고받는 생각의 수준과 내용은 하늘과 땅만큼 차이가 컸었다.

　남천 선생님은 중세 국어 문헌의 가치를 열(熱)과 성(誠)을 다하여 우리에게 설명하고, 그 가치를 제대로 알아보았는지 질문을 통해 평가하고 있었지만, 초기 문해력 수준인 '나'는 그저 중세 문헌을 소리 내어 읽는 데(decoding) 급급했다. 그럴 때마다 남천 선생님은 중세 국어의 체계가 어떠한 방식으로 부호화(符號化, encoding)되어 있는지, 그리고 우리가 그 체계를 어떠한 방식으로 해호화(解號化, decoding)해야 하는지 차분하게 설명해 주셨다.

　40여 년이 지난 지금도 '나'는 남천 선생님처럼 이 두 단어의 교육적인 의미를 강조하며 읽기 교육 강의를 시작하고 있다. 부호화의 'en-(符)'은 마치 국왕이 증표(竹)와 함께 자신의 병력을 넘겨준(付) 것처럼, 작가가 자신의 의도를 다양한 방식으로 텍스트에 담아 독자에게 건네주는 장치이다. 또한 해호화의 'de-(解)'는 소(牛)의 뿔(角)을 칼(刀)로 해체하는 것처럼, 독자가 그 무시무시한 텍스트를 소리 내어 읽어 나가면서 그 주제와 작가의 의도를 파악하면서 자신만의 감상과 기쁨을 만끽하게 해 주는 과정이다. <중세 국어 강독> 수업 시간에 '나'는 처음으로 무시무시하고 낯선 두 단어, '부호화(encoding)'과 '해호화(decoding)'를 만나게 되었고, 그 교육적인 의미를 깨닫게 되었다.

○ <곁말의 재미>와의 만남

　남천 선생님과 두 번째 인상적인 만남은 월간중앙(1979.3.~1980.5)에 연재된 글들을 임시로 편집한 <곁말의 재미>이다. 이 책은 나중에 『재미있는 곁말 기행(상)』(2018), 『재미있는 곁말 기행(하)』(2022)이라는 제목으로 출판되었다. 연구실 한 곳에 오랫동안 묵혀 두었던 <곁말의 재미>를 꺼내 그

표지와 첫 페이지를 찍고 읽으면서 남천 선생님의 돈후(敦厚)한 온정을 새삼 느끼게 되었다. <곁말의 재미>의 시작은 다음과 같다. "언어의 환정성(喚情性)을 충분히 살려주는 곁말은 메마른 사회생활 속에 풍류를 심어주는 하나의 씨앗이다."

<곁말의 재미>의 첫 페이지는 <중세 국어 강독> 수업 풍경과는 색다른 선생님의 속마음이 펼쳐진다. 야박한 시대, 연속되는 긴장 속에서 허튼소리를 하며 흐트러진 면을 보여주기도 하며, 좀 여유를 가지고 살기를 바라고 있다. <중세 국어 강독>에서 정보를 전달하고 소통하시고자 했던 통달적(通達的) 언어 구사와 달리, <곁말의 재미>에서는 긴장을 해소하고, 마음의 여유를 지니며 살기 바라는 환정적(喚情的) 언어 구사가 넘쳐난다. 재담(才談)

과 육담(肉談)을 담은 해학과 풍자, 재미와 재치로 웃음거리가 넘쳐나는 어희(語戱), 속담과 수수께끼, 파자(破字) 형식의 지적인 표현이 그러하다.

<곁말의 재미>의 한 구절을 살펴보자, 다음은 신재효의 '박타령'의 상황을 인용하고 설명한 부분이다.

"놀보가 제비에 상사병이 달려들어/ 길짐승(走獸)은 족제비를 사랑하고/ 마른 그릇은 모제비만 사고/ 음식은 칼제비만 먹고/ 종이 보면 간제비를 접고/ 화가 나면 목제비를 하는구나."(<곁말의 재미>⑩, 月沈三更의 解裙聲 편)

이 구절은 놀보가 흥보의 부자된 내력을 듣고 제비에 상사병이 난 상황이다. 남천 선생님은 오늘날 독자들이 마음의 여유가 없어, 이 텍스트에 담겨진 해학과 풍자, 재미와 재치를 즐기지 못할까 염려해 '낯선 단어'마다 친절한 설명을 덧붙인 뒤, 마음의 여유를 가지고 살기를 당부하고 있다.

"'족제비'란 길짐승 '황서(黃鼠)'요, '모제비'란 '모집'이라는 고리짝의 방언이다. '칼제비'란 칼국수이고, '간제비'란 창호지 따위를 접어서 만든 빗집 같은 것을 이르는 말이고, '목제비'란 목이 접 질러 부러지는 것을 뜻하는 말이다. … 맹목적인 사랑은 이렇게 '목이 접 질러 부러지도록' 이성(理性)을 마비시키는 모양이다."[1] (<곁말의 재미>⑩, 月沈三更의 解裙聲 편)

---

[1] '모제비'는 '모퉁이'의 방언(경북), '간제비'는 '가오리연'의 방언(전남)으로 설명하고 있는 사전도 있다.

<결말의 재미>에서 느껴지는 돈후한 온정(溫情)은 <중세 국어 강독> 수업 시간에 보여주신 엄숙한 풍채(風采)와는 너무나 달랐다. 수업 시간과 글 속에서 접한 이질적인 두 모습은 '나'를 혼란스럽게 만들었다. 하지만 두 모습은 본질적으로 하나이며, 뫼비우스의 띠(Möbius strip)처럼 그 한 면에서 출발하면, 또 다른 한 면에 도달하는 비가향성(non-orientable)을 지니고 있음을, 남천 선생님의 유서 "본인의 소천(召天) 사실은 번거로움을 피하기 위해 한 달 뒤에 사회에 알리기로 한다."라는 글귀와 당부를 통해 깨닫게 되었다. 마지막 이별의 순간에 비로소 '나'는 남천 선생님의 두 모습이 뫼비우스의 띠처럼 본질적으로 비가향적(非可向的)이었음을 깨닫게 되었다. 남천 선생님의 목소리가 다시 울려 퍼지는 듯하다.

　　　　　"여러분 모두, 카르페 디엠!(carpe diem!)"

국어교육의 든든한 후원자, 남천 박갑수 선생님

서 혁徐 赫

이화여대 국어교육과 교수, 국어교육과 82학번(42회)

국어교육학회(2017. 전남대)를 마치고

　　남천(南川) 박갑수(朴甲洙) 선생님께서 홀연히 떠나신 지 벌써 1년이 되었다. 선생님은 국어교육학회의 고문이기도 하셨지만, 그 존재만으로도 국어교육학회와 후학들의 든든한 후원자이셨다. 선생님의 제자 사랑은 잔잔한 군불처럼 보이는 듯 보이지 않는 듯 끊이질 않으셨다. 어떤 일에도 쉽게 흥분하지 않으시고, 항상 유머와 진지함을 잃지 않으셨다. 아마도 그래서 <곁말의 재미>를 그렇게 장기간 기고하시고 책까지 출판하셨으리라.

　　선생님께서는 한평생을 교육자로서 그리고 학자로서 연구와 강연, 그리고 집필을 쉬지 않으셨다. 대학에서의 강의뿐만 아니라 전국민을 대상으로 신문 방송을 통해 '바른말 고운말' 교육을 하셨고, 일본식 한자어 잔재 등의 영향으로 일반인들에게는 너무도 어려웠던 법률 용어와 법조문들을 쉬운 우리말로 다듬는 작업에도 많은 공을 들이셨다. 이 모든 것은 선생님의 학문적 열정이 있으셨기에 가능했던 작업이었을 것이다. 실제로 선생님께서는 타계하시기 직전까지도 집필을 멈추지 않으셨다.

남천 선생님의 학문적 열정: 한국인의 발상과 표현, 그리고 문체론

선생님의 학문적 열정은 2014년에 발간하신 『한국인과 한국어의 발상과 표현』(역락)의 서문에도 잘 나타나 있다. 일부를 옮기면 다음과 같다.

"오랜 숙제를 마치게 되니 가슴이 후련하다. 지금으로부터 40여 년 전 일본에서 문체론을 연구하고 돌아와 '국어의 발상'이란 강의를 하게 되었고, 그 뒤 같은 제목의 책을 쓰기로 하였다. 그러나 커리큘럼이 바뀌어 강의를 하지 않게 되니 자연히 이 일은 소홀하게 되어 마음에 부담으로만 남게 되었다. 그러던 것을 정년을 하고, 숙제에 본격적으로 손을 대어 '한국인과 한국어의 발상과 표현'을 출간하게 되니, 정말 40년 묵은 '체증'이 풀리는 것 같다. 그리고 이 책의 대부분의 원고들이 지상에 발표하지 않은 새로운 글들이어서 다행스럽다."(박갑수, 『한국인과 한국어의 발상과 표현』, 역락, 2014. 머리말에서)

선생님의 진정한 학문적 경지는 『문체론의 이론과 실제』(세운문화사, 1977)에도 잘 담겨져 있다. 필자 개인적으로는 국어문체론 분야야말로 남천 선생님의 개척 분야라고 생각한다. 당시에 이미 담화(discourse), 텍스트(text) 연구, 가독성(이독성) 등의 개념을 담고 있었으니 말이다. 실제로 이러한 분야들이 국내에서 학문적으로 자리 매김되기 시작한 것은 그로부터 십여 년 후의 일이라고 생각되기 때문이기도 하다.

선생님의 『문체론의 이론과 실제』(1977)에는 문체론적 가치를 '의미적·표현적·문맥적·사회문맥적 가치'로 구분하셨다. 특히 사회문맥적 가치는 최근의 국어과 교육과정에서도 강조되고 있는 사회문화적 맥락의 중요성을 약 반세기 전에 이미 간파하고 계셨던 것이다. 또한 국어 문장의 길이, 품사적 분포와 특성 등에 대한 실증적 연구의 토대를 만드셨다. 선생님께서는 현대소설의 문장 길이 분석을 통해서 문장의 평균 31.15자, 중앙치 26자, 최단치 15.7자 등을 확인하셨다. 또한 저널리즘(신문 기사 등)의 경우, 문장의 길이는 평균 56.58자임도 밝히셨다. 아울러 문장 길이의 시대적 변모와 관련하여, 해방 전후를 비교할 때 단축성(短縮性)을 보여준다는 점도 언급하셨는데, 특히 한국 현대소설의 단문성(短文性) 경향뿐만 아니라, 문장 이상의 계단(층위)의 문제를 언급하신 바, 이는 요즘의 담화·텍스트 관련 논의로서 해당 연구의 필요성과 중요성에 대한 방향을 제시한 것이라 볼 수 있다. 인공지능(AI) 빅데이터 시대에 들어서, 선생님의 말씀처럼 문체론 연구는 더욱 발전적으로 계승될 필요가 있는 분야라고 생각된다. 이러한 연구들은 빅데이터를 활용하여 최근에야 좀 더 손쉽게 분석할 수 있게 되었지만, 이미 반세기 전에 직접 수(手)작업으로 모두 진행하셨던 것이다. 학문적 열정이 없이는 쉽지 않은 일이다.

선생님은 문체론 연구를 통해서 언어와 문학의 접점과 관련한 연구에도 깊은 관심을 보이셨다. 특히 『한국인과 한국어의 발상과 표현』 연구에서는 주요섭(1935)의 「사랑손님과 어머니」, 모파상(1897)의 「시몽의 아빠(Le papa de Simon)」 비교가 흥미롭다. 두 작품 모두 아빠가 없는 소녀(옥희)와 소년(시몽)의 이야기라는 점에서는 공통적이나, 시몽이 같은 동네의 필립이라는 대장장이를 새 아빠로 당당히 얻는 데 비해, 옥희는 '사랑손님'이 끝내 새 아빠가 되지 못하고 이별하게 된다. 여기에는 한국과 유럽의 사회적·역사적·문화적 차이가 언어와 작품을 통해서 다른 귀결로 나타남을 밝히시고 있다. 발상과 표현의 기저에는 그 언어문화와 관련되는 사회문화적 맥락이 작동됨을 일찍이 제시하신 것이다.

세배(歲拜)의 추억

 필자는 1982년에 학부에 입학한 후, 1985년에 군에 입대하고, 1987년 전역 후에 복학하여 학부를 마치고, 좀 더 실력 있는 교사가 되어 교단에 서겠다는 마음가짐으로 대학원에 입학하였다. 흔히들 그러하듯이 교수님들의 인간적인 면모나 학문적 성과 등에 대해서 학부 시절에 느끼는 것과 대학원 시절에 느끼는 것은 천양지차였다. 학부 때는 교수님과 식사를 한다거나 개인적인 대화를 나눌 기회가 거의 없지만, 대학원 강의는 소인수의 강의 중심으로 발표와 토론, 교수님의 학문적·인간적 소회를 곁들인 차담회가 주를 이루어 가까이서 교수님들의 학문과 삶을 느낄 수 있기 때문이다. 게다가 1990년대 후반까지만 해도, 정초에 교수님들의 댁을 가가호호 방문하여 직접 세배를 올리는 문화가 있었다. 1980년대 전후 학번까지는 대부분 잊지 못할 커다란 추억으로 남아 있을 것이다. 사모님들께서는 정성스럽게 준비하신 떡국과 음식들을 내어주시고, 교수님들의 새해 덕담까지 들을 수 있는, 요즘으로 치면 참으로 과분하고도 융숭한 대접을 받았다.

당시에는 대학원 강의의 경우 수강생들이 10명 미만이면 대부분 해당 교수님의 연구실에서 진행되었다. 명예교수님 등 연로하시거나 특별한 사정이 있으면 댁에서 강의가 진행되는 경우도 종종 있었다. 강의실 공간에서의 대면(오프라인) 강의뿐만 아니라 비대면의 온라인이나 사이버 강의도 일반화되고 있는 요즘 상황에 비추어보면 매우 낯선 풍경이다. 필자는 1989년에 대학원 석사과정에 입학하여, 후배인 85학번의 김정환, 민현주 선생과 함께 학과 TA를 하면서, 해암(海巖) 김형규(金亨奎) 교수님의 국어사연습 강의를 우리는 처음이자 마지막으로 들은 적이 있다. 매번 강의 때마다 해암 선생님의 종암동 댁을 방문하여, 사모님께서 챙겨주시던 정갈한 다과를 함께 나누며, 해암 선생님 댁 2층 서재에서 한 학기 내내 강의가 진행되었고 종강도 맞이하게 되었다. 종강 후 댁으로 찾아뵈었을 때, 해암 선생님께서는 당신의 일생에 가장 후한 학점을 주셨노라고 하시면서 세 명 모두에게 A-학점의 성적표를 주셨다. 해암 선생님의 강의를 들을 수 있었던 행운은 우리 세 사람이 마지막이었다.

필자는 1992년부터 1994년까지 학과 조교로 근무했는데, 1992년 연말에 제효(霽曉) 이용주(李庸周) 선생님과 남천(南川) 박갑수(朴甲洙) 선생님께서 해암 선생님 댁에 묵은세배를 가실 적에 모셔다 드린 적이 있다. 세배는 으레 정초에 이루어지는 것으로 알고 있었는데, 두 분은 미리 섣달그믐에 올리는 묵은세배를 드리셨던 것이다. 당시에 이용주 선생님과 박갑수 선생님은 내가 운전하는 누추한 엘란트라 승용차 뒷좌석에서 조용히 담소를 나누셨다. 남천 선생님께서는 오랫동안 매년 섣달그믐날이면 종암동 해암 선생님

댁으로 묵은세배를 다니셨노라고 하셨다. (필자는 1996년에 전주교육대학교에 발령받게 되었는데, 그때 해암 선생님과 김은전 교수님께서 상당 기간 전주교대의 전신인 전주사범학교에 근무하셨다는 사실을 알게 되었다. 당시 김은전 선생님과 우한용 선생님께서 많은 조언을 해 주시어 지금도 감사한 마음을 잊지 않고 있다.)

그런데 은사님들께서는 당신의 은사님들께 묵은세배를 다니실 수밖에 없었던 이유가 있었다. 그것은 제자들의 세배를 정초에 받으셔야 했기 때문이리라. 필자의 기억에 은사님들이 정초에 제자들의 세배를 댁에서 받으셨던 문화는 대략 1990년대까지가 아닌가 생각된다. 실제로 필자가 대학원생이었던 시절에 제자들은 정초에 은사님들 댁을 새벽부터 번갈아 순회하며 세배를 드리곤 했다. 1990년대 초반의 경우, 학과 재직 교수님으로 이두현 선생님, 이용주 선생님, 이상익 선생님, 박갑수 선생님, 구인환 선생님, 김대행 선생님 댁을 서로 동선이 겹치지 않게 적절히 사전에 조율하여 차례대로 들러서 정초 세배를 드렸다. 구인환 선생님이나 김대행 선생님 댁을 대부분 마지막 코스로 잡은 이유는 특별한 설명이 필요하지 않을 듯하다. 윤희원 선생님께서는 젊으셨던 탓인지 세배를 따로 받지는 않으셨다. 그 대신에 적절한 날을 따로 잡으시어 1년에 한두 번씩 낙성대 댁으로 제자들을 불러서 어머님과 함께 손수 만드신 정성들인 음식들을 대접해 주시며, 연구와 논문에 힘쓰길 당부하셨다.

당시 정초 세배 문화는 나름 일정한 규칙(?)이 있었다. 마치 조를 짜듯이 인원을 구성하여, 연구실 혹은 기수별로 대략 4~8인 중심으로, 택시 1-2대에 분승하여 함께 이동하였다. 선물은 배나 사과 1박스씩을 댁 앞의 과일 가게나 슈퍼에서 구입하여 일행 중 가장 막내가 짊어지고 갔다. 그리고 먼저 온 일행을 기다렸다가 거의 밀어내다시피 하고 세배를 드리고 나면,

사모님께서는 정갈한 음식과 다과를 베풀어 주셨다. 특히 남천 선생님 댁(당시 서초동 삼호아파트)에 가면 당대 유일한 최고급 국산 와인이었던 마주앙 백포도주를 내놓으셨다. 안주는 사모님께서 가을부터 직접 준비하시고 만드신 최고급 육포였다. 치즈와 견과류, 떡국과 차도 곁들여 나왔다. 모든 음식이 매우 정갈하고도 맛깔스러웠다.

이러한 세배 문화는 2000년을 전후해서 점차 줄어들어 동문회 신년하례식 등으로 대체되기 시작했던 것으로 기억된다. 시간이 한참 흐른 뒤에 생각해 보면, 정말 꿈 같은 세월이었다. 많게는 일이백 명씩의 세배를 받으시면서 선생님은 물론 사모님들, 심지어 그 자제분들이 겪어야 했던 손님치레는 보통 일이 아니었으리라. 은사님들의 제자 사랑 마음이 없이는 거의 불가능에 가까운 일이 아닐 수 없다.

조교 시절과 보길도 답사의 추억

필자가 조교로 근무하던 대부분의 기간 동안 남천 선생님께서 학과장으로 계셨다. 당시에 선생님께서 강의를 마치시면 바로 점심시간이었다. 그래서 학과장실과 붙어 있는 학과 사무실로 오신 후에 자연스럽게 학과 조교들을 데리고 교수회관 식당에서 점심을 사주시면서 학과 업무를 보고 받으시는 경우가 많으셨다. 선생님께서는 식사를 하실 때 천천히 꼭꼭 씹어 드시기로 유명했다. 대부분의 사람들이 밥 한 공기를 거의 비울 즈음에도 선생님께서는 삼분의 일도 채 안 비우신 경우가 많았다. 아마도 그것이 선생님의 건강 비결 중 하나였을 것이라는 점에는 이견이 없는 듯하다. 여담으로,

당시 서울대 교수회관 식당은 도미 튀김 메뉴가 인기가 있었다. 필자의 선임 조교로 학과 일을 함께 하셨던 김동환 선생님(현 한성대)과도 종종 학과장님을 모시고 식사를 할 기회가 있었다. 김동환 선생님께서는 바싹하게 튀겨진 도미의 몸통은 물론이고 머리와 등뼈까지도 모두 꼭꼭 씹어서 남김없이 드셨다. 다만, 꼬리 지느러미 부분만 살짝 남기셨다. 그래서 꼬리는 왜 남기시냐고 물었더니, 그래야 그릇을 치우시는 분들이 무엇을 먹었는지 알지 않겠느냐고 하셨다. 남천 선생님과 나는 그저 신기해서 웃을 수밖에 없었다.

필자가 조교를 하던 시절에 여러 선생님들이 격주 또는 월 1회 정도로 등산을 하시던 산수회(山水會)라는 모임이 있었다. 가끔은 낚시도 하였기에 이름이 산수회였다. 고정된 멤버가 있다기보다는 그때그때 시간 되시는 가까운 동문 선생님들이 기회가 되면 자유롭게 참여하시곤 했다. 그중에서도 모임에서 자주 뵈었던 분들은 주로 이용주 선생님, 박갑수 선생님, 김은전 선생님, 이석주 선생님, 김광해 선생님, 박호영 선생님, 윤여탁 선생님, 김동환 선생님, 이성영 선생님 등이었던 것으로 기억된다. 필자는 가장 막내 조교로서 총무 일을 맡았는데, 덕분에 관악산은 물론, 청계산, 오대산, 북한산, 도봉산, 영암 월출산 등 여러 산을 등반하게 되었다. 그중에서도 가장 기억에 남는 일 한두 가지만 소개하자면, 1996년 전후로 기억되는 영암 월출산 등반과 충북 옥천의 쏘가리 낚시 경험이다. 영암 월출산은 필자의 고향에 있는 산이기도 했고, 유홍준의 <나의 문화유산 답사기>에도 소개된 산이다. 중1 때 온 가족이 서울로 이사한 필자는 전주교대 발령을 받고 나서 산수회를 통해서 처음으로 고향인 월출산의 정상을 올랐던 것으로 기억된다. 얼마 전 신년 하례식에서 김은전 교수님께서도 당시를 회고하시어 그 추억을 잊지 않고 계심을 확인할 수 있었다. 그리고 또 다른 추억은 남천 선생님의 고향인 충북 옥천으로 낚시를 갔던 기억이다. 낚시를 좋아하셨던 이용주 선생님, 김광해 선생님 등의 도움으로 난생 처음 루어(lure) 낚시를 경험하고, 처음이자 마지막으로 쏘가리를 낚는 행운을 누렸다. 옥천의 물은 참으로 맑고도 깨끗했다. 남천 선생님의 맑고도 향기로운 인품의 기원을 느낄 수 있었다.

관등 사칭의 죄송함

필자가 학과 조교를 하던 1993년 가을쯤으로 기억되는데, 학과에서 2박 3일의 일정으로 보길도 답사를 갔다. 학부와 대학원생들 포함하여 60여 명이 넘었던 것으로 기억된다. 고산 윤선도의 발자취를 따라 성공적으로 답사 일정을 마치고 귀경하려는데, 전날 남해안 지역에 내린 풍랑주의보(당시에는 파랑주의보) 때문에 선박이 출항할 수 없게 되어 일행 전체가 발이 묶이고 말았다. 기상청과 연계된 인근 해양경찰서의 승인이 떨어져야만 배가 출항할 수 있다고 했다. 이미 앞바다의 파도는 잠잠해졌는데, 아마도 먼 바다의 파도가 남았던 탓인지 몇 시간째 답사 일행은 발을 동동 구르며 배가 출항할 수 있기만을 무한정 기다리고 있었다. 모든 일정에 큰 차질이 예상되고 있었다. 나는 하는 수 없이 해경에 직접

동경국제학술대회(2018)를 마치고

전화를 해서 항의하고 따지기도 하면서 사정도 하였다. 상대방의 수화기에서 '전화하는 분이 누구시냐?'고 묻기에 나는 급한 나머지 "나, 학과장 박갑수요."라고 관등 사칭을 하고 말았다. 무심결에 뒤를 돌아보니 박갑수 학과장님께서 바로 내 등 뒤에 서 계셨다. 흠칫 놀라며 쳐다본 순간 선생님께서는 평소처럼 조금은 알 수 없는 묘한 미소를 짓고 계셨다. 다행히 얼마 후 선박 출항 금지 조치가 해제되어 전원이 무사히 당일 오후 상경할 수 있었다. 선생님께서도 상황을 충분히 인지하신 탓인지 내게 책임을 묻지 않으셨으나, 아직까지도 죄송한 마음이다.

국어교육학회의 든든한 후원자

제2회 국어교육학자대회(2017.08. 이화여대)

필자가 국어교육학회 15대 회장(2017~2018)이던 시절의 기억도 잊을 수 없다. 남천 선생님께서는 국어교육학회의 고문으로서 제자들의 학회 활동에도 든든한 후원자이셨다. 1991년에 국어교육학회가 창립되던 초기에는 제효 선생님의 독려가 컸고, 후에 학회가 뿌리를 내리고 발전할 수 있었던 배경에는 남천 선생님의 격려와 지원이 큰 힘이 되었다.

특히 2018년 2월에 국어교육학회 동경국제학술대회에 학회 고문으로서 동행하시고, '한일 문화의 우호적 교류와 <일동장유가>의 비판적 읽기'를 주제로 기조 강연을 해 주시어 국제학술대회를 성황리에 마칠 수 있었다. 또한 당시 국제학술대회는 일본 독쿄(독협)대 김수정 교수가 장소를 지원해 주고 일본 측 발표자 섭외 등 프로그램 구성 전반에 큰 도움을 주어 가능했다. 이때 전임 이관규 회장님(고려대)의 초청으로 중국한국(조선)어교육연구학회 강보유 회장님(복단대학)도 참석했다.

그리고 같은 해 7월에 강보유 회장님의 초청으로 박갑수 선생님, 이관규 전임 회장님, 그리고 필자를 비롯하여 김정우 교수님(이화여대) 등 이화여대와 고려대에서 학회 구성원 다수가 연변대에서 개최된 중국한국(조선)어교육연구학회 학술대회에 참석했다. 당시 학술대회를 마치고 필자는 남천 선생님과 함께 연변과학기술대학을 방문한 적이 있다. 연변과학기술대학은 한중 합작으로 1992년 설립되었는데, 국내외에 널리 알려진 대학이다. 남천 선생님은 정년퇴임을 하시면서 거의 대부분의 도서 자료들을 이 대학에 기증하셨는데, 그중에는 한국에서 구하기 어려운 희귀 도서도 상당수 포함되어 있었다고 말씀하셨다. 한국학과 민자 교수님의 안내로 대학을 방문했을 때, 당시 김진경 총장님께서 남천 선생님과 필자를 반갑게 맞이해 주셨는데, 짧은 시간에 연변과기대뿐만 아니라 평양과기대의 역사, 당신의 삶과 종교, 철학 등에 대해서도 많은 얘기를 들려주셨다. 김진경 총장님과 관련하

중국한국(조선)어교육연구학회(2018)에서

여 특히 인상적이었던 것은 당신께서 북한이나 중국 정부로부터 의심을 받을 때, "나는 자본주의자도 아니고, 사회주의자도 아니며, 사랑주의자이다."라고 설득하셨다는 언급이었다. 2018년 방문 당시 '대학이 중국 정부로부터 임대를 받은 부지 계약 기간이 30년 간인데, 재계약 문제로 고민이 많다'는 말씀을 하셨는데, 결국 2021년에 폐교되었다는 소식을 최근에 민자 선생님과 신문기사를 통해 확인하고 안타까웠다. 30년 간의 대학 부지 임대 계약이 만료되고, 중국 정부의 외국인 소유 학교에 대한 정책 변화 등의 이유로 재계약에 실패한 것 때문이라고 한다. 안타까운 마음과 함께, 남천 선생님께서 기증하셨던 도서들은 어떻게 되었을까, 어딘가에 잘 보관되거나 활용되고 있다면 좋을 텐데 하는 생각들이 한동안 머릿속을 떠나지 않았다.

학술대회 이후로도 종종 기회가 되면 서초동 댁 앞의 단골 음식점 <경복궁>에서 종종 뵙기도 하였다. 민현식 교수님, 이삼형 교수님, 동기인 이도영

교수 등과 함께 또는 따로 종종 뵙기
도 하였다. 특히 돌아가시기 직전 추
석 연휴 때만 해도 목소리가 예전 그
대로 매우 건강하셨는데, 그렇게 빨
리 돌아가실 줄은 꿈에도 몰랐다. 벌
써 1주년을 맞이하였건만, 정정하시고 다정하신 목소리가 마치 엊그제 일처
럼 귓가에 생생하기만 하다. 매사에 스승으로서의 귀감과 사표가 되신 선생
님에 대한 그리움은 영원히 가시지 않으리라.

마주앙과 배받이살

이도영 李道榮
춘천교대 국어교육과 교수, 국어교육과 82학번(42회)

마주앙(Majuang)

　제가 대학원 다닐 때에는 신년 1월 1일에 교수님을 댁을 방문해서 세배를 올렸습니다. 지금은 아쉽게도 사라졌지만 그 당시 우리 과 대학원생들에게는 꽤 큰 행사였습니다. 팀을 짜서 교수님 댁 방문 순서를 정해서 하루 종일 인사를 드리러 다녔습니다. 교수님들 댁에는 사모님들이 마련해 주신 비장의 무기(음식)들이 있었습니다. 도는 순서를 정할 때 매우 중요한 정보였습니다. 저는 어느 팀에 속하든 맨 마지막 방문은 남천 선생님 댁이었습니다. 왜냐하면 마주앙 때문이었습니다.
　이 이름을 처음 접한 것도, 이 술을 처음 마셔 본 것도 남천 선생님 댁이었습니다. 그 당시 대학원생들의 주머니 사정을 감안하면, 마주앙 같은 고급 술은 꿈에도 그릴 수 없는 먼발치에 있는 관상용이었습니다. 그런데 남천 선생님 댁에 가면 이 술을 거의 무한정 마실 수 있었습니다. 감개무량할 수밖에요. 맛도 맛이지만, 이름 또한 꽤나 매력적인 술입니다. 저는 처음에는 프랑스 말인 줄 알았습니다. 더군다나 '앙'으로 끝나니 그런 오해를 할 만했습니다. 남천 선생님께서는 우리말 '마주'를 바탕으로 만든 말이고 마주앉아 즐기는 술이라고 친절하게 설명해 주셨습니다. '앙'의 뜻이 몹시 궁금했지만 끝내 묻지는 못했습니다. 자칫 잘못하면 분위기를 깰 수도 있다는 우려 아닌 우려 때문이었습니다.

그깟 어원이 뭐가 중요하겠습니까? 목을 축이는 게 더 중요하다는 신념으로 소주를 먹던 버릇대로 무조건 완샷을 했습니다. 그때 교수님께서는 차분히 특유의 저음의 목소리로 와인에 대한 거의 모든 것을 알려주셨습니다. 와인 뚜껑 따기, 와인 따르기, 와인 향을 맡기, 와인을 한 모금 마시면서 음미하기, 와인과 어울리는 음식 등. 치즈가 안주가 된다는 사실을 알게 된 점은 덤이라고 할 수 있습니다. 지금 생각해 보면, 선생님께서는 직접 교수법을 몸소 실천하셨다고 할 수 있습니다. 설명을 하시고 시범을 보이시고 질의응답을 하시고. 그 다음은 우리가 고대했던 활동하기. 활동하기를 너무 많이 해서 늘 집에 어떻게 들어갔는지 알 수가 없었습니다.

배받이살

남천 선생님 제자들은 선생님께서 특정 고기를 무척 즐기신다는 것을 잘 알고 있었습니다. 아니, 모든 대학원생들이 다 알고 있었을 것입니다. 선생님의 제자가 된다는 것은 특정 고깃집에 간다는 것을 의미했습니다. 특정 계절이 다가오면 고깃집 방문 횟수가 늘어나시지만, 실제로는 사철 내내 즐기셨습니다.

평소 입이 짧아 특정 고기를 잘 먹지 못하는 저는 난감했습니다. 차마 못 먹는다는 말씀을 드리지 못하고 눈치껏 먹는 시늉을 했습니다. 양념장 위에 수육을 올려놓고 먹은 티 내기. 전골 국물을 순가락으로 뜨는 척하다 말고 얼큰해서 좋다고 너스레 떨기, 야채 좀 더 갖다 달라고 큰소리로 외치기 등. 남천 선생님께서는 제가 잘 먹지 못한다는 것을 아셨지만 모른 척해 주셨습니다.

그러던 어느 날 특정 고깃집에서, "이 선생, (참고로 남천 선생님께서는 늘 제자들에게 '선생'이라는 호칭을 쓰셨습니다.) 밥 볶은 것부터 먹어 보게나."라고 하셨습니다. 앗! 어쩌나! 또 차마 거절을 하지 못하고 눈 딱 감고 소주, 고추, 양파, 김치 등의 도움으로 시도를 했습니다. 먹을 만했습니다. 그러다가 고기 부스러기가 묻은 부추, 깻잎 등을 먹게 되었습니다. 또 그러던 어느 날 남천 선생님께서는 슬그머니 제 양념장에 고기를 놓아 주셨습니다. 배받이살(맞춤법이 맞는지 잘 모르겠네요.)이라고 하시면서, 특정 고기의 가장 맛있는 부위라고 하시면서. 어쩔 수 없이 입으로 가져갔습니다. 맛있는지는 잘 모르겠고, 부드럽다는 것은 인정하지 않을 수 없었습니다. 그렇게 저는 부지불식간에 그 고기에 입문하게 되었습니다. 그 후로는 발을 담갔으니 불을 보듯 뻔한 절차를 밟아 어느덧 다른 부위까지 섭렵하게 되었습니다. 물론 많은 양의 소주 도움을 받았습니다.

저는 남천 선생님 하면 마주앙과 배받이살이 제일 먼저 떠오릅니다. 특정 술과 고기가 아니라 그때 선생님과 같이 했던 그 시간, 장소, 하시던 말씀이 떠오른다고 해야 더 정확한 표현일 듯싶습니다. 저는 강의실에서보다 그 음식을 통해 선생님께 더 많이 배웠습니다. 물론 강의 시간에도 많이 배웠지만요. 아울러 남천 선생님의 인품도 더 잘 알게 되었습니다.

남천 선생님은 제자들이 잘못을 해도 한 번도 제자들을 혼내시거나 꾸짖지 않으셨습니다. 이것을 해라, 저것을 해라 등의 말씀도 없으셨습니다. 무엇을 시키시지도 않으셨습니다. 저한테만 그러시지는 않았을 것입니다. 그냥 넌지시 술과 음식을 통해 그 뜻을 전하셨습니다. 서서히 무언가에 발을 담그게 하셨습니다. 어떻게 해야 좋을지 고민이 된 적도 많았습니다. 아마도 여백의 가르침을 우리들에게 보여 주셨다고 생각합니다. 일일이 무언가를 다 가르치시지 않고 남은 부분을 스스로 생각해서 무언가를 할 수 있는 힘을 기를 수 있게 하셨습니다. 큰 혜안이 아닐 수 없습니다.

글을 쓰다 보니, 선생님과 함께 했던 그 시간, 장소, 술, 음식들이 주마등처럼 머릿속을 스쳐 지나갑니다. 그때 해 주셨던 주옥 같은 말씀은 다 기억은 못하지만, 그때의 선생님의 표정, 눈빛, 자세 등은 눈에 선합니다.

남천南川 선생님을 기리며

민병곤閔丙坤
서울대 국어교육과 교수, 국어교육과 86학번(44회)

  남천 선생님을 처음 뵌 것은 대학 신입생 대면식 자리였다. 국어 교재를 통해서 성함을 알고 있었고 방송 화면에서 뵌 적도 있어 내게는 이미 잘 알려진 유명한 분이셨다. 지방에서 상경해 모든 것이 낯설었던 그 시절, 친근한 인상을 지닌 선생님을 처음 뵙는 것만으로도 큰 위안을 받았던 기억이 난다.

  학부와 대학원 시절, '국어사', '국어정책론연구', '국어사와 국어교육연구', '국어 발상과 표현 연구', '외국어로서의 국어교육연구' 등 다양한 과목을 선생님께 배웠다. 선생님은 항상 풍부한 국어 자료를 바탕으로 우리말과 언어 문화에 대한 인식과 감각을 일깨우는 강의를 해 주셨다.

  선생님은 한국어교육지도자과정 설립을 주도하셨으며, 소천하시기 몇 해 전까지도 강의를 계속해 주셨다. 입학식과 졸업식 축사 자리에서는 늘 우리말과 문화에 대한 애정, 연구자이자 교육자로서의 긍지를 북돋우는 말씀을 전하셨다. 축사에 앞서 말씀이 다소 길어질 수 있다고 양해를 구하시고, 정성껏 준비한 원고를 차분히 읽어 내려가시던 모습이 아직도 생생하다.

수강생들도 내가 처음 선생님을 뵈었을 때처럼 설렘과 기대 속에 귀를 기울였다.

　퇴임 이후에도 선생님은 쉬지 않고 연구하시고, 글을 쓰시며 저서를 꾸준히 출간하셨다. 때로는 학교에 들러 도서관 자료를 찾으시거나, 학과 사무실에 들러 새로 출간한 책을 서명해 나눠 주시기도 했다. 이전 원고를 정리하신 것도 있었지만, 새롭게 집필하신 글도 많아 도무지 어떻게 그렇게 많은 작업을 해내셨는지 늘 궁금했다. 한번은 글쓰기에 대해 여쭌 적이 있는데, 주로 오전에 글을 쓰시고 오후에는 다른 일을 보시거나 산책을 하신다고 하셨다. 선생님께 글쓰기는 일상의 일부였고, 끊임없이 정진하는 삶의 태도를 반영하는 철학이기도 했다.

　선생님은 국어교육학회 고문으로서 후학들의 학술활동을 적극 지지해 주셨다. 국어교육학회는 1991년경 서울대학교 대학원생들을 중심으로 창립된 젊은 학회였다. 당시 난대(蘭臺) 선생님께서 1955년에 설립하신 '한국국어교육연구회'가 이미 있었기에, 별도로 학회를 세우는 일은 도전일 수밖에 없었다. 마침 연구회에서 이름을 바꾸려는 논의가 있었는데 같은 이름을 사용해도 되는지에 대한 의견이 분분했다. 그때 남천 선생님께서는 "후배들을 격려하지는 못할망정, 짓밟아서야 되겠느냐."며 단호한 목소리로 말씀하셨다. 결국 선생님 덕분에 국어교육학회는 지금의 명칭을 유지할 수 있었고, 이후 서울대뿐 아니라 다양한 대학의 신진 학자들이 모여 국어교육학 연구를 선도하는 중심 학회로 성장했다.

　강의 시간에 선생님께서 모파상의 단편소설 '시몽의 아빠(Le Papa de Simon)'를 언급하신 적이 있다. 주요섭의 '사랑 손님과 어머니'가 이 작품을 번안한 것이 아닌가 하는 말씀이셨다. 이 작품은 어머니와 단둘이 사는 일고여덟 살쯤 된 시몽이라는 소년의 이야기다. 시몽은 아버지가 없다는 이유로 학교 친구들에게 놀림을 받으며 강가에서 홀로 괴로워한다. 이때 지나가던 대장장이 아저씨가 시몽을 위로하고 집까지 데려다준 후, 그의 아버지가 되어 주기로 한다. 시몽이 친구들에게 "우리 아빠는 대장장이 필리프 레미야."라고 말하자, 친구들은 처음엔 믿지 않았지만, 결국 아무도 더 이상 놀리지 않았다. 그 대장장이 아저씨는 동네 사람들이 모두 인정하는 훌륭한 인물이었기 때문이다. 선생님은 아마도 제자들에게 그런 '시몽의 아빠' 같은 분이 아니었을까? 선생님은 제자들에게 늘 따뜻하고 든든한 버팀목이 되어 주셨다.

  3월이 다 지나가는데도 눈이 내리고 쌀쌀한 기운이 쉽게 가시지 않는다. 모교에 지원하기 위해 선생님께 추천서를 부탁드렸을 때, 선뜻 수락해 주시고 과분한 칭찬과 격려의 말씀을 건네셨던 기억이 마음을 따뜻하게 한다. 어느 추운 날 학교에 들르셔서, 믹스커피에 꼬냑 몇 방울을 떨어뜨려 풍미를 더해 주시던 선생님의 손길이 그리워진다.

선생님, 감사합니다. 소소한 일들까지도

김봉순 金烽洵
공주교대 국어교육과 교수, 국어교육과 86학번(43회)

　버들골을 지나 교수회관으로 올라가는 계단을 선생님 덕분에 깡총거리며 함박 웃으며 올랐었습니다. 겨우 석사 1년생에게 선생님은 교수회관이란 어마어마한 곳에서 맛있고 멋있는 밥을 자주 사주셨거든요. 그 계단을 선생님을 따라 걸어오르던 날을 생각하면, 그 화창함과 온 세상을 얻은 것 같은 자랑스러움과 뭔가 이룬 것 같은 뿌듯한 기분이, 그날 그 계단에 있는 듯 생생하게 되살아납니다. 선생님 덕분에 교수회관에서 꾸었던 부푼 꿈을 이루었는지 모르겠습니다.

　저는 박사과정에서 처음이자 마지막으로 A-를 선생님께로부터 받았습니다. 놀라웠지만 덕분에 저의 교만을 깨달았습니다. 아이디어가 좋다고 저 혼자 생각하고 자신 있게 제출한 레포트였는데, 완성되지 않은 문장이었고, 뒤에 보니 사실 별것 아닌 내용이었습니다. 아이디어를 자랑하기보다 오히려 완성도를 더 높여야 했던 것입니다. 지금도 저를 점검할 때, 그때 그 학점을 놓고 고민하셨을 선생님을 생각하며, 그 뜻을 잊지 않으려 합니다.

　선생님께서는 멀다 않으시고, 비행기까지 타시고서 저의 결혼식장에 와 주셨습니다. 그날의 주례사를 다 지키고 살지 못해 송구할 뿐이지만, 선생님의 그 발걸음을 지금도 기억합니다. 제가 그때의 선생님만큼 아직 나이를 다 먹지 못했음에도 새벽같이 일어나서 굳이 안 해도 될 일정을 갖는 것이 힘들기만 한데, 선생님은 그 새벽에 길을 나서셔서 저를 찾아와 주셨습니다. 그 발걸음을 어찌 잊겠습니까…

선생님, 계룡산 갑사 수정식당을 기억하시는지요? 동문회 나들이로 찾아오셨던 그 저녁에 더덕구이를 다른 선배님들과 함께 즐거운 얼굴로 드셨습니다. 두 아이를 업고 안고 찾아갔는데, 공주댁이 된 저를 얼마나 반가운 얼굴로 맞아 주시던지요. 선생님께 뭔가 제가 해드릴 수 있는 게 있는 것 같아 정말 기분 좋았던 날이었습니다. 사실 해 드린 게 없었지만, 제가 사는 곳에 찾아와 주신 게, 제가 아는 곳에 모실 수 있었던 게 참 기뻤습니다.

세월이 많이 흘러갔고, 선생님은 어느새 퇴임하신 원로 교수님이셨고 저는 저도 모르는 사이에 중견으로 불리고 있었습니다. 학회에 오신다기에 선생님을 뵈러 학회를 갔었습니다. 여전히 청년이신 선생님이 계셨습니다. 그 사이 쓰신 책도 주셨습니다. 쉬실 만도 한데, 어쩌면 지루하고 어쩌면 낡았다고 외면하실 수도 있으신데, 선생님은 변함없이 당신이 발을 들여놓으셨던 그 세계를 사랑하며 가꾸고 계셨습니다. 학문의 유목민으로 옮겨다녀야 인정받는 세상이 되었다고 생각했던 저를 되돌아보는 계기였습니다.

동문회 새해 인사에서 뵈었을 때, 그것이 제가 뵙는 마지막 모습일 줄 몰랐습니다. 이렇게 돌이켜보니, 선생님이 사 주셨던 밥만큼이라도 선생님께 갚지를 못했다는 것을 새삼 발견합니다. 가르치는 사람의 보람이 제자가 찾아오는 것이라고 저의 학생들에게 말하면서도 선생님을 제 발로 찾아뵙지를 못했습니다. 선생님께 받는 사랑이 당연한 것이라고, 염치없이 그렇게 생각했던 것 같습니다. 이젠 그 염치없음을 갚을 길이 없게 되었습니다. 이 글밖에는……

　사모님께 마주앙과 떡국의 맛을 잊지 못한다고 말씀드리고 싶습니다. 새해 첫날, 인사랍시고 쳐들어가다시피 하여 저녁 회식을 하고 왔던 그 철없던 대학원생들이, 이제 나이를 먹어 철들고서야 사모님께 사죄드립니다. 얼마나 힘드셨을지요. 그럼에도, 선생님께 인사드리러 다니던 그 시절이 참 좋았다고 감히 고백합니다. 저희들에게, 새해 첫날 선생님을 뵈러 간다는 그 설레임이, 인사드리러 갈 선생님이 계신다는 그 자체가 저희의 자부심이었습니다. 철없었지만, 그런 저희를 어여삐 여겨주셔서 지금에라도 너그러이 그 고단함을 조금이라도 푸실 수 있기를 바랄 뿐입니다.

　선생님께서 남기고 가신 책들을 마주하고 앉았습니다. 저희에게 사랑과 가르침을 주시고 가신 선생님의 흔적을 책에 담긴 한 줄 한 줄의 글에서 느껴봅니다. 그립습니다. 감사했습니다. 선생님이 가신 그 세상에서 편안하시고 행복하시길 기원합니다. 선생님, 감사합니다!

제자 김봉순 올림

고 박갑수 교수님을 기억하며

권순희權純熙
이화여대 국어교육과 교수, 국어교육과 87학번(44회)

    2024년 3월의 어느 날 고 박갑수 교수님의 부고를 접했는데, 다른 사람과는 다르게 장례식장이 아니라 온라인 추모 블로그에 찾아가는 부고였으며, 돌아가신 지 한 달이 지난 후의 부고였다. 온라인 부고는 처음인지라 생소하기도 하고, '돌아가시는 순간에 새로운 장례 문화를 만들고 가셨구나'라는 생각을 하게 되었다.

    살아온 삶의 흔적과 업적을 잘 정리해주신 따님의 노고에도 감사하고, 살아 생전에 모든 업적과 사진, 자료를 정리하고 가셨을 고인의 성품에 존경을 표한다. 젊을 때는 사는 것이 쉬운 일이 아니라 선배와 선생님을 바라보며 어떻게 살 것인가에 대해 생각을 했다면, 나이가 들어서는 후배와 제자들을 바라보며 무엇을 남기고 가야 할 것인가에 대해 생각해 보게 된다.

    생소했던 부고를 받고 추모 블로그에 들어가서 2024년 3월 28일에 남긴 추모 시를 여기에 소개해 본다.

    90여 년 동안

세상에서의 나들이 하시는 동안
귀한 일을 많이 해주시고
제자들과 후학들에게 선한 영향력과 사랑을 베풀어 주셔서
감사, 감사, 감사합니다.

온라인에서 작별 인사를 하니
더 슬프고, 더 마음이 아프네요.

선생님의 열정 어린 강의와
신사다운 면모와
건강하신 모습, 인자하신 표정을
마음속에 기억하며
보여주신 선구자의 길을
따라가겠습니다.

부디 하늘나라에서 안식하시고
평안히 잠드소서
전해주신 사랑의 씨앗은
영원한 생명으로 남을 것입니다.

선생님의 가족과
지인분들에게
하나님의 위로와 평강이 임하시고,

주님의 보호하심이 함께하시길

기도합니다.

2024.3.28. 20:19

1987년 대학 입학식 때 국어교육과 선생님들과의 만남이 있었는데 그때 박갑수 선생님을 처음 만났다. 고등학교 때 "박갑수 감수"라고 적혀 있는 국어 참고서로 공부를 했기 때문에 박갑수 교수님의 성함은 익히 알고 있었다. 입학식하던 날 학과 학생들 앞에서 "대학에서는 세 종류의 책을 읽어야 한다. 전공 책, 문학 책, 사회과학 책을 읽어야 한다."는 말씀은 나의 대학생활에 큰 도움이 되었다.

1991년 대학원에 입학하여 학과 TA라는 것을 하게 되었다. 요즘으로 치면 조교의 조교 정도에 해당한다. 입학한 지 얼마 안 되어 박갑수 선생님이 조교, TA와 함께 교수회관이라는 곳에 가서 점심을 사주셨다. 처음으로 선생님과 식사를 같이 하는 자리였는데, 어찌나 밥을 천천히 드시든지 문화 충격을 느꼈다. 그리고 왜 그렇게 밥을 천천히 드시는지를 여쭤보았다. 그랬더니 이희승 교수님 얘기를 하시면서 이희승 교수님이 장수하신 비결이 밥을 오랫동안 씹어 드셨기 때문이라고 하셨던 것으로 기억한다. 이 견해는 일리가 있는 말씀이시다. 탄수화물은 입에서 소화가 된다. 많이 씹을수록 소화에 큰 도움을 주고, 이는 장수 비결 중 하나이다. 이희승 교수님이 93세까지 사셨고, 박갑수 교수님도 90세를 넘기셨으니 장수의 비결 중 하나는 맞는 거 같다.

박갑수 선생님은 학생들에게 화를 한 번도 내신 적이 없으시다. 과제나 발표를 할 때 마음에 들지 않은 경우도 있을 것이고, 부족한 면도 있음을 아셨겠지만 전혀 내색을 하시지 않고 따뜻하게 지도하셨던 것으로 기억한다. 바른말 고운말, 언어의 기원, 언어 문화의 차이, 신문 문체 등의 국어교육, 이중언어로서의 한국어교육, 외국어로서의 한국어교육, 재외동포를 위한 한국어교육 등을 주로 수업 시간에 다루셨다. 여러 학기 선생님이 개설하신 수업을 들었는데, 들을 때마다 신선하고 새로운 내용의 강의를 해 주셨고, 학생들의 연구에 아이디어를 보태어 주셨다. 끊임없이 연구하시고, 발전하시는 모습을 후학들에게 보여주셨다.

1990년대 초반에 대학원생들은 신년이 되면 학과 교수님들의 댁에 찾아가서 세배도 드리고, 음식 대접을 받는 호강을 누렸다. 박갑수 선생님 댁에 가면 포도주와 카나페, 육포가 나왔는데, 당시로서는 약주나 막걸리, 소주에 떡국을 먹는 것이 대세였던 때라 고급스러워 보이는 서양적 분위기는 많은 학생들의 선망의 대상이 되었다. 지금 생각해 보면 그 많은 학생들에게 포도주를 제공하셨으니 경제적 부담도 되었을 거 같다. 그 정성과 사랑을 받은 사람으로서 참으로 큰 영광이다. 그날 따님들은 선생님의 제자들 때문에 집을 내어주고 다른 곳에 머무는 수고를 했을 것이다. 늦게나마 제자들에게 집 공간을 양보해 준 따님에게도 감사드린다. 사모님에게는 더없는 감사를 드린다.

박갑수 선생님은 참으로 젊고 건강하게 사셨다. 회갑 때도 60세 같지 않았으며, 팔순 때도 전혀 80이라는 숫자가 어울리지 않을 정도로 건강하셨다. 정년을 하시고도 저서 집필에 여념이 없으시며 날마다 운동을 하시며 일정 시간 집필을 하신다고 하셨는데, 젊은 후학들보다 규칙적인 생활과 건강관리를 참으로 잘하셨다. 하늘나라 가시기 전 얼마간은 거동을 못하셨다고 들었는데, 그게 믿기지 않을 정도이다. 80이 넘으시고도 해외학술대회에 건강하게 참여해 주시고, 후학들과 시간을 함께 하셨던 것들은 지금 기억해도 감사할 뿐이다.

우리의 기억은 한정적이어서 박갑수 선생님이 주신 사랑과 관심을 다 기억하지 못하지만, 나뿐 아니라 선배, 후배, 국어교육 공동체 모든 후학들에게 베풀어 주신 사랑과 은혜는 영원히 기억될 것이다.

고 박갑수 교수님 팔순 기념 모임(2013년 12월)

선생님께서 가르쳐 주신 것들

김민애金民愛

서울대 언어교육원 교수, 국어교육과 박사 98학번(00년 수료)

 어쩌다 떨어진 풀씨처럼 어리둥절한 채 쭈뼛거리며 서울대 대학원에서의 생활을 시작한 지 어느새 35년이 되었다. 그리고 그 세월 동안 늘 한결같은 모습으로 계셔 주시던 박갑수 선생님께서 작년에 하늘나라로 가셨다. 내내 선생님을 어려워하기만 하고 자주 찾아뵙지도 못하고 뭔가 제대로 장한 성과도 보여 드리지 못한 못난 제자로서 선생님께 죄송스러운 마음뿐이지만 오랜 시간을 통해 선생님 덕분에 깨우친 귀한 가르침에 대해 짧게나마 기록을 해보고자 한다.
 서울대 언어교육원에서 한국어교사로 30여 년을 보내는 동안 한국어교육의 엄청난 발전과 확장을 목도할 수 있었다. 그리고 그 한국어교육 발전의 중심에 계시던 선생님께서는 종종 나를 이런저런 한국어교육 관련 일이나 행사에 불러 주셨다. 늘 정신없이 바쁘게 돌아가는 한국어교사 생활 속에 빠져 있다가 선생님의 전화를 받고 일이나 강의를 맡게 되면 정신이 번쩍 들곤 했다. 제대로 해내지 못할까 봐 두려워서 긴장되어 그랬기도 했지만 또 다른 의미에서 그 일을 통해 내가 모르고 있었던 한국어교육의 중요한 현장들을 접하고 내 일에 내 삶에 큰 영향을 미치는 순간들이 있었기 때문이기도 했다.

선생님께서 1997년 서울대 사범대 한국어지도자과정을 여셨을 때 두 번째 해 조교를 나에게 맡기셨다. 실수연발의 서툰 조교를 데리고 과정을 운영하시느라 1년 동안 얼마나 힘드셨을까. 지금 되돌아봐도 너무 죄송스러워 등에 식은땀이 난다. 그런데도 선생님께서는 조교 임기가 끝난 후 나에게 한국어지도자과정의 교과목 중 한국어수업운영에 대한 강의를 맡겨 주셨다. 그렇게 박갑수 선생님께서 이끌어 주셔서 접하게 된 한국어교사 교육에 대한 경험은 내가 한국어교육 현장에서 일하는 내내 기꺼이 정성을 쏟으며 몰두하는 새로운 소명이 되었다.

선생님께서 재외동포교육진흥재단 상임대표로 일하시며 세계 각지에서 연수 교육을 하실 때에도 나를 불러 주셨다. 내가 선생님을 따라간 곳은 일본 오사카였다. 오사카에서 일본의 한국어 선생님들에게 내가 하고 있는 한국어교육에 대해 소개하는 강의를 하기도 하고 동포 학생들이 공부하는 학교에 들르기도 했는데 지금도 선명하게 떠오르는, 가장 잊을 수 없는 곳은 오사카의 어느 작은 야간 한글학교 교실이었다. 교실에는 비슷하게 동글동글 하신 할머니들께서 열 분 남짓 계셨다. 대부분 키가 아주 작으신 탓에 바닥에 닿지 않는 발을 올려 놓기 위해 나무 발판을 가져와 발아래 두신 게 보였다. 이분들은 일제강점기에 일본에 와서 살게 되신 우리 할머니들이었다. 6,70년 동안 우리말을 다 잊을 정도로 먹고사는 게 힘드셨다고 한다. 기초 한국어를 일본어 억양으로 더듬더듬 그렇지만 열심히 경건히 따라 읽으셨다. 아마 내가 언어에 대해 한국어에 대해 그리고 그것을 배우기 위해 한국에 온 학생들에 대해 진심으로 진지해진 건 이때의 뭐라 표현하기 힘든 감동 탓이 컸던 것 같다. 박갑수 선생님께서 주신 또 하나의 가르침이었다.

세월이 참 빨리도 지나 어느새 나도 노년기를 앞두고 있다. 앞으로 어떻게 살아가야 할지 생각할 때 항상 밝은 빛으로 방향을 가리키고 있는 것이 있다. 바로 매년 스승의 날 모임에서 선생님께서 참석한 제자들에게 한 장씩 나눠 주셨던 종이 한 장이다. 이 종이에는 선생님께서 그 해 쓰셨던 저서, 논문, 기타 글들의 목록이 인쇄되어 있었다. 이 목록을 첫 한두 해는 무심히 받았는데 해를 거듭할수록 이 한 장짜리 종이의 무게는 마음 속에서 점점 더 무거워져서 내 삶에 중요한 부분이 되었다. 학문에 대한 선생님의 열정과 꾸준하심은 정말 대단하셨다. 제자들도 매년 한 해를 뒤돌아보며 뭔가 노력했던 일들을 선생님께 말씀드렸다. 아마 모두들 매년 매해 열심히 살았던 데에 선생님께서 이렇게 삶의 모습으로 보여주시는 가르침이 큰 역할을 했을 것이다. 나는 언어교육원의 내 작은 방에 선생님께서 주신 연구 목록을 붙여 놓았다. 그다음 해 스승의 날 또 새로운 목록으로 바꿔 주실 것을 알기에 내가 직장에서 해내야 하는 일들로 마음을 다잡아야 할 때 선생님의 감탄스럽기 그지없는 꾸준하심은 큰 힘이 되었다. 그리고 앞으로 정년이 되어 직장을 떠난 후에 어떻게 살아야 할지 길을 찾을 때도 선생님이 주셨던 그 무거운 종이 한 장은 틀림없이 중요한 지침이 될 것이다.

　스승께서 해나가시던 그 많은 일들 중 몇 가지 조각들을 보여 주셨을 뿐이었는데도 내 삶과 일에 중요한 깨우침과 변화가 있었다는 것을 깨닫고 선생님께서 이렇게 나를 가르치셨구나 하며 선생님 은혜를 마음 깊이 느낀다. 두 손을 모으고 고개를 숙여 긴 시간 나의 스승으로 계셔 주신 선생님께 인사를 올린다.

　선생님, 정말 감사합니다. 감사합니다. 베풀어 주신 가르침 마음에 깊이 새기겠습니다.

선생님의 혜안과 학문 여정을 생각하며

김호정 金祜廷
서울대 국어교육과 교수, 국어교육과 박사 96학번(59회)

'선생'이 갖추어야 할 덕목 중의 하나는 해당 학문 분야에서 의미 있는 연구 주제와 연구 문제를 발굴하고 발전시킬 수 있는 통찰력이 아닐까 싶습니다. 그런 견지에서 박갑수 선생님은 (한)국어교육 분야에서 심도 있는 안목을 지닌 스승이라고 할 수 있겠습니다. 문체와 표현이라는 학문 영역을 현대와 고전 문학, 국어(학) 차원에서 천착하셨고 언론언어, 법률언어 순화 운동의 이론과 실천을 선도하셨으며, (한)국어교육학의 학문적 토대를 확립하셨기 때문입니다. 그 가운데서도 "발상과 표현론"의 관점에서 한국어 표현의 원리를 밝히고, 한국어교육의 영역을 개척함은 물론 그 외연을 넓혀 재외동포를 위한 한국어교육, 더 나아가 한국어 세계화를 위해 헌신해 오신 선생님의 학문 여정은 (한)국어교육학에 대한 선생님의 탁월한 식견을 더욱 잘 느끼게 해 줍니다.

일찍부터 대학원 교육과정에 '외국어로서의 한국어교육' 강좌를 개설하여 가르치셨고, 1997년에는 서울대학교에 '외국인을 위한 한국어교육 지도자 과정'을 만들어 한국어교육의 학문적 발전과 교사 양상 및 교육 정책의 발전에도 크게 기여하셨습니다. 작금에는 이와 같은 과목 개설이나 프로그램 운영이 대학 내에서 쉽게 목도될 수 있지만 그 당시에는 변혁에 해당할 만큼 새로운 시도였습니다. 선생님께서 이러한 변화를 주도하실 수 있었던 것은 한국어교육이 본격화되기 훨씬 이전부터 중국, 일본 등에서 해외 한국어교육학을 접하셨던 연유도 있겠으나 제2 언어 교육학으로서의 한국어교육학 탐구의 필요성과 방향성을 그 누구보다 이른 시기에 감지하고 개척할 수 있는 혜안을 지니셨기 때문입니다. 이와 같은 선생님의 혜안 덕분에 저 역시 당시 불모지에 가까웠던 제2 언어로서의 한국어교육학에 발을 내딛고 그 길을 걸어갈 수 있게 되었습니다.

'발상(發想)'이라는 말은 일상생활에서도 흔히 쓰이는 말이라고 할 수 있습니다. 그런데 선생님께서는 '표현하려는 심적 내용을 구체적 언어표현으로 바꾸는 표현행동의 과정 즉, 개별언어의 통사상, 혹은 어휘상의 표현 특성'(박갑수, 2014)을 '발상'의 의미로 개념화하고 한국어와 한국인 발상의 특징을 연구하셨습니다. 이를 위해 한국어 표현, 문장 표현 방법, 문학 작품의 구성과 서술 방식 등을 특히 타 언어와의 비교 관점에서 고찰하셨습니다. 이를 통해 도출된 연구 성과는 한국어, 한국인의 발상과 표현의 '근간'을 밝혀줄 뿐만 아니라 비교 언어문화학 및 제2 언어로서의 한국어교육학 차원의 언어문화 간 공통점과 차이점을 규명하는 데에도 기여하는 바가 큽니다. 외연적으로 드러나는 표현의 차이보다 그러한 차이를 만들어 내는 표현행동의 근본적 속성을 밝히고 교육하는 것이 제2 언어로서의 한국어 교수·학습에서도 중요한 연구 과제이기 때문입니다. 이러한 견지에서 선생님께서는 일찍부터 한국어교육학의 기초가 되는 학문 분야를 탐구하고 연구하는 방법을 일러주셨다고 할 수 있겠습니다.

선생님께서는 제2 언어로서의 한국어교육학의 본령을 공고히 하는 데에도 많은 기여를 하셨습니다. 선생님께서 쓰신 "한국어 교육의 과제와 전망"(1999)은 한국어교육(학)의 연원을 보다 정확히 파악하는 데 중요한 단초를 제공하고 있습니다. 외적인 사회, 경제 여건의 발전에 힘입어 한국어교육(학)이 활발히 이루어졌다는 인식하에 한국어교육의 시작점을 외현적 발전 시기와 연동하여 설정하는 경우가 많았으나, 선생님의 연구를 통해 민족어 통일, 대외 교류가 활발해지기 시작한 통일신라 전기에도 한국어교육이 실천되고 있었음을 확인할 수 있었습니다. 선생님께서는 이 외에도 『한국어교육의 원리와 방법』(2012)에 관한 저술을 통해 외국어로서의 한국어 표현 교육, 이해 교육, 문법 교육 및 어휘 교육 등의 문제를 깊이 있게 다뤄주셨습니다.

외국인에게 한국 언어문화를 교육하고 보급하는 것에 비해 재외동포의 교육은 그 열의나 규모가 덜하다는 점에서 재외동포를 위한 한국어교육의 문제를 지속적으로 연구해 오신 것도 선생님께서 남기신 중요한 업적 중의 하나입니다. 재외동포에게 계승어로서의 한국어가 갖는 위상과 의미가 그들의 이주 역사와 매우 긴밀히 연계되어 있다는 점에서 한민족 유·이민의 역사적 이주 과정을 다루는 것에서 시작하여 그들을 위한 한국어 교수법, 언어문화의 교육과정 실태와 발전 방향을 논의하셨습니다. 재외동포를 위한 언어정책과 한국어의 세계화 문제를 고찰하기 위해 중국 조선족 및 남북한의 정서법, 중국의 조선말과 남북한 말의 비교 등에 관한 방대한 연구 작업도 마다하지 않으셨습니다. 재외국민을 위한 교육과 한국어교육의 문제도 커뮤니케이션, 언어문화 지식 및 한국어학의 영역 차원에서 세밀하게 고찰하는 고단한 연구 작업을 이어가셨습니다.

이상의 연구 과정을 거쳐 산출된 결과물은 총 4권의 한국어교육학 총서를 통해서 확인할 수 있습니다. 그리고 선생님께서는 마지막 5번째 한국어교육학 총서인『통일 대비 국어교육과 한국어교육』을 통해 빠르게 변화하는 국제화, 세계화 시대를 맞이하여 국어교육과 한국어교육이 나아가야 할 방향을 제시해 주셨습니다. 총서 서문에 적은 다음의 글을 통해 선생님께서 남기고 싶은, 그리고 당부하고 싶은 말씀을 다시금 음미하고 되새겨 볼 수 있습니다.

> 언어의 기능은 협동(협동)에 있다. 중국에서는 커뮤니케이션을 "교제(交際)"라 번역한다. 이는 언어의 기능이 협동에 있음을 단적으로 말해 주는 것이라 하겠다. 인간생활의 원칙은 협동에 있다. 오늘날은 국제화, 세계화의 시대이며, 더불어 친화적으로 공생(共生)해야 하는 시대이다. 대내적으로 국어교육을 강화하고, 대외적으로 한국어교육을 세계화함으로 오대양 육대주의 인민이 협동하고 우의를 다짐으로 온 세계가 평화롭게 사는 세상을 만들어야 한다. 국어교육과 한국어교육의 끊임없는 발전과 우리말의 세계화(世界化)로 세계의 인민과 우의를 다지며, 협동과 공생에 의한 평화로운 세계가 이루어지게 되기를 기원한다. (박갑수, 2019)

미래를 내다보는 혜안을 가지고 후학들이 해야 할 연구 과제와 방법을 일러주시고 그 길을 열어주신 선생님의 열정적인 연구 행적에 깊이 감사를 드립니다. 선생님의 기원대로 국어교육과 한국어교육의 끊임없는 발전을 통한 공생의 평화가 실현되는 데 저 역시 일조하는 바가 있기를 기원해 봅니다.

반창고와 몽당연필

주영민朱英敏
청량고 교사, 국어교육과 89학번(46회)

1. 조우(遭遇)

저는 2지망으로 대학에 입학했습니다. 1지망 학과 면접을 마치고, 2시에 국어교육과 면접을 갔을 때, 박갑수 선생님을 처음 뵈었습니다. "TV에서 항상 뵙던 분을 여기서 뵙는구나!"라고만 생각했지, 평생의 스승으로 모시고 공부하게 될지 그 순간에는 몰랐습니다.

2. 문하 입문(門下入門)

저의 석사 학번은 94705로 시작합니다. 국어교육 전공을 하겠다고 생각하던 차에 고 마광호 선배가 선생님 문하에서 공부하라고 조언해 주셨습니다. 처음엔 어색한 느낌마저 들었지만, 제자들을 항상 편하게 대해 주시는 덕분에 계속 모시고 공부하면 좋겠다고 생각이 들곤 했습니다. 게으른 탓에 선생님께서 퇴임하실 때까지도 졸업을 못했으나, 틈틈이 찾아 뵙고 안부를 여쭙고 하였습니다.

3. 반창고와 주례(主禮)

2002년도 6월에 결혼 날짜를 잡고 선생님께 주례를 부탁 드렸습니다. 당일 두어 시간 전에 주례를 못해 주실 수도 있다는 연락이 왔습니다. 물론 본인이 못 오시면 다른 분을 대신 보내시겠다고 했지만, 무슨 일인지 몰라 안절부절못하고 있었습니다.

예식 직전에 선생님을 맞이하면서, 저간의 사정을 알게 되었습니다. 아침에 넘어지셔서, 얼굴에 반창고를 여러 군데 붙이고 계셨습니다. 반창고 붙인 얼굴로 주례를 하는 게 부담스러우셨지만, 약속을 어길 수 없어서 오셨노라고 하신 말씀이 귀에 쟁쟁합니다.

4. 몽당연필

학부 시절 이래 선생님을 뵐 때마다 당신이 그 동안 어떤 학문적 이력을 쌓았는지를 말씀해 주셨습니다. 특히나 여든을 넘기신 이후에도 해마다 새로 발간한 저서를 나눠 주시면서, 팔아먹지 못하게 서명을 해 주신다고 농담을 하시던 모습이 눈에 암암합니다.

모교 대학원을 졸업한 이후, 광운대 법학과 졸업, 시립대 대학원 박사과정 수료, 교원대 대학원 한문교육 석사 졸업 등 끊임없이 공부 길에 머물러 있었던 건, 선생님께 공부는 평생하는 것이라는 자세를 배웠다는 점에서입니다.

봉안당에서 유골함 옆에 놓인 몽당연필을 보면서, 학부 시절, 국어사개설을 밑줄 치며 읽고 계신 선생님이 떠올랐습니다. 수십 번 가르친 책을 왜 또 읽으시나 싶어서 "선생님도 국어사개설을 읽으시네요?"라고 여쭈었더니, "수업은 매번 준비해야 한다."고 말씀해 주셨습니다. 교직을 업으로 삼은 세월 동안 과연 선생님처럼 끊임없이 준비하는 자세를 견지하고 있었던가 이 글을 쓰면서 다시 한번 반성해 봅니다.

한결같으신 신사 선생님을 그리며

심상민 沈尙玟
경인교대 국어교육과 교수, 국어교육과 박사 02학번

선생님의 모습을 생각하면 떠오르는 몇 개의 단어가 있습니다.

"한결같음, 인자함, 여유로움, 꼿꼿함, 엄격함, 절제, 신사, 멋쟁이 등등"

선생님과 함께 한 시간이 짧다고도 그렇다고 길다고도 할 수는 없지만⋯ 선생님은 저에게 항상 위에서 나열한 여러 낱말들로 느껴지는 그런 분이었습니다. 지금 생각해보면 선생님은 요즘과 같은 다양성의 시대에 어울리는 분이 아니었나라는 생각도 듭니다. 평소에는 인자한 미소와 여유로운 분위기를 지니고 계셨지만 그와 동시에 학문과 수업에 있어서 엄격함과 꼿꼿한 자세를 늘 유지하고 계셨던 상황에 따라 다양한 모습을 보여 주셨던 분이었습니다.

이와 같은 선생님의 다양한 모습 중에 저에게 가장 와닿는 선생님을 표현한 단어는 '한결같음'입니다. 제가 선생님을 처음 뵙고 인사를 드렸을 때도,

그리고 그 이후에 선생님의 수업을 들으면서, 선생님을 모시고 등산을 가거나 식사를 할 때도 언제나 늘 그렇듯이 선생님의 모습에는 항상 여유로움과 엄격함이 공존해 있었던 것 같습니다. 제가 선생님의 이와 같은 '한결같음'을 좋아하는 이유는 일상생활에서 선생님께서 갖고 계셨던 소소한 원칙을 늘 지키시는 그러한 모습을 보여주셨기 때문입니다.

대학원을 다니면서 한국어교육지도자과정 TA로 일했을 때의 일입니다. 1997년도의 어느 날, 선생님 연구실에서 공부를 하고 있던 '의용이'와 함께 선생님을 모시고 자하연에서 점심 식사를 하게 되었습니다. 그 당시 한국어교육지도자과정의 초대 주임 교수의 직책을 맡고 계셨던 선생님께서는 여러 대내외 활동을 하시면서도 지도자과정생들이 수업을 듣고 학교생활을 하는 데 어려움은 없는지, 지도자과정생들의 의견을 직·간접적으로 듣는 시간을 가지셨고 그로 인해 저도 종종 선생님과 식사를 하면서 과정 소식을 전해 드렸습니다.

선생님과 식사하는 자리가 어렵지는 않았지만 하나의 작은 고민은 있었습니다. 선생님께서는 식사를 하실 때에 항상 천천히 그리고 밥을 오래 씹어 드시는 편이었습니다. 건강을 위해 선생님께서 지키시는 하나의 소소한 원칙이라고 말씀하신 적이 있는데, 아마도 선생님께서 갖고 있는 '느림의 미학'과 관련된 생활 습관이 아니었나라는 생각도 해보게 됩니다.

식사 시간이 상대적으로 짧았던 저희 둘에게는 선생님과의 식사 시간을 보내는 일이 어려운 숙제처럼 느껴졌습니다. 업무적인 이야기가 끝나면 무슨 말씀을 나눌 것인가? 재미 있는 이야기, 선생님께서 관심 가지실 이야기 등을 생각하고 상의했습니다. 그날도 선생님과의 식사 시간의 길이를 맞추려고 노력하는 중에, 저희가 준비해 온 다양한 화제를 실마리로 선생님께 유익한 말씀을 많이 들었습니다. 선생님과의 식사 시간을 맞추기 위해 준비해왔던 이야깃거리는 자연스럽게 학술적인 주제의 이야기로 넘어갈 때도 많았으며 지금 생각해 보면 그때 선생님께 많은 것을 배우지 않았나라는 생각이 듭니다.

그날 이후로도 선생님과의 식사 자리는 자주 있었고, 졸업 이후에도 선생님을 모시고 가졌던 식사 자리를 생각해보면 선생님께서는 천천히, 그리고 오래 드시는 소소한 원칙을 한 번도 어기신 적이 없었습니다. 마지막으로 뵙고 식사를 했을 때도 건강한 모습으로 인자한 미소를 지어주셨던 선생님이었는데… 다시는 뵐 수 없다고 생각하니 선생님에 대한 그리움이 더욱 짙어집니다.

선생님의 한결같은 생활 습관으로 인해 선생님께 많은 얘기를 들을 수 있었던 그때의 식사 자리가 그 어느 때보다도 그리운 봄날입니다.

10동 422호

김인규 金仁圭
서울대 언어교육원 교수, 국어교육과 박사 02학번(04년 수료)

이곳 서울대에서 나에게는 세 분의 지도교수님이 계셨다. 박갑수 선생님, 윤희원 선생님, 민현식 선생님이 그분들이시다. 대학원 생활의 유년기에서 청소년기를 거쳐 장년으로 성장할 수 있게 해 주신 분들이다. 모두 내게 소중한 인연이며 은사로 남아 계시는데 그 처음은 박갑수 선생님이셨다.

선생님과의 첫 만남은 아직도 잊혀지지가 않는다. 다만 그 순간은 추억이라기보다는 긴장감과 약간의 혼돈의 시간이었다.

당시 한국어교육은 전공영역으로서 그 기반이 미약하였고 어떤 길로 가야 할지 막연한 상태였다. 애초에 타 대학 국어국문학과 대학원을 준비했던 나는 그나마 국어교육과 한국어교육이 '언어교육'이라는 접점을 가지고 있을 거라고 생각하고 국어교육과를 찾게 되었다. 국어교육을 전혀 몰랐던 나는 윤희원 선생님과 박갑수 선생님 두 분의 강의를 청강하기로 하였다. 먼저 윤희원 선생님께서는 매우 친절하게 대해 주시면서 승낙을 해 주셨고

3월 개강일에 선생님을 처음 뵈었다. 어느덧 27년 전의 일이다. 이와 달리 박갑수 선생님께 전화로 청강을 청드렸을 때 그 전화를 끊고 나서 많은 고민을 하게 되었다. 그 이유는 전화기 너머로 들려오는 선생님의 목소리가 매우 엄중하고 신신당부를 하시는 강한 어조였기 때문이다. 어휘를 조금 바꾸어 적자면 대략 이런 말씀이었다. '(앞에 앉지 말고) 뒤에서 조용히 이상한 짓 하지 말고 들어라…' 청강을 승낙해 주셔서 감사했지만 의기소침해진 것도 사실이다.

국어교육에 대한 아무 지식도 없었던 나에게 1년간의 청강은 이 학문을 조금이라도 이해할 수 있게 해 주었다. 내가 청강했던 박갑수 선생님의 문체론에서 대학원 입학 시험 문제가 출제되었는데 나는 청강 덕분에 그 질문에 답을 할 수가 있었다. 그러나 예상하지 못한 문제였기 때문에 따로 공부를 하지 않았고 오로지 강의 내용을 기억해 내면서 답을 적어 내려갈 수 있었다. 낯선 곳에서 1년간 청강을 하게 된 보람을 그때 느끼게 되었다. 입학한 후에 선생님께서 직접 얘기해 주셨는지 기억은 안 나지만 처음 청강을 요청드렸을 때 선생님이 왜 그렇게 엄하게 말씀하셨는지 알게 되었다. 기억하기로는 당시 나의 청강 요청 전에 어떤 청강생이 선생님 수업에 들어와서 강의 시간에 선생님을 곤란하게(?) 하였다는 말을 얼핏 들었다. 그때 선생님의 입장을 이해할 수 있었고 궁금증도 풀렸다. 오히려 30년 전 선생님과의 첫 통화를 여전히 기억할 수 있던 것은 이런 특별한 에피소드가 있었기 때문이 아닌가 싶다. 지금도 첫 출발을 가능하게 해 주신 선생님께 감사를 드리고 싶다.

생각해 보면 선생님과는 '첫'이 유난히 많다. '첫 보신탕' 수육 한 점도 선생님과, 출장이긴 하나 '첫 하와이 방문'도 선생님과… 여전히 선생님은 나에게 어려운 분이셨고 전화를 드릴 때마다 긴장을 하곤 했지만 생각해 보니 세월이 흐르고 소소한 이야기가 있었다. 선생님과 깊은 이야기를 나누지 못한 것은 아쉬움이 남는다.

가끔 다른 대학교에서 공부했다면 어떻게 되었을까? 하는 생각이 들기도 하지만 생각해 보면 추억이 쌓이고 많은 인연을 만나게 된 이 공간이 그런

2002년쯤으로 기억되는 스승의 날 모임 사진[제일 윗줄 좌측부터 (존칭 생략) 김영선, 김인규, 윤희정, 김수정, 박갑수 선생님, 진대연, 아랫줄 좌측부터 엄훈, 정민주, 한수자, 송현정, 김민애, 김호정, 심상민].
일 년에 한 번 모임을 위해 박의용 선생과 같이 약속 장소를 정하고 선물을 준비하고 선후배님들께 연락을 돌리던 일도 이제 추억이 되었습니다.

면에서는 매우 소중하다. 그리고 그 가운데 계신 선생님들을 나는 생각하게 된다.

이제 예스러운 모습은 사라진 10동,
낯익은 이방인의 모습으로
볕이 한껏 드는 봄날,
30여 년 전의 나와 박갑수 선생님을 만나러 그 복도 끝에 놓인 공간을 다시 찾아가 본다.
98년 첫 봄을 생각하며…

아버지 같으셨던 스승님

진대연 陳大演
선문대 글로벌한국어학과 교수, 국어교육과 박사 99학번(59회)

선생님 생전의 모습을 돌아보다 보니 한없이 많은 이야기와 추억이 떠오릅니다. 가슴 속 소회를 글로 정리하는 것이 그래서인지 더욱 어렵습니다. 박사과정 마지막 제자의 이런 난감함을 그래도 하늘에서 내려다보고 계실, 아니 제 삶에서 여전히 함께하고 계신 선생님께서는 헤아려 주시지 않을까 싶습니다. 이 작은 글의 제목을 어떻게 정할지, 무슨 말로 기억을 글로 만들지 고심하다 결국 가장 원초적으로 '아버지'라는 한 단어를 남기게 되었습니다.

1. 사회적 성장을 지켜봐 주신 분

선생님께서는 1998년 한국어교육 지도자과정 수강생 시절부터 대학 선생으로 한국어교육을 가르치고 있는 2024년까지 저의 20대, 30대, 40대, 50대의 성장 과정을 거의 다 지켜봐 주셨습니다. 한국어교육이라는 분야가 생소하던 그 당시 선구자로서 지도자과정 주임교수를 하시면서 타과 출신이던 제게 한국어교육의 문을 열어 주시고 퇴직이 얼마 남지 않으셨던 상황에서도 기꺼이 저를 제자로 받아 주셨습니다.

2000년 1월에는 결혼식 주례로 지금 저의 가정을 맺어 주셨습니다. 그리고 첫째와 둘째가 태어나고 자라는 과정도 지켜봐 주셨습니다. 또 선생님을 뵙고 올 때면 종종 아이들 간식도 챙겨 주셨습니다. 제 처는 노년의 선생님 모습을 제가 닮아 갔으면 좋겠다고 자주 말하곤 하였습니다. '멋쟁이 신사'로 항상 단정하신 선생님을 기억하고 또 끊임없이 저술 활동을 하시는 건강한 삶을 본받으라는 뜻이었습니다.

2006년 한국어세계화재단에서 활동할 때도, 2011년 호원대에서 전임교수를 시작할 때도, 중간중간에 크고 작은 성취나 실패를 할 때도, 그리고 지금 직장인 선문대로 옮겨올 때도 항상 응원해 주시고 여러 고민들을 들어 주셨습니다. 감사함을 표할라치면 저를 통해 요즘 소식을 들을 수 있어 좋으시다며 오히려 고맙다고 해 주셨습니다. 돌아보면 홍안(紅顔)이었던 때부터 머리칼이 희끗희끗해진 지금까지 제 인생의 주요 장면들에서 큰 나무가 되어 주셨습니다.

2. 학문과 인생의 방향을 보여 주신 분

정년퇴직을 하신 이후에도 꾸준히 학문을 하시면서 제자가 직장과 일상에 치여 연구에 소홀해지려 하면 몸소 집필하신 책들을 선사해 주셨는데 그것은 제게 자상한 가르치심이었습니다. 저희 집 거실과 학교 연구실 책꽂

이 중 상당 부분은 선생님께서 집필하시거나 소장하셨던 책들로 채워져 있습니다. 지금도 종종 멍하니 그 책들을 바라보면 책상에 앉아 연구하고 집필하시던 선생님의 모습이 그려집니다.

학문뿐만 아니라 인생에서도 선생님은 많은 가르침을 주셨습니다. 퇴직하신 이후, 특히 최근 십몇 년간은 공식적인 모임 이외에도 몇 달에 한 번씩 선생님을 개인적으로 따로 뵙곤 하였습니다. 선생님께서 아직 70대셨을 때는 제 또래 친구들 몇 명과 관악산 정상까지 함께 가셨던 적도 있습니다. 80이 넘으신 후에는 체력이 조금 약해지시기는 하셨지만 작고하시기 얼마 전까지도 집필 활동에 매진하실 정도로 건강하셨습니다.

몇 해 전에는 사평서실(砂平書室)에 소장하셨던 책을 정리하실 때 몇 번 도와드리러 다녔습니다. 그런데 워낙 깔끔하신 성격이라 책들을 이미 다 분류하고 묶어 놓으셔서 도움을 드렸다기보다는 물려주시는 책들을 받으러 다닌 형국이 되었습니다. 언젠가 그 책들이 선생님의 유품이 될 것 같다고 생각했었는데 이미 그렇게 되어 버렸습니다. 물려주신 책 중에는 1950년대 선생님께서 학창 시절에 보시던 것들도 있었습니다.

  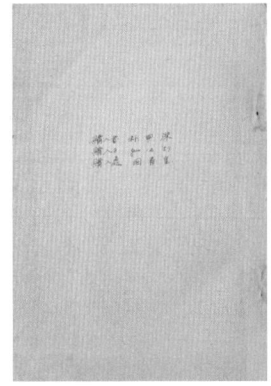

3. 끝까지 내 편이 되어 주신 분

　선생님을 따로 뵈러 갈 때면, 특히 최근에는 주로 댁 근처 음식점 경복궁 등지에서 점심을 사 주셨습니다. 궁금해 하시는 소식을 들려 드리고 부탁하시는 자료를 찾아봐 드리기도 하였지만 40대, 50대, 그리고 60대에는 어떻게 살아가는 게 좋겠느냐고 여쭙기도 하였습니다. 선생님께서 회고담들을 들려주시는 게 재미있었고 인생 조언을 해 주시면 그것이 마음에 새겨지고는 하였습니다. 노학자의 값진 인생 경험을 들을 수 있었던 게 감사하기 그지없는 일이었습니다.

　언젠가는 희망했던 일의 결과 때문에 실망하고 있을 때였습니다. 노년에 돌아보니 "인생은 이미 정해진 프로그램을 따라가는 것 같다는 생각이 든다."라고 말씀해 주셨습니다. 결과는 결과대로 받아들이고 다시 일어서라는 취지였는데 그 이후로 제가 무언가를 시도하고 결과를 기다릴 때 되새겨보는 금과옥조가 되었습니다. 그 밖에도 헤아릴 수 없으리만치 가슴에 남겨 주신 말씀이 많습니다. 대부분이 저를 위해서, 제 편이 되어서 해 주신 이야기들이었습니다.

　작고하시기 몇 달 전 여름과 가을의 일입니다. 2023년 8월에 지도자과정 문집 원고를 작성하실 때 옛한글 자판 입력 때문에 사평서실에 몇 차례 드나들었습니다. 그때 쓰시던 <춘향전의 표현 특성과 구상적 표현 – "열녀춘향수절가 84장본"과 "동양문고본 춘향전"의 표현 비교>의 마무리 작업을 조금 도와드렸는데 유작이 되었습니다. 글자 입력을 거들어 드리면서 그때 선생님의 춘향전 연구에 대해서 좀 더 많이 배울 수 있었습니다.

　2023년 10월 한국언어문화교육학회(KLACES)에서 20주년 기념 초대 회장 회고사를 수집할 때였습니다. 낙상 때문에 대회 준비위원회에서 찾아뵙지 못하여 제가 전화로 말씀을 여쭈면서 주요 내용을 정리해 드렸습니다. 원고를 정리하고 한 문장 한 문장 읽어 드리고 확인을 받았는데 마지막에 제가 '당신의 박사과정 마지막 제자'로서 인터뷰 내용을 정리해 드려 고맙다는 말을 꼭 넣으라고 마치 몇 달 후를 예견이나 하신 듯이 유언처럼 당부하셨습니다.

몇 해 전부터 일주일 이상 해외에 나갔다 오려면 가기 전에 꼭 안부 전화라도 드리고 다녀왔습니다. 작년에도 작고하시기 전 주말, 대만에 다녀오겠다고 여쭈면서 조만간 찾아뵙겠다고 하였습니다. 걱정 말고 잘 다녀오라고, 곧 봄이 되니 그때 보자 하셨습니다. 2024년 2월 23일 금요일 아침 6시쯤 경유지 제주에는 계속 비가 추적추적 내렸습니다. 그때는 의미를 몰랐지만 선생님께서 하늘나라로 가신 것을 알았을 때 제 마음속에 흐르던 눈물이었던 것 같습니다.

선생님 '안'에서의 인연

박의용朴義勇
계성고 교사, 국어교육과 91학번(50회)

1.

저는 1999년 2월 대학원 석사과정을 수료하면서 정든 모교를 떠났습니다. 대신 매년 스승의 날 즈음 문하의 제자들과 선생님을 모시고 선생님의 안부를 여쭈었습니다. 퇴직 후에도 선생님은 늘 연구를 하셨고 제자들에게 당신의 연구에 관한 이야기를 들려 주셨습니다. 제자들도 한 해와 그 다음 해에 큰 차이가 없을 정도로 열심히 꾸준하게 살았습니다. 서로 다른 시기의 사진들 간에 등장 인물이 일정해서 어느 것이 먼저고 나중인지 구별하기 어려울 정도입니다. 그러다 작년에 선생님께서 하늘나라로 가시고 나니, 저는 갑자기 나이가 들어버린 듯합니다. 이제 중년이 된 저에게 선생님은 청년기의 추억입니다.

2.

1991년, 제 기억 속 서울대 캠퍼스는 춥고 황량했습니다. 관악산 북면(北面)에 자리 잡은 캠퍼스에서 눈이나 얼음이 잘 안 녹기 때문이기도 하고,

고교를 갓 졸업해 갑자기 탁 트인 곳으로 풀려나온 신입생의 느낌 때문이기도 했습니다. 방목지의 양들처럼 자신의 이름을 불러주는 누군가에게 민감한 시기였습니다. 대학원생을 지도하시기에도 바쁘실텐데, 박갑수 선생님은 우리 학번의 지도 교수도 맡아 주셨습니다. 1993년 3학년 1학기 때 91학번 대표의 자격으로 황혜진 학우와 제가 선생님의 연구실을 찾아가, 도란도란 면담을 했던 기억이 납니다. 선생님의 생각은 잘 모르지만, 저는 박갑수 선생님을 친근하게 생각했습니다.

2003년 5월 16일(금) 스승의 날 기념 식사 모임에서의 대화. 장소는 서초동 배나무골 오리집으로 기억합니다. 좌측에서부터 박갑수(만 69세)·한수자·송현정·정민주 선생님. 송현정 선생님은 선생님의 2호 박사 제자이시고, 한수자 선생님(95년 입학)은 마지막 석사 제자(99년 석사 입학)이시고, 정민주 선생님과 함께 지도자과정 3대 TA였습니다.

3.

1996년, 제대 직후 복학하여 4학년이 되었습니다. 봄부터 대학원 준비 공부를 했습니다. 꼭 무엇이 되겠다는 생각은 아니고, 졸업 후 생업에 쫓기면 자유롭게 공부할 기회가 없을지도 모른다는 생각이 강했습니다. 그때 후배 세 명과 스터디를 했는데, 그 안에서 인기 전공에 대한 지원을 놓고 기 싸움이 대단했습니다. 저는 대학원에 입학하고 나서 지도교수를 정하는 줄 알고 있다가 후배들을 보고 현실을 깨달았습니다. 하지만 저는 박갑수 선생님을 떠올리고 쉽게 결정을 내렸습니다.

선생님의 관심사를 살피다가 '이중언어학회지'에서 제2언어로서의 한국어 교육에 관한 선생님의 글을 볼 수 있었습니다. 분야가 마음에 쏙 들었습니다. 나중 변호사가 된 역사교육과 친구가 고시 공부에 관심이 없는 저에게 이런 말을 한 적이 있습니다. "고등학교 때 배운 걸(국어교육을) 왜 또 하냐?" 이 말이 제 마음에 콱 박혀서 상처가 되었는데, '제2언어'라 하니 신선했습니다. 그래서인지 저는 대학원에 들어와서 국어교육 수업을 듣는 것도 즐거웠지만, 제2언어 교육에서 크게 앞서가는 영어교육과의 수업을 매 학기 듣고 영어교육과 논문에도 많은 관심을 가졌습니다.

4.

석사 과정에 입학했던 1997년 저는 과사무실에서 고 마광호 조교님을 모시고 강민경 학우랑 TA를 했습니다. 그때 박갑수 선생님이 한국어교육지도자 과정 개설을 진행하시면서 저에게 지도자 과정 TA를 제안하셨습니다. 그때 저는, 지도자과정과 과사무실이 힘을 합해 일을 하기 수월하려면 같은 문하 심상민 형이 과정 TA로 적합하겠다고 말씀드렸습니다. 그리고 그해 우리는 마 선생님 차로 심상민 형, 다음 해에 합류한 김인규 형과 함께 다니면서 일하는 즐거움이 있었습니다.

5.

1998년, 저는 과사 TA를 마친 후 박갑수 선생님 연구실 '방돌이'를 했습니다. 그때 선생님 제자들의 명단이 따로 있는 것이 없어 연락처를 정리했습

1997년 5월 22일(목) 경상북도 영양군 일월면 주실마을 조지훈 선생 시비 앞 국어교육과 답사 전체 사진. 박갑수 선생님은 선배님들의 추모 원고에서도 확인되듯이 학과의 답사에 거의 꼭 참석하셨다. 이때는 필자도 학과 TA 자격으로 다녀왔다. 사진 좌측에서부터 윤여탁 선생님, (조지훈 시인과 같은) 한양 조씨 성을 가지신 마을 해설사 어르신, 박갑수 선생님(이때 만 63세셨음), (사이) 엄훈 선생님, 노진한 조교님(86년 입학), 류수열 선생님, 임경순 선생님, 고광수 선생님, 아랫줄에는 좌측부터 필자, 주영민 선생님과 김주희 TA(세 번째), 이형빈 TA(여섯 번째), 강민경 TA(여덟 번째)가 있다.

니다. 사당동 배나무골 오리집에서 박갑수 선생님을 모시고 스승의 날 모임을 했습니다. 다양한 학부에서 같은 문하로 모인 제자들의 규모는 적지 않았습니다. 시니어 제자 모임과 구별되는 주니어 제자 모임 정도 됩니다. 코로나가 발발하기 전 2019년까지 총 22회, 매해 모임을 가졌습니다. 일단 시작하니 동력이 생겼습니다. 선생님도 좋아하시고 제자들도 좋아하셨습니다. 개인 사정이 있으신 분들을 제외하면 거의 매해 모임에 응해 오셨습니다. 대학원도 방목(放牧)의 세계인지라 따뜻한 유대가 그립지 않았을까 합니다.

6.

그 시기 우리 과에서는 '국어교육적이라는 것이 무엇인가'의 고민이 많았습니다. 국문학도 아니고 국어학도 아니고 국어교육적인 논문이란 무엇인가? 저는 외국의 수업 연구 논문과 비슷한 방식으로 논문을 계획했는데, 어떤 지도 선생님께서 "외국 논문을 확인 사살하는 것이냐?"라고 창의성 없음을 지적하셨습니다. 가볍게 하신 그 지적이 상당히 아팠습니다. 다른 학생들도 엄중한 지적을 많이 받았습니다. 박갑수 선생님께서 보다 못하시고 "석사 과정 단계에서는 국문학이나 국어학 논문도 허용하자."라고 말씀하신 적이 있었는데, 국어교육학 정립기의 고민을 표현하신 것 아닌가 하는 생각이 듭니다. 어떤 교수님은 수업에서 "국어교육은 사회과학이다."라고 아주 멋있게 선언하기도 하시고, 그 선언에 감동 받은 친구들끼리 통계 수업 들으러 다니던 기억도 납니다. '국어교육적인 것'은 학생들에게 난제였습니다.

국어교육이 무엇인가에 대해서 박갑수 선생님께서도 고민이 많으셨으리라 생각됩니다. 선생님은 표준어 사용, 국어 순화, 문체, 언어와 문화, 어원과 국어사, 제2외국어로서의 한국어 등 광범위한 분야에 관심을 두셨습니다. 음운론, 통사론, 의미론처럼 <국어학개론>의 중심 페이지를 차지하는 분야는 아니지만 재미있고 호기심을 유발하는 영역입니다. 국어교육에 대해서 학생들이 고민할 때 선생님도 같이 고민하셨을 것이라는 생각이 듭니다.

7.

1999년 2월, 선생님이 퇴임하시고 저도 수료를 했습니다. 구제 금융 직후 사회가 어수선했던 때라 떠나는 것에 관해서 별다른 고민도 없었습니다. 그리고 입학 전 짐작했던 대로 공부와는 영 멀어지게 되었습니다. 지적 탐구를 하겠다는 생각은 옅어지고 저도 매너리즘에 빠져 사는 것은 아닌지도 모르겠습니다.

2015년 5월 13일(수) 경복궁 서초점 제자 모임. 왼쪽부터 시계 방향으로(이하 제자 존칭 생략하면) 신경선(지도자과정 2기, 전 이대 언어교육원), 박갑수 선생님(이때 만 81세셨음), 김호정(서울대 국어교육과), 김민애(서울대 언어교육원), 김인규(서울대 언어교육원), 주영민(청량고), 박의용(계성고), 엄훈(전 청주교대), 심상민(경인교대)

이렇게 지은 '죄'가 있어서 선생님께 당당하게 자주 찾아뵙지는 못하고 스승의 날 모임 때 여럿이서 찾아뵈었습니다. 선생님께서 최근에 관심 갖고 계시는 이야기, 동년배 교수님들과의 교분, 대학이나 학회에서의 이러저러한 이벤트, 한국어 교육 이야기 등 충분히 이해되고 상상되는 이야기를 듣는 시간은 늘 제게도 즐거웠습니다. 선생님 '안'에서 젊은 날을 같이 보냈던 형님, 누님 들을 만나는 일도 큰 재미였습니다.

모임이 좋기는 좋은데 조마조마하기도 했습니다. 선생님께 전과 같게 약주를 권해 드려도 되는지, 사모님의 성화는 없을 것인지도 걱정되었습니다. 오래도록 이어온 모임이 장차 어떻게 귀결이 될지는 아무도 몰랐습니다.

2019년 5월 17일(금) <경복궁 서초점> 제자 모임. 2020년 2월 코로나19가 발발하면서 이 모임이 마지막 모임이 되었습니다. 앞줄 왼쪽부터 심상민(경인교대), 박갑수 선생님(이때 만 85세셨음), 정선화(전 중앙대 언어교육원), 뒷줄 왼쪽부터 진대연(선문대), 박의용(계성고), 이성희(석사 96 입학, 사업), 주영민(청량고), 김인규(서울대 언어교육원), 정민주(한남대), 신경선(전 이대 언어교육원)

그러다가 2020년 코로나19 때 정말 고심 끝에 모임을 무기한 연기한 것이 마지막이 되었습니다.

8.
저는 선생님께 아마 뚱하고 뻣뻣한 제자였을 것입니다. 긴 테이블에서 옆자리에는 앉지 못하고 늘 저 끝에서 앉았습니다. 선생님의 가장 아끼는 제자는 못되고 선생님을 그렇게 빛나게 해 드린 것도 없지만, 그래도 선생님께 작은 즐거움은 드리지 않았을까 생각합니다. 선생님과, 선생님 '안'에서 30여년 이상 이어 온 인연을 감사하게 생각합니다. 이만 글을 마무리하며 선생님의 명복을 빕니다.

가장 불안하고 빛났던 순간을 함께 해 주신 스승님

주세형周世珩
서강대 글로벌한국학과 교수, 국어교육과 92학번(50회)

2000년 9월, 주례를 부탁드렸을 때입니다. 선생님께서는 적잖이 놀라시며 거절을 하셨습니다. 그런데 그 순간, 저는 그만 웃어버리고 말았습니다. 선생님만이 보여주시는 특유의 미소가 있거든요. 단호하게 거절하셨던 그 순간에도 선생님은 그 미소를 보여주셨습니다. 잔잔하게 상대방 마음에 스며드는 인자하고 평온한 미소요. 다른 은사님들 앞이라면 저는 그대로 '죄송합니다' 말씀드리고 자리를 나왔을 것 같아요.

선생님은 계속 말씀을 이어가셨습니다. 주례는 통상 신랑 쪽에서 추천하곤 하던데, 왜 굳이 나에게 부탁을 하냐, 다시 한번 잘 알아봐라, 그렇게 말씀하셨어요. 그러나 저는 자리를 뜨지 않았습니다. 다소 긴 시간 동안 다른 주제의 이야기도 나누다가, 선생님께 다시 떼를 썼습니다. 결국 선생님께서는 허락하셨어요. 저는 제 인생에서 가장 아이러니한 순간, 그러니까 가장 불안하고도 동시에 가장 빛나는 순간을 선생님의 말씀을 들으며 보낼 수 있겠다는 안도감에, 결혼식 당일까지의 약 3개월을 잘 보낼 수 있었습니다.

지금 와서 생각해 보니 당시 제 진심을 있는 그대로 얘기할 수 있었다면 선생님께서는 더 쉽게 허락하셨을 것 같아요. 저는 선생님께서 가정에서 너무나 좋은 분이셨을 것 같다는 믿음을 갖고 있었습니다. 주위 친구들 중에서도 일찍 결혼을 결심하여 불안했던 저는, 또래 집단에서는 롤모델을 찾을 수가 없었어요. 그러다가 선생님 강의를 들으면서 갑자기, 그저 선생님의 말씀대로 살면 되지 않을까, 그리 생각했습니다. 저는 선생님이 어떤 부모이셨는지, 어떤 남편이셨는지 들은 적은 없었지만, 늘 절제된 모습이시고, 또 학문적 성과도 부지런히 내실 수 있는 건 아무래도 가정이 평온하기 때문일 거라고 확신을 했었습니다. 모든 것이 어설펐던 스물일곱의 제가 다행히, 그 순간만큼은 정확한 판단을 했던 거지요.

당시의 저는, 이러한 얘기를 자세히 말씀 드릴 수 있는 깜냥이 없었습니다. 감히, 선생님에 대한 제 생각을 머릿속에서 꺼낸다는 것 자체가 도리에 크게 어긋나는 일이라고 생각했습니다. 머릿속과 마음 속에 넣어두기만 했으니, 그렇게 생떼만 썼겠지요. 많이 아쉽습니다. 부족한 단어들이었어도 선생님께서는 그저 제 진실된 마음으로 읽어 주시고, 너그러이 용서해주시고, 쉽게 허락해 주셨을 텐데요.

사실 양가 집안 어르신들도 저의 고집스러움을 처음에는 의아해 하셨습니다. 그런데 당일 식장에서 선생님의 주례사를 듣고서는 왜 제가 고집했는지 이해를 하셨어요. 정말이지, 선생님의 따뜻한 말씀은 불안하기만 할 수도 있었던 제 새로운 출발을, 무척이나 행복하고 빛나게 만들어주셨습니다.

선생님! 석사 과정 신입생 시절이었을 겁니다. 아마 궂은 비가 내리고 갑자기 추워져서 날씨가 그다지 좋지 않았던 그 어느 날이었습니다. 수업이 끝나고 마을버스를 타려고 할 때, 선생님과 마주쳤습니다. 그 이전에도 선생님과는 마을 버스 정류장에서 뵌 적이 많긴 했습니다만, 여럿이서 인사를 한 경우가 대부분이었습니다. 그런데 그날은 유난히 마을 버스를 기다리는 승객이 적었고, 다른 승객 모두 모르는 사람이었습니다.

　버스를 기다리는 내내, 또 버스를 타고 가면서 선생님과 말씀을 나눌 수 있었습니다. 선생님께서는 저에게 학업과 관련된 주제로 이야기를 풀어 나가려 하셨지만, 학부 시절 내내 대중교통을 이용하느라 지쳤고, 석사 공부를 시작하면서 가방도 무거워 앞으로도 이렇게 다녀야 하나 지쳐 있었던 저는 건방지게도, 운전을 왜 안 하시는지 여쭸습니다. 그런데 선생님께서는 너무나 평온한 그 미소를 또 돌려주시며, "불편한 게 있나?" 딱 이렇게만 답을 하셨어요. 저는 그날 이후, 한동안 차를 사겠다는 욕심을 내려놨습니다. 세상 모든 불편함에 크게 반응하지 않으시는 분이구나, 싶었습니다. 학자의 길을 무겁게 받아들인다면 무거운 책들이야 들고 다니는 게 너무나 당연한 불편함인데 말이지요. 그날 선생님께서 제게 먼저 꺼내셨던 학술적인 화제가 무엇이었는지 하나도 떠오르지 않는 건, 정말이지 너무나 죄송하고 안타깝습니다.

　그날은 제가 선생님과 깊은 토론을 나누지 못했지만, 어느덧 중견학자가 되어 버린 제 연구도 어느새 선생님의 여정을 따라가고 있음을 느낍니다. 선생님 연구의 핵심은 문체론과 한국어교육의 세계화입니다. 저 혼자 해외 학자 논문을 따라간답시고 공부를 해 왔는데, 맥락에 따라 화자의 문법적 선택이 정교하게 달라짐을 연구하는 건 결국 선생님의 문체론을 구체화하는 것이나 다름없음을 알았습니다. 또한 뒤늦게 한국어교육 연구에 합류하게 되면서 한국학이 세계의 것이 될 미래를 정확히 예견하셨던 통찰을 곳곳에서 새록새록 발견하고 있습니다. 정말이지 선생님께서는 번뜩이는 통찰력으로 세계를 읽으셨고, 한국의 미래를 읽으셨습니다.

부끄럽게도, 추모글을 쓰면서야 제 학문적 여정이 결국 선생님께서 닦아 두신 길을 따라가고 있음을 제대로 깨달았습니다. 선생님 직속 제자 모임에 몇 번 간 적이 있었는데, 끼어도 되는 자리인지 눈치만 보다가, 정작 선생님과 사진도 제대로 못 찍었습니다. 올해는 꼭 찾아 뵙고 선생님 미소를 담은 사진 한 장이라도 남기겠다는 결심을 미루어만 왔다가 비보를 들었습니다.

박갑수 선생님, 그동안 정말 감사했습니다. 선생님 가르침을 이제야 조금 깨달은 만큼 그 가르침 그대로, 앞으로는 조금 더 부지런히 빛나는 학자가 되도록 하겠습니다. 부디 편히 쉬십시오.

남천 선생님과의 하루, 그 너른 그늘을 기억하며

남가영南嘉瑛
서울대 국어교육과 교수, 국어교육과 95학번(53회)

2010년 어느 가을날, 박사 과정을 마치고 한국교육과정평가원에서 연구원으로 일하고 있을 당시였습니다. 한 대학의 전임교원 채용에 응시하기 위해 추천서를 받아야 했던 저는 도대체 어느 분께 추천서를 부탁드려야 할지 고심 중이었습니다. 채용 분야가 '국어교육'으로 넓었기에 세부 전공을 가릴 것 없이 누구나 응시할 수 있는 전형이었고, 그렇기에 모(母) 학과에 계신 어떤 교수님들께도 추천서를 작성해 주십사 선뜻 부탁드릴 수 없는 까닭이었습니다. 그렇게 내내 고민하다 문득 아, 선생님께서 계셨지, 이런 생각이 들었더랬습니다.

그러나 당시 선생님께서는 이미 오래 전 퇴임을 하신 상태셨고, 대학원 과정 중 선생님께 강의 한 번을 제대로 들을 기회가 없었던 저는 선생님께 그저 오며 가며 마주친 안면 있는 학과 학생 중 하나에 불과했으리라는 생각이 제 발목을 붙잡았습니다. 게다가, 저는 삶의 매 순간 살뜰히 선생님들께 안부를 여쭙거나 인사를 올리기는커녕 그저 제 앞에 놓인 삶을 살아나가는 데 급급했던, 무심하고도 무정한 학생이자 제자였다는 데 생각이 미치자, 차마 선생님께 연락 드릴 엄두가 나지 않았습니다. 입 밖으로 자꾸만 튀어나오려 하는 몇 마디 말을 내내 사려 물 만큼의 염치라는 것이 제 안에 남아 있음을 다행이라 여기고, 남은 며칠의 시간을 그저 흘려보내고 있던 차였습니다.

학과에서 주최한 학술대회에 참여하기 위해 학교에 들른 자리에서, 정말로 우연히 선생님을 뵙게 되었습니다. 선생님께서는 제가 그간 무심히 흘려보냈던 시간들을 모른 척 해 주시고는, 너무나도 다정하게 어찌 살았는지 지금은 평안한지 물어봐 주셨지요. 그저 면구스러워 몇 마디 드린 인사말씀에는, 조용히 고개를 끄덕여 주셨고요. 그러한 조용하고도 따스한 환대에 저도 모르게 용기를 내어 쭈뼛거리며 여쭈었을 때, 선생님께서는 일말의 주저도 없이, 그리 하마, 말씀해 주셨습니다. 그 후에도 몇 차례의 번거로움과 고생스러움을 친히 감내해 주셨지요.

선생님과의 이 짧은 하루는 제게 두고두고 생경하고도 강렬한 기억으로 남았습니다. 선생님께서는, 한번 연을 맺은 제자라면 그 제자가 얼마나 살뜰히 그 인연을 보듬고 마음을 쏟는지와 무관하게, 그저 제자란 이유로, 당신 학생이었다는 이유로, 그 하나만으로도 언제든 스승으로서 너르게 안아 주실 수 있는 그런 분이셨습니다. 가는 만큼 오는 것이 인간 사이의 정(情)일진대, 그런 당연해 보이는 진리조차도, 어리고 미숙한 제자의 흠은 그저 눈감아 주시는 선생님 앞에서 힘을 잃었습니다.

어느덧 시간이 흘러 이제 저 또한 누군가의 선생으로 살고 있습니다. 지금 이 순간, 제가 본받을 어른으로서, 엄하되 따뜻한 스승으로서 제대로 살고 있는지는 전혀 자신할 수 없습니다. 한없이 너그럽게 바라봐 주시고 품어 주셨던 그 품과 그늘 안에서, 제자라는 이름조차 합당하지 않았던 저 또한 한껏 자유로웠고 따뜻했기에, 그 품과 그늘이 얼마나 넓고 또 시원했는지 다시금 깨닫게 됩니다. 선생님께서 떠나신 이 자리에서 선생님을 기억하면서, 다시 한 번 조금이나마 선생님을 닮은 모습으로 살 수 있기를, 너른 스승으로 설 수 있기를 다짐해 봅니다. 선생님, 계신 곳에서 늘 평안하시기 바랍니다.

편집 후기

 누군가를 떠올릴 때마다 우리의 감정은 호수에 던진 돌로 인해 파문(波紋)이 일어나듯 일렁이게 됩니다. 이 추모 문집은 남천 선생님께서 무뎌진 우리의 감정이 다시 살아서 일렁이게 하고, 우리의 삶이 주변 사람들에게 선한 영향력을 끼치는 그러한 물결이 될 것입니다.

 남천 선생님의 삶과 앎은 옥고(학술/수필)를 보내주신 필자들로 하여금 '우리'라는 울타리를 자연스럽게 형성하게 하더군요. 반세기 동안, 우리 필자들은 남천 선생님과 함께 학문의 길을 걷기도 하고, 사소한 추억을 만들기도 하면서 그 인연(因緣)의 끈을 소중하게 이어가고 있었습니다. 또한 '우리'의 기억은 때로는 아버지 같은 모습으로, 때로는 큰 나무의 그늘로, 때로는 술친구가 되어 주신 남천 선생님의 너그러운 마음으로 인해 풍성한 열매들을 맺게 되었음도 알게 되었습니다.

 추모 문집 발간사를 써 주신 김중신 선생님(국어교육과 동문회장, 수원대 명예교수), 추도사를 써 주신 김은전 선생님(서울대 국어교육과 명예교수), 그리고 1주기 추도식 때 추도사를 낭독해 주신 우한용 선생님(서울대 명예교수), 민현식 선생님(서울대 명예교수), 서혁 선생님(이화여대 교수), 박의용 선생님(계성고 교사)께 특별한 감사 인사와 더불어 부러움을 전합니다. 삶이 고적할 때마다 언덕에 올라가서 석양이 지는 저녁 하늘을 바라보면서 아름다운 나라로 먼저 가신 남천 선생님을 절절히 사모(思慕)하는 그 마음들이 부럽기만 합니다.

남천 선생님의 블로그 댓글에는 학문적인 업적과 유산을 기리는 정신, 주변 사람들을 변함없이 사랑하는 밝고 자애로운 성정(性情)에 대한 회고, 낙상으로 인해 선생님의 건강을 염려하는 마음, 유종의 미를 보여 주신 깔끔한 발자취에 대한 흠모, 한국어교육과 이중언어학회 정신을 이어가고자 하는 국내외 후학들의 다짐, 갑작스런 소천으로 인해 새삼 다가온 인생의 허무함과 황망함, 혼자만 간직하고 있던 소소한 비밀 사연(事緣)들이 오롯이 담겨 있습니다. 다시 한번 댓글로 추모하는 마음을 남겨 준 선생님의 수 많은 제자들과 동문들에게 감사하는 마음을 이 자리를 빌려 전하고자 합니다.

그리고 남천 박갑수 교수 1주기 추모 준비 위원회에 참여해 주신 간행위원장(동문회장) 김중신 교수님, 자문위원(이석주, 박경현, 장경희, 박삼서, 이숭원, 이삼형, 이필영, 최은규), 학과(김대행, 우한용, 윤여탁, 김종철, 남가영, 구본관, 민병곤, 김호정, 고정희), 제자(민현식, 심영택, 송현정, 이도영, 김민애, 주영민, 박의용, 김인규), 편집위원(심영택, 서혁, 김호정, 박의용, 주세형, 강남욱, 오현아) 선생님들께 감사 인사드립니다. 단체 대화방을 개설하고, 원고 청탁을 하고, 추모식 준비(식순, 일정과 장소 등)를 하고, 출판 준비와 행사 같은 번거로운 일들을 하면서, 누가 시키지도 않아도 즐겁게 자발적으로 하시는 그 모습과 열정에 감사드립니다. 또한 출판 시장의 경쟁이 심화되면서 차별화된 콘텐

츠가 더욱 중요해지는 시기에, 남천 선생님 추모 문집을 흔쾌히 발간해 주신 도서출판 역락 대표(이대현 사장)와 편집자들께도 감사 인사드립니다.

　이 추모 문집의 마지막 독자 세 분은 아마 하늘나라로 떠나신 뒤에도 봄날을 기다리는 소담한 목련처럼 그리움으로 가득한 삶을 살아가고 있을 사모님과 두 따님이리라 생각됩니다. 사진과 유품으로 보는 남편이자 아버지에 대한 발자취와 추억과는 달리, 이 추모 문집에는 제자와 동문이 눈으로 보고, 몸으로 체험한 남천 선생님의 또 다른 참-모습(authentic life)이 다양한 색깔과 향기로 가득 담겨 있습니다. 세 분 독자님의 그 큰 슬픔을 위로하기에 턱없이 부족하겠지만, 남천 선생님과의 소중한 추억과 인연을 이어가기에는 부족함이 없으리라 봅니다.

편집위원 대표 심영택 드림

『스승의 미소』 간행 경과 보고

- 2024년 02월 23일 남천(南川) 박갑수(朴甲洙) 선생님 소천(召天)
- 2024년 03월 26일 부음(訃音) 공지(유언: 소천 사실 한 달 후, 주변 사람에게 알릴 것)
- 2024년 04월 02일 학과 재직 교수 및 명예교수 분당 봉안당 참배
- 2024년 05월 15일 동문회 중심으로 스승의 날, 분당 봉안당 참배
- 2024년 11월 10일 남천 박갑수 교수 1주기 추모 문집 간행위원회

                     주관: 국어교육과 동문회

                     간행위원장: 김중신(동문회장)

                     자문위원: 이석주 박경현 장경희 박삼서 이승원
                                   이삼형 이필영 최은규

                     학과: 김대행 우한용 윤여탁 김종철 남가영(학과장)
                                구본관 민병곤 김호정 고정희

                     제자: 민현식 심영택 송현정 이도영 김민애
                            주영민 박의용 김인규

                     편집위원: 심영택 서혁 김호정 박의용 주세형
                                강남욱 오현아

- 2024년 11월 11일 추모 문집 간행 추진위원 단체대화방 개설

                     선후배 및 동기별 연락 책임자 선정/원고 청탁 방안 수립

- 2024년 11월 12일 추모식 안내 및 추모 문집 원고청탁서 1차 발송
  원고 청탁 대상자 확대(석사과정 및 한국어 지도자 과정 제자)
- 2024년 12월 26일 추모 문집 원고청탁서 2차 발송(마감일 공지: 2025년 1월 10일)
  추모식 시간 및 장소 예약 완료
  기타: 출판사 협찬 확정(역락출판사)
- 2025년 01월 23일 추모식 준비(식순, 약력, 추모사 등) 및 행사 자료 제작, 추모 문집 청탁 원고 점검
- 2025년 01월 25일 추모식 식순 초안 작성
  추모 문집 양식 검토(해암 김형규 교수님, 호석 김광해 교수님, 제효 이용주 교수님, 난대 이응백 교수님 등)
  추모 문집 구성(1부: 논문 2편 민현식, 오현아/ 남천 선생님 인터뷰(새국어생활 2015 겨울호 수록분)/ 2부: 수필 30편 예정)
- 2025년 02월 06일 추모 문집 원고청탁서 3차 발송
- 2025년 02월 07일 추모식 초청장 발송 대상자(유족/ 학과 은퇴교수/ 투고 필자, 투고 예정자 동문회 임원/ 석사 박사 제자/ 역락 이대현 사장 등)
- 2025년 02월 18일 추모 문집 편집 상황(발간사: 동문회장)
  1부: 학술 논문 2편 외, 남천 선생님 인터뷰 새국어생활 2015 겨울호/ 2부: 수필 30편/ 3부: 박갑수 선생님 추모 블로그 방명록 글/ 편집후기

- 2025년 02월 21일   남천 선생님 1주기 추모식(호암 생활관)

    유고『우리말의 어원과 그 문화(하)』(역락) 발간 헌정

- 2025년 03월 15일   추모 문집 원고 마감. 3월 17일(월) 출판사 원고 최종 송부

- 2025년 05월 24일   12:00 스승의 날 맞아 추모 문집 헌정(분당 봉안당)

추모방(추모 블로그)의 추모사 모음

박갑수 교수님의 추모 블로그에 올린 여러분의 추모사를 모두 한자리에 모았습니다.
블로그 주소: https://m.blog.naver.com/prof_carps/223395247226

 삼가 고인의 명복을 빕니다. 존경하는 박갑수 교수님 가시는 길을 배웅하지 못 해 유감스럽고 죄송합니다. 훌륭한 교육자이자 저희 한국문화국제교류운동본부(ICKC) 전임 이사장님으로서 늘 모범적인 모습을 보여 주셔서 모두의 귀감이 되셨습니다. 한국문화국제교류운동본부 일동을 대신해 존경하는 박갑수 교수님께서 더 좋은 곳에서 편히 잠드시기를 바랍니다.
―(사)한국문화국제교류운동본부 이사장 위호인 올림

 존경하는 박갑수 교수님 다시 한 번 불러 봅니다. 공허한 메아리로로만 되돌아 오는 군요. 교수님의 명복을 빕니다. 생전에 저희 출판사를 사랑하고 아껴주시면서 당신의 소중한 원고를 맡기면서 매번 식사 같이 하던 때가 그립네요. 1월에 통화할 때만 해도 좋으셨는데 이제는 편안하게 휴식하시면서 저희 역락출판사 지켜봐 주시기 바랍니다. 고이 잠드소서!

그리운 선생님… 계속 전화를 안 받으셔서 환절기에 잠시 입원을 하셨나 하고 있었습니다…

지난 2월 13일에 안부 인사 드린 게 마지막이 될 줄은 상상도 못 했습니다.

드리고 싶은 말씀, 듣고 싶은 말씀 많은데 실감이 나지 않습니다.

연구실에서 혼자 눈물만 삼키고 있습니다.

다시 인사 올리겠습니다.

선생님, 한 달 전에 소천하셨다는 소식을 오늘에야 듣고 불초 제자들은 충격의 마음입니다. 작년 2023년은 구순 맞으시는 해라 8월 20일 제자들이 수연을 준비하였으나 갑작스러운 낙상으로 국어과 동문회에도 나오지 못하시고, 그 후로 찾아뵈려던 제자들을 오지 말라 하시고 가을이 되면 나아질 거야, 봄이 되면 나아질 거야, 말씀하시면서 새봄을 기약하시고 되레 저희를 걱정말라고 위로하셨건만 결국 저희는 수연의 자리로 모시지 못하는 불효를 범하였습니다. 밝고 자애로운 미소로 깨끗하고 단정하신 학자의 풍모를 남겨 주신 선생님, 평생 우리말 연구로 밝혀 오신 학문의 빛은 국어의미론, 국어문체론, 국어순화론, 한일대조언어학, 한국어교육론 등의 분야에서 후학들에게 영원히 빛나는 등불의 역할을 하게 될 것이기에 고매하신 은사님께 배운 저희는 행복한 제자들이었습니다. 소천 소식을 한 달 후에 알리라 유언하셨다니 저희는 불효한 제자들이 되었지만 삶의 유종의 미를 보여 주신 선생님의 삶의 자취와 학문의 자세는 영원한 국어

교육과의 스승으로 모두의 가슴에 남을 것입니다. 부디 천국에서 영원한 안식 누리시고 사모님과 유족들께도 하늘의 크신 위로가 함께하시기를 기원합니다.

―불초 제자 민현식 삼가 올립니다.

존경하는 선생님, 늘 너르고 큰 그늘을 내려 주셔서 그 안에서 안온하게 보살핌을 받고만 자랐습니다. 이 년 전 한국어지도자과정 입학식 때 뵙고는 못 뵈었는데, 지난 겨울 낙상으로 거동이 조금 힘드시다고만 알고 있었을 뿐 살뜰히 찾아뵙고 연락드리지도 못하였습니다. 이리 뒤늦게 소천하셨다는 소식을 전해 듣고 그저 황망하기 그지없습니다. 부디 평안한 안식을 취하시기 바랍니다. 못다 드린 말씀, 곧 다시 인사 올리겠습니다.

―제자 남가영 삼가 올립니다.

그리운 선생님 마지막 가시는 길 지키지 못해 제자로서 너무도 황망합니다. 늘 인자하셨고 마티니를 좋아하셨고 명절 때 인사드리러 가면 마주앙을 제자들과 함께 드시길 좋아하셨습니다.

추모관에서나마 다시 인사 올리겠습니다.

존경하는 선생님의 명복을 빕니다.

―87학번 이재진 삼가 올립니다.

교수님. 오래전 뵈었던 대로 늘 자애롭고 건강하시던 모습으로만 기억하고 있었는데 낙상 후 건강이 좋지 않으시다는 이야기를 지난 겨울에 듣고 더 늦기 전에 한번 뵙고 싶다, 마음속으로만 생각하고 있었습니다. 그런데 이렇게 겨울이 끝나기도 전에 소천하셨다는 소식을 접하게 되니 죄송한 마음뿐입니다. 교수님께서 남기신 학문적 유산을 소중하게 여기면서 살아가겠습니다. 편히 잠드시기를 바랍니다.

― 제자 김미혜 삼가 올립니다.

항상 건강하신 모습만 뵈었는데 돌아가셨다니 믿어지지가 않네요. 이승에서 짊어지셨던 그 무거운 짐 훌훌 던져버리시고 이제는 편한 마음으로 편히 쉬소서. 교수님의 그 따뜻한 격려 말씀과 추상같은 질책이 그립습니다.

최근에 한국어교육지도자과정 행사에 안 보이셔서 몸이 좀 안 좋으시다는 말씀은 들었으나 이렇게 빨리 소천하시게 되셨네요. 항상 청년 때처럼 밝으시고 말씀도 잘 하셨고 원고도 꼬박꼬박 써 오셔서 읽으셨는데 믿기지 않습니다. 박 교수님, 하나님의 품에서 안식하시고 가족분들께 하나님의 위로와 평안이 함께 하시길 기도합니다.

선생님. 당신 생의 마지막 날까지 존경할 수 있게 해 주셔서 더욱 감사드립니다. 이제는 말해도 될 것 같습니다. 조교 시절, 학과장으로 계셨던 선생님의 친필 사인을 그대로 모사해서 잡다한 사안의 결재 따위를 알아서 대리로 처리해 놓으면 나보다 더 나처럼 썼다시면서 미소를 지어주셨죠. 그 필체를 아주 오랜만에 '유서'로 뵈오니 눈물이 앞을 가립니다, 선생님. 매해 모실 때면 바이주 한 병 들고 오셔서 제자들이 취해 재롱 떠는 걸 즐기며 말짱하게 바라보셨던 선생님. 바쁘다는 핑계로 몇 해 거른 게 마음에 사무칩니다. 어리석고 모자란 이 제자, 이제라도 선생님 은혜와 가르침 꼭 챙겨서 선생님만큼은 못 되오나 선생님처럼 반드시 말끔하고 깔끔하게 살아가겠습니다. 천국에서 평안하시길 기도드립니다.

―제자 정재찬 삼가 올림

먼저 고인의 명복을 빕니다. 달쯤 전에 꽃피는 봄에 만나자고 통화했습니다. 지난 주말에 전화를 받지 않아 예감이 좋지 않았는데, 오늘 소천의 비보를 접했습니다. 고인의 성품대로 스마트하게 죽음을 마무리하였으나 남은 친구로는 망연자실 슬픔을 삼키자니 가슴이 아립니다.

삼가 영전에 조의를 표합니다.
오늘 아침에야 소식을 듣고 황망했습니다. 이렇게 쉽게 가시리라고는 생각도 못했습니다.

가시는 먼 길 배웅하지 못해 안타깝습니다.

달리 할 수 있는 것이 없네요.

편안히 영면하시옵소서.

－윤여탁 합장

무지몽매한 저를 인자한 눈길로 지켜봐 주시고, 세상사에 고달파하던 저에게 손수 일자리를 찾아봐 주신 은혜, 이제서야 월인천강지곡으로 대신합니다. 아무도 몰랐던, 그리고 황무지 같았던 한국어 교육의 중요성과 의미를 홀로 묵묵히 쟁기질하시던 선생님 모습, 미련하고 우둔한 제자가 되새김질하며 이어가고자 합니다. 십자가 사랑을 아낌없이 나눠 주시고, 천국에서 영원한 안식을 누리고 계실 선생님 모습, 꿈에서나마 뵙고 싶습니다.

교수님, 멀리 사느라 찾아뵙지도 못하였습니다. 갑작스런 부고 소식에 황망한 마음이 듭니다. 저도 이제 50대에 접어 들었으니 소중한 인연이 어떤 것인지 이제야 알아 갑니다. 평안히 잠드소서.

선생님!

저희 71학번 제자들에게는 늘 푸른 상록수처럼 든든한 선생님이셨는데, 불현듯 이렇게 떠나시니, 황망하고 놀라운 마음, 가눌 길이 없습니다. 부디 하늘 나라에서는 평강하시고 만복을 누리시길 기원합니다.

－불초 제자 이창득 삼가 올림

교수님, 사진 속 교수님은 예전 모습 그대로 인자하시네요. 제가 아기 연구자였을 때 떨리는 마음으로 이중언어학회 학술대회를 참석했었는데 어린 대학원생들에게도 늘 따뜻한 시선과 애정어린 격려를 보내 주셨던 것이 기억납니다. 그랬던 제가 이제 회장이 되어 교수님께 여러 조언을 들어야 하는데 갑작스럽게 교수님의 부고를 듣게 되어 무척이나 애석합니다. 생각해 보면 이중언어학회가 이렇게 성장할 수 있었던 데는 교수님의 포용력과 부드러운 리더십이 있었다고 생각합니다. 저도 그런 교수님의 모습을 생각하면서 임기 동안 이중언어학회를 잘 이끌어 나가겠습니다. 천국에서 평안하시기 바랍니다.

제 학부와 대학원 시절 중 교수님의 강의를 들을 기회가 우연히도 교수님의 연구년 기간과 겹쳐 강의를 직접 들을 기회는 없었으나, 대학원 석박사 과정 시절 학술행사들을 통해 단정하고 젠틀하시며 학생들을 격려하시는 교수님의 모습을 뵈었고, 이후 한국어교육 분야의 연구가 질적으로 양적으로 성장하는 데 있어 학연을 넘어 젊은 학자와 교육자들의 든든한 둥지가 되어주심을 알고 존경해왔습니다. 소천 후 한 달이 지나 부음을 알리라는 유언을 접하고, 이렇게 또 한 번의 큰 가르침을 남기고 떠나신 교수님이 그리워집니다. 그곳에서 더욱 편안하시기를 바라겠습니다.

-89학번 학부 제자, 경인교대 정현선 드림

존경하는 교수님. 한 번도 뵙지는 못했지만, 말씀을 많이 들었습니다. 교수님께서 기초를 놓으신 한국언어문화교육학회의 이사로서도 활동하고 있습니다. 발자취를 따라서 좋은 교수로서, 학자로서, 지도자로서 살아가기를 다짐해봅니다. 늦었지만 가족분들께도 위로의 말씀을 전합니다.

한글 발전에 지대한 공헌을 하시고 한국어의 세계화를 위해 헌신하신 교수님께 존경의 마음을 담아 조의를 표합니다. 고인의 영면을 기원 올리며 가족들께도 깊은 위로의 말씀을 드립니다.

선생님 전화로만 인사를 드리고 제대로 한번 인사도 드리지 못했던 학과 조교 허모아입니다. 갑작스럽게 소식을 듣게 되어 황망한 마음입니다. 남겨주신 학문적 유산과 정신을 계승하기 위해 늘 선생님의 큰 뜻 기억하며 살아가겠습니다. 지도를 받았던 적도, 직접 인사를 드렸던 적도 없는 그저 후학 중 한 명이지만 정말 깊이 슬픈 마음이 듭니다. 부디 평안한 곳에서 영면하시기를 마음속 깊이 염원합니다.

한번 뵈러 간다간다 하면서 그만 뵙지 못하고…
송구스런 마음뿐입니다. 이리 급히 가실 줄 몰랐습니다. 건강이 전같지 않으시다는 말을 전해 들었지만 곧 회복하시어 밝은 모습을 볼 수 있으리라 믿었습니다.

  선생님의 은혜와 지도로 처음 독서 교과서를 만들게 되었고 그때의 경험을 바탕으로 여러 가지 국어 교과서를 편찬하였습니다. 감사합니다. 편히 가옵소서…

―한철우 올림

그리운 박갑수 교수님께

이 봄에 만물이 소생하고 꽃이 다시 돌아오는 시기임에도
님께서는 하늘나라로 소풍을 떠나셨습니다.
가시는 길에 꽃 한송이 바치지 못하고 이렇게 글로써
그리워합니다. 그리고 부고를 한달 뒤에 알리라는 그 큰 뜻을
깨닫는 시간입니다.
저는 교수님을 모시고 한국언어문화교육학회 초대 기획이사를 맡았고,
9대 학회장을 했던 인하대 시회교육과 김영순입니다.
20주년 기념 학술대회장을 맡아 연세대에서 열렸던 기념식에 초대 회장님을 모시려 했으나
낙상을 하셨단 이야기를 듣고 글로만 모시게 되었습니다.
늘 기억합니다, 교수님의 한없는 학회 사랑과 후학을 위한 마음을
늘 따르겠습니다. 그 뜻을 이어 우리 학회가 발전하는 데 작은 몫을 할 수 있도록
지상의 삶을 하늘나라에서도 실천하셔서 늘 후학들을 살펴주시길 기원

합니다.

부디 편안하소서.

―인하대 김영순 올림

한달 전에 세상을 떠나셨다니 참으로 허망합니다.

평소 정갈하고 고고하신 성품을 그대로 보여주신 하직의 방식입니다.

오랫동안 뵙지 못하여 한번은 꼭 뵈어야 한다는 생각만 갖고 있다가 이렇게 막막한 인사를 올리게 되었습니다.

지난 일이 어제 일처럼 떠오릅니다.

등산도 좋아하시고 약주도 즐기셔서 토종 안주와 더불어 시간을 보낸 적도 많았습니다.

하느님께 귀의하시고 안식에 드셨으니 하늘나라에서 모든 일이 이루어질 것입니다.

지상의 가족분들과 제자들 모두 건강하시길 빕니다.

하늘나라에서도 평소의 정정한 모습 그대로 지키시길 빕니다.

모든 것이 하늘의 뜻이니 무력한 저희들은 이렇게 텅 빈 마음을 받아들일 수밖에 없습니다.

평소의 모습 그대로 내내 정정하소서.

―73학번 제자 이숭원 올림

남천 선생님,

선비란 어떠해야 함을 몸소 보여주신
우리 시대 진정한 어른이십니다.

중국 연변과기대(YUST)를 틈틈이 방문해 주시고
저희들을 응원 격려해 주시던
인자하신 모습이 떠올라
뜨거운 눈물이 솟습니다.

정년퇴임하신 후
연변과기대(延吉)에 기증해 주신
선생님의 장서는
따로 '南川文庫'를 만들어 보관중입니다.

학자로서의 바르고 한결같은
선생님 그 삶과 자세를 결코
잊지 않겠습니다.

그 뜻을 흠모하며
오늘도 나한테 주어진 길을
걸어가야겠네요.

천국에서 해같이 빛나실

선생님 뵙고 싶습니다.

그립습니다.

고맙습니다.

사랑합니다.

　　　　　　　　　　　　　　—연변과기대 손정일 삼가 올림

　　선생님, 언젠가는 헤어질 것을 알고 있지만, 아무리 준비해도 헤어짐은 마음 아프지 않을 수 없고, 곧 그리워집니다. 선생님 따라 교수회관 가는 계단을 오르며 맛있는 점심 먹는다고 좋아하던 일, 명절에 인사 드리러 가면 백포도주 마주앙을 내주시던 일(사모님께 감사드립니다.), 좀 덜 써서 제출한 과제로 대학원에서 A-를 받았던 일, 멀리까지 오셔서 결혼 주례를 서주셨던 일, 동문회에서도 찾아 주셔서 어린 두 아이를 안고 감사에 가서 뵈었던 일, 미진함에도 '그래 그래' 하시며 끄덕여 주시던 일들… 선생님 덕분에 즐거웠고 기뻤고 더 행복했습니다. 선생님, 감사합니다. 감사합니다. 감사합니다. 어디에서든 선생님께서 행복하시길 기원 올립니다. 혹여라도 다음 어느 세상에서 뵙게 된다면, 그때는 제가 받은 사랑을 선생님께 드릴 수 있기를…

　　　　　　　　　　　　　　　　　　　　　　　—봉순 올림

　　멋지게 늙어간다는 것이 어떤 것인지 인생의 마지막이 어떠해야 하는지 몸소 보여 주신 선생님. 건강하시던 모습만 문득문득 떠올라 가슴이 계속 아립니다. 부디 안녕히 가십시오.

90여 년 동안
세상에서의 나들이 하시는 동안
귀한 일을 많이 해주시고,
제자들과 후학들에게 선한 영향력과 사랑을 베풀어 주셔서
감사, 감사, 감사합니다.

온라인에서 작별 인사를 하니
더 슬프고, 더 마음이 아프네요.

선생님의 열정 어린 강의와
신사다운 면모와
건강하신 모습, 인자하신 표정을
마음 속에 기억하며
보여주신 선구자의 길을
따라가겠습니다.

부디 하늘나라에서 안식하시고
평안히 잠드소서
전해주신 사랑의 씨앗은

영원한 생명으로 남을 것입니다.

선생님의 가족과
지인분들에게
하나님의 위로와 평강이 임하시고,
주님의 보호하심이 함께하시길
기도합니다.

갑술년 개띠… 선친과 동갑이셔서 선생님과 이상익 선생님께 유난히 특별한 감정을 느꼈던 것 같습니다. 그리고 아버지를 보내 드리고, 이상익 선생님께서 떠나 가시고, 이제는 선생님을 더 이상 뵐 수 없게 되니 참으로 서글프게 느껴집니다. 항상 제자들에게 인자하셨고, 강의에서는 열정적이셨고, 학술 활동을 왕성하게 하시던 모습은 제자들에게 귀감이 되셨습니다. 선생님께서 맛있는 밥도 많이 사 주셨지요. 선생님께 많은 것을 배운 덕분에, 가르치는 이의 길을 걷는 사람으로 보람을 느끼며 살아갈 수 있게 되었습니다. 좋은 추억을 많이 만들어 주신 선생님, 정말 감사했습니다. 이제 저 세상에서 평안히 쉬십시오.

－제자 박종훈 올림

연합뉴스 이충원입니다. 1997년 입사 직후에 민사소송법 순화안 작업을 취재하려고 교수님께 연락을 드렸고, 그때 학교 학생식당인지, 교수식당에서 교수님께 점심을 얻어먹었던 일이 어제 일처럼 떠오릅니다. 그때는 교수님이 평생 무슨 작업을 하셨는지도 모르는 채 어릴 때 교수님이 TV에 나오셔서 '바르고 고운 말' 진행하시던 기억만 가지고 한참 떠들었고, 그걸 다 들어주시고 미소 지으시던 것도 기억에 생생합니다. 어제서야 한양대 정재찬 교수님 페이스북에서 교수님 별세 소식을 접하고 놀라서 뒤늦게 부고 기사를 내보냈습니다. 교수님 높은 뜻을 기리며 삼가 고인의 명복을 빕니다. https://www.yna.co.kr/view/AKR20240330017500505

어제 분당 봉안당 홈에 가서 선생님 영전에 인사드리고 왔습니다.
평소의 성품처럼 선생님께서는 깔끔하고 단정하신 모습이셨습니다.
지난 주 내내 망연자실했었는데 다녀오니 조금은 나아지는 듯도 합니다.

구순이 다 되신 연세까지도 집필 활동을 계속하시고 이것저것 물으시던 선생님을 뵈면서 많은 것을 배웠습니다.
작년에 지도자과정 원고 마무리하실 때, 학회 20주년 회고사 말씀하실 때 거들어 드린 게 마지막이 될 줄은 몰랐습니다…
그래도 그때까지도 선생님의 학문을 배울 수 있었고 그 중 일부라도 남길 수 있었던 것이 제게는 참으로 감사한 일이 되었습니다.

선생님께서는 26년 전 지도자과정에서 저를 한국어교육의 길로 인도해 주셨고, 24년 전 결혼식 주례로 저희 가정을 만들어 주셨습니다.

그리고 제가 20대, 30대, 40대를 거쳐 50대 중반이 될 때까지 성장하는 모습을 지켜봐 주셨고 헤아릴 수 없을 만큼 많은 가르침을 주셨습니다.

특히 최근 10여 년은 보다 더 각별히 마음 써 주시고, 노학자로서 선생님께서 걸어오신 경험을 나누어 주시면서 제가 가야 할 길들을 잡아 주셨습니다.

선생님의 그늘 아래에서 제가 받은 사랑을 다 나열하자면 한이 없을 것 같습니다.

하늘나라에서 편히 쉬시길 바라면서도 종종 뵙고 싶은 마음도 여전합니다.

선사해 주신 책들과 귀하신 가르침으로 더욱 성장하도록 하겠습니다.

―박사과정 마지막 제자 진대연 삼가 올림

남천 박갑수 교수 추모 문집 간행위원회

주관	서울대학교 국어교육과 동문회
간행위원장	김중신(동문회장)
자문위원	이석주 박경현 장경희 박삼서 이숭원 이삼형 이필영 최은규
학과	김대행 우한용 윤여탁 김종철 남가영(학과장) 구본관 민병곤 김호정 고정희
제자	민현식 심영택 송현정 이도영 김민애 주영민 박의용 김인규
편집위원	심영택 서 혁 김호정 박의용 주세형 강남욱 오현아

스승의 미소
응용국어학자 남천南川 박갑수朴甲洙 선생님의 학문과 인품

초판 1쇄 인쇄 2025년 5월 8일
초판 1쇄 발행 2025년 5월 15일

엮은이 서울대학교 사범대학 국어교육과 동문회

펴낸이 이대현

편집 이태곤 권분옥 임애정 강윤경

디자인 안혜진 최선주 강보민 | 마케팅 박태훈 우훈희

펴낸곳 도서출판 역락 | 등록 1999년 4월 19일 제303-2002-000014호

주소 서울시 서초구 동광로46길 6-6 문창빌딩 2층(우06589)

전화 02-3409-2060(편집부), 2058(영업부) | 팩스 02-3409-2059

전자우편 youkrack@hanmail.net | 홈페이지 www.youkrackbooks.com

ISBN 979-11-7396-097-0 03810

책값은 뒤표지에 있습니다.
파본은 구입처에서 교환해 드립니다.